Jacqueline Percebois

TERMINOLOGIE

Anglais/Français

du

COMMERCE INTERNATIONAL

Théories, Politiques, Accords et Institutions

ECONOMICA

49, rue Héricart, 75015 Paris

Avant-propos

Cette *Terminologie Anglais/Français du Commerce International* fait suite à *L'Anglais de la Microéconomie* et *L'Anglais de la Macroéconomie* qui étudiaient la terminologie des concepts de base de ces deux domaines. Comparable aux deux livres précédents par sa mise en page, le présent ouvrage s'intéresse aux aspects terminologiques du commerce international des biens et services, sujet qui constitue généralement la première partie des ouvrages traitant d'économie internationale.

Outre les théories traditionnelles ou plus récentes, les aspects de ce domaine de spécialité abordés ici sont le libre-échange et le protectionnisme, les institutions et accords internationaux, les blocs régionaux, le commerce Nord-Sud, et les relations entre agriculture, commerce et environnement.

L'intérêt de l'auteur pour la terminologie du commerce international relative à ses théories, politiques, accords et institutions, est né de la recherche liée au choix de ce thème pour animer un cours d'anglais économique en licence de sciences économiques à partir de l'année universitaire 1993-94.

Ce thème est d'une extrême diversité du fait d'une actualité foisonnante. La terminologie peut être présentée en suivant délibérément l'actualité mondiale, les documents relatifs à cette actualité permettant de faire référence à des bases théoriques acquises grâce à un cours d'économie commun à tous les étudiants de licence. Des évènements tels que la Conférence Ministérielle de l'OMC à Seattle en 1999, celle de la CNUCED à Bangkok en 2000, la Conférence Ministérielle de Doha en 2001, les péripéties préparant la Chine à entrer dans l'OMC, ne cessent de renouveler et de soutenir l'intérêt de l'étude de la terminologie propre à ces domaines. L'enseignement d'anglais économique établit alors un trait d'union entre les textes anglais authentiques et l'enseignement français de l'économie. La recherche de mise en parallèle des deux terminologies, anglaise et française, donne lieu à l'inclusion d'éléments conceptuels, évènementiels et culturels. Ainsi, cet ouvrage peut-il, à de nombreux égards, répondre aux besoins des étudiants de 2ème cycle Sciences Economiques, AES, Gestion, des nombreuses formations de 3ème cycle axées sur le commerce international, ainsi que ceux des IUT et Ecoles Supérieures de Commerce.

Introduction

Qu'est-ce que le commerce international ?

Selon Paul Krugman et Maurice Obstfeld (1997),

The economics of the international economy can be subdivided into two broad subfields.(1)

La science économique traitant de l'économie internationale peut se diviser en deux grands sous-domaines.

Ces deux sous-domaines sont "international trade analysis" et "international monetary analysis".

International trade analysis focuses primarily on the real transactions in the international economy, that is, on those transactions that involve a physical movement of goods or a tangible commitment of economic resources. (1)

L'analyse du commerce international se concentre essentiellement sur les transactions réelles de l'économie internationale, c'est-à-dire, les transactions qui impliquent un déplacement matériel de biens ou un engagement tangible de ressources économiques.

tandis que

International monetary analysis focuses on the monetary side of the international economy, that is, on financial transactions such as foreign purchases of US dollars.(1)

L'analyse monétaire internationale se concentre sur l'aspect monétaire de l'économie internationale, c'est-à-dire sur les transactions financières telles que les achats de dollars américains à l'étranger.

Dans cet ouvrage nous allons donc aborder le premier sous-domaine cité ci-dessus par Krugman et Obtsfeld, les importations et exportations de biens et services.

Goods exported are termed *"visible exports"*, because they can be seen and recorded as they cross the political boundaries between countries. Services performed for people of other countries, however, are called *"invisible exports"*, because they cannot be seen and recorded as they cross frontiers. (2)

Les biens exportés sont appelés *"exportations visibles"* par ce qu'on peut les voir et les enregistrer lorsqu'ils traversent les frontières politiques entre les pays. Toutefois, les services fournis par des habitants d'autres pays sont appelés *"exportations invisibles"* parce qu'ils ne peuvent être vus et enregistrés lorsqu'ils traversent les frontières.

visible exports *invisible exports*	*exportations visibles* *exportations invisibles*
visible imports *invisible imports*	*importations visibles* *importations invisibles*
exportation *importation*	*exportation (le fait d'exporter)* *importation (le fait d'importer)*
to perform a service *to provide a service*	*fournir un service*

Nous aborderons l'étude comparée de la terminologie anglaise et française relative à ces mouvements de biens et services, suivant l'organisation de ce sujet en grands thèmes de référence.

Les deux premiers chapitres auront ainsi pour thèmes les théories qui ont été consacrées au commerce international.

• Le chapitre 1 s'intéresse aux explications traditionnelles de l'échange international : le mercantilisme, la théorie de l'avantage absolu d'Adam Smith, celle de l'avantage comparatif de David Ricardo, celle des dotations factorielles liée aux noms de Eli Heckscher, Bertil Ohlin et Paul Samuelson. Il souligne particulièrement les multiples connotations culturelles et historiques des collocations représentatives de ces théories.

• Le chapitre 2 présente, d'une part, une nouvelle approche mettant en valeur le rôle de la technologie, avec les travaux de Wassily Leontieff, Staffan Linder, et la théorie du cycle de vie du produit de Raymond Vernon, d'autre part, la nouvelle théorie du commerce international, c'est-à-dire, le commerce international et la concurrence imparfaite. Ces théories font des emprunts terminologiques à d'autres sciences, comme les mathématiques, la biologie, la technologie ou la gestion.

• Après avoir examiné les arguments en faveur du libre-échange et ceux qui justifient le protectionnisme, le chapitre 3 observe la grande diversité des termes relatifs aux barrières tarifaires et non tarifaires.

• Les accords internationaux et les institutions qui les régissent constituent le sujet du chapitre 4 au sein duquel nous notons dans les deux langues le caractère figé de nombreuses dénominations.

• Le chapitre 5 traite des blocs régionaux. Outre la présentation de la terminologie qualifiant l'intégration régionale et ses implications, ce chapitre permet de donner

les équivalences des dénominations précises des institutions, des sigles et acronymes qui les représentent ainsi que de leurs adhérents.
• Dans le chapitre 6, consacré au commerce Nord-Sud, l'étude des termes relatifs aux divers niveaux de développement permet de mettre en évidence de fréquentes variations diachroniques aux fonctions souvent euphémiques .
• Enfin, les rapports étroits entre l'agriculture, le commerce et l'environnement, sont évoqués dans le chapitre 7. De nombreuses remarques relatives aux particularités terminologiques des chapitres précédents peuvent s'appliquer à ce chapitre, telles que l'abondant emploi de sigles et les tournures figées à caractère administratif.

Certains sujets et leurs aspects terminologiques seront abordés en divers points du volume, les diverses présentations étant complémentaires; ainsi "infant industries" dans les chapitres 3 et 6 ou bien la terminologie relative à l'agriculture dans les chapitres 4 à 7.

Au fil de l'étude de la terminologie, du texte et du contexte, nous observerons des variations synchroniques et diachroniques (3) de l'emploi de nombreux termes ; "fair" et "unfair", et leurs dérivés, en sont un exemple particulièrement révélateur. Le sens de base de ces termes :

fair	*loyal, équitable*
unfair	*déloyal, inéquitable*
fairness	*équité*
unfairness	*inéquité*

peut s'appliquer à des contextes précis et variés, par exemple avec l'expression

fair game	*jeu équitable (maths, probabilités)*

Le contexte du commerce international a vu et voit coexister actuellement plusieurs acceptions de ces termes. "Fair" et "unfair" peuvent être employés pour qualifier la concurrence. Ainsi, en février 1999, au sujet de l'économiste français Frédéric Bastiat, lisait-on dans *The Economist:*

Frédéric Bastiat, a 19th-century French satirist, once observed that the sun offered *unfair competition* to candle makers. If windows could be boarded up during the day, he argued, more jobs could be created making candles. (4)

Frédéric Bastiat, un satiriste français du 19e siècle, observa un jour que le soleil faisait une *concurrence déloyale* aux fabriquants de bougies. Si les fenêtres pouvaient être condamnées pendant la journée, avançait-il, davantage d'emplois pourraient être créés pour fabriquer des bougies.

fair competition	*concurrence loyale*
unfair competition	*concurrence déloyale* (5)

Les transactions commerciales elles-mêmes pourront être qualifiées par ces termes. On trouvera, par exemple,

unfair trade practices	*pratiques commerciales déloyales*
or	*ou*
practices in restraint of trade	*entraves à la liberté du commerce*
restrictive trade practices	*atteintes à la liberté du commerce*

D'autre part, sous l'appellation *fair trade*, on entend des «transactions commerciales fondées sur des accords de réciprocité» (7).
Les Etats Unis ont connu des cas de

fair trade policy : An agreement between a distributor and manufacturer where the former agrees not to sell an item below some specified price. In the past, *fair trade* laws have been passed by Congress as well as by some states. However, in the midseventies, Congress repealed these laws thereby making fair trade laws illegal. (8)

politique de fair trade : Un accord entre distributeur et fabricant par lequel le premier accepte de ne pas vendre un article au-dessous d'un prix spécifié. Par le passé, des lois de *fair trade* ont été votées par le Congrès et par certains Etats. Toutefois, au milieu des années soixante-dix, le Congrès a abrogé ces lois les rendant ainsi illégales.

Enfin, nous soulignerons un aspect plus récent du terme "fair trade". Lors d'un évènement majeur pour le commerce international, la Conférence Ministérielle de l'Organisation Mondiale du Commerce à Seattle, du 30 novembre au 3 décembre 1999, la presse se fit l'écho des appels pressants en faveur d'un *commerce équitable* des opposants à la tenue du "Millenium Round", le Cycle du Millénaire.

Advocates of *fair trade* believe that certain individuals, especially farmers in less-developed countries, do not receive a *fair price* for their products and, thus, for their efforts. *Alternative trading organizations* are associations that attempt to see that such individuals receive a just or socially ethical return on their labor. (10)

Les partisans du *commerce équitable* pensent que certains individus, en particulier les agriculteurs des pays en développement, ne recoivent pas un *prix équitable* pour leurs produits et donc, pour leurs efforts. Les *organisations commerciales alternatives* sont des associations qui tentent de faire en sorte que de tels individus recoivent une rémunération juste ou socialement morale de leur travail.

alternative trading organizations (ATOs)	*organisations commerciales alternatives*

Fair trade bridges the gap between southern producers and northern consumers. It builds a sustainable

Le *commerce équitable* comble le fossé entre les producteurs du sud et les consommateurs du nord. Il bâtit

future on producers' own abilities. (11)

une avenir durable sur les propres capacités des producteurs.

Fair trade is an alternative approach to conventional international trade. It is *a trading partnership* which aims at sustainable development for excluded and disadvantaged producers. (12)

Le *commerce équitable* est une alternative au commerce international conventionnel. C'est *un partenariat commercial* qui a pour but le développement durable pour des producteurs défavorisés et exclus.

a trading partnership — *un partenariat commercial*

Ainsi aurons-nous le loisir de rencontrer et signaler divers aspects d'un même terme, souvent au sein de différents chapitres. Nous observerons d'autres caractéristiques de ce contexte du commerce international et, en particulier, la fréquence d'emploi de

abbreviations and acronyms — *sigles et acronymes*

qui provoque l'exclamation de Krugman et Obstfeld :

Welcome to the bureaucratic world of trade policy, where everything has a three-letter symbol. (13)

Bienvenue dans le monde bureaucratique de la politique commerciale, où tout est représenté par un symbole de trois lettres.

D'ailleurs, le 10 octobre 1998, *The Economist* notait, sous forme d'aphorisme, que

Wherever trade goes, acronyms are sure to follow. (14)

Là où il y a du commerce, il y a des acronymes.

Nous aurons souvent l'occasion de le constater, et la liste des sigles présentée à la fin de cet ouvrage (pp.263-270) atteste qu'ils ne se limitent pas à trois lettres. L'acronyme évolue, de l'écriture d'une suite de lettres capitales lisibles comme un mot à celle d'un terme écrit en minuscules précédées d'une initiale en capitale, ce qui implique une lexicalisation avancée de ce terme ; le MERCOSUR ou Mercosur (cf.pp.164-5) en est un exemple.

Pour clore cette introduction nous ferons référence au livre de Paul Krugman intitulé *Pop Internalionalism*, édité par le Massachusetts Institute of Technology (MIT) en 1996. Cet ouvrage a été publié en français en 1998 par les Editions La Découverte sous le titre *La mondialisation n'est pas coupable - Vertus et limites du libre-échange*. Dans ce livre, Paul Krugman pose la question suivante :

Whose fault is the replacement of serious discussion of world trade by what I have come to think as "pop internationalism". (15)

A qui imputer le remplacement d'une discussion sérieuse du commerce mondial par ce que j'en suis venu à considérer comme de l'"internationalisme populaire"?

Ce constat peut, selon lui, résulter de divers facteurs :

- intellectual laziness, - the decline in the influence of economists in general, - the role of editors. (16)	- la paresse intellectuelle, - le déclin de l'influence des économistes en général, - le rôle des rédacteurs-en-chef.

qui

deliberately use their magazines as platforms for an anti-intellectual crusade (15)	utilisent délibérément leurs magasines comme plateformes d'une croisade anti-intellectuelle

("platform" est employé ici avec le même sens que dans les expressions "electoral platform" ou "platform of economic reforms")

Krugman dénonce une

glib rhetoric (15)	rhétorique désinvolte

recourant à

a set of misleading clichés that [he dubs] "pop internationalism" (17)	une série de clichés trompeurs qu'[il appelle] "internationalisme populaire"

Selon Krugman, en 1996, la présentation de la théorie des échanges internationaux est dominée par ce *pop internationalism* qui voit chaque Etat comme une firme devant lutter dans la concurrence internationale pour gagner des parts de marché. Mais, pour Krugman, un Etat ne peut être assimilé à une entreprise :

a national economy bears very little resemblance to a corporation. (18)	une économie nationale a peu de ressemblance avec une société.

En fait, après enquête de l'auteur,

it turned out that there really was an audience for serious international economics written for a broader public. (19)	il s'avéra qu'il existait réellement un public pour une économie internationale sérieuse écrite pour un public élargi.
economics	*l'économie = la science économique*

Krugman conclut à la nécessité de ne pas oublier les théoriciens authentiques même dans la recherche de nouveaux développements théoriques dont il a lui-même été un des précurseurs avec la nouvelle théorie du commerce international :

In the last decade of the 20th century, the essential things to teach students are still the insights of Hume and Ricardo. (20)	Dans la dernière décennie du 20ème siècle, l'essentiel à enseigner aux étudiants ce sont les idées pénétrantes de Hume et de Ricardo.

La démarche suivie dans cet ouvrage d'étude terminologique en langue de spécialité observe des principes similaires. Elle recherche les références authentiques, l'illustation des termes clés dans leur contexte "naturel", historique ou contemporain. Elle s'efforce aussi de mettre en évidence les aspects culturels susceptibles de retenir l'attention du lecteur.

Cet ouvrage ne prétend pas être exhaustif. Il s'efforce de constituer un outil de travail éclairant certains aspects du contexte terminologique et culturel des thèmes et textes abordés. Il veut faire un rapprochement entre les textes de référence des étudiants français et leurs équivalents en anglais. De nombreux ouvrages français sont cités et figurent dans la bibliographie car il était impératif de rechercher la terminologie française authentique.

En dehors des citations de documents d'intérêt historique, tels que les textes de Linder (1961) ou Vernon (1966), les extraits cités sont tous récents, ayant été publiés, pour la majorité, entre 1995 et 2001.

A la fin de chaque chapitre, figurent des notes. S'y retrouvent les références succinctes des textes cités dans le corps du chapitre ainsi que des notes : commentaires, compléments d'information, Les références complètes des ouvrages cités se trouvent dans la bibliographie en fin de volume.

Outre les extraits cités, quelques segments de phrase mentionnés sans références sont des formules très simples et brèves tirées d'exemples authentiques mais adaptées par l'auteur pour s'intégrer dans le contexte.

<u>Légende</u>:
i.v. : intransitive verb, verbe intransitif
t. v. : transitive verb, verbe transitif
t.ph.v. : transitive phrasal verb = verbe transitif à particule
unc/nonC : uncountable/non comptable ou (inv) : invariable ?
adj : adjective, adjectif
c. adj : compound adjective, adjectif composé.
e.g. : for instance, par exemple
/o/ : as opposed to, par opposition à.
syn. : synonym, synonyme.
inv. : invariable

NOTES

(1) P. Krugman & M. Obstfeld, *International Economics*, pp.8-9.
(2) J. Harvey, *Modern Economics*, p.468.
(3) Une étude synchronique porte sur un état de langue que Jean Tournier définit comme «l'ensemble des éléments d'un système linguistique à un moment donné de son histoire» tandis qu'une étude diachronique porte sur l'évolution d'un fait linguistique dans le temps.(cf. Jean Tournier, *Structures lexicales de l'Anglais*, pp.55 et 69).
(4) *The Economist*, February 20th, 1999, p.
(5) Voir aussi "fair/unfair competition" in J. Percebois, *L'Anglais de la Microéconomie*, p.154.
(6) Voir aussi "board of directors" in J. Percebois, *L'Anglais de la Microéconomie*, pp.71-72.
(7) *Le Robert & Collins du Management*, p.640.
(8) J. Shim & J. Siegel, *Dictionary of Economics*, p.138.
(9) Voir aussi dans J. Percebois, *L'Anglais de la Microéconomie*, "resale price maintenance" pp.124, 190 ; "price administration" et "administered prices" p.241.
(10) T. Walther, *The World Economy*, p.119.
(11) http://www.ifat.org/dwr/definition.html
(12) http://www.eftafairtrade.org/definition.asp
(13) P. Krugman & M. Obstfeld, *International Economics*, p.203.
(14) *The Economist*, October 10th 1998, p.46.
(15) P. Krugman, *Pop Internationalism*, p.ix.
(16) Editor : rédacteur en chef, directeur, directeur-gérant (d'une revue, d'un journal) ou simple rédacteur d'une rubrique, mais aussi correcteur. On parle de "post-editing" pour la relecture et la correction de documents, en particulier après traduction automatique par ordinateur.
Le terme français "éditeur" a pour équivalent anglais "publisher".
(17) P. Krugman, *Pop Internationalism*, p.118.
(18) P. Krugman, *op. cit.*, p.119.
(19) P. Krugman, *op. cit.*, p.xi.
(20) P. Krugman, *op. cit.*, pp.124-125.

Chapter 1

International trade theories (1) : from mercantilism to factor endowments

Chapitre 1

Théories du commerce international (1) : du mercantilisme aux dotations factorielles

Ce sont les explications dites "traditionnelles" du commerce international.

I. Mercantilism

I. Le mercantilisme

a mercantilist	*un mercantiliste*
the Mercantilists	*les Mercantilistes* (avec ou sans majuscule)
mercantilist (adj)	*mercantiliste (adj)*
mercantilistic (adj)	

Aux côtés des substantifs "mercantilism" et "mercantilist" coexistent deux adjectifs, "mercantilistic", le plus communément employé, et "mercantilist". Ainsi Bannock et al., parlant d'Antonio Serra, auteur italien du seizième siècle, écrivent-ils :

a Neapolitan writer in the *mercantilist* tradition who was the first to analyse and fully use the concept of the balance of trade, both visible and invisible. (1)	auteur napolitain dans la tradition mercantiliste qui fut le premier à analyser et utiliser pleinement le concept de balance commerciale, tant visible qu'invisible.

trade balance	*balance commerciale*
balance of trade	*balance du commerce extérieur*
visible/invisible exports	*exportations visibles/invisibles*
visible/invisible imports	*importations visibles/invisibles*

Dans ce contexte, on trouvera aussi l'adjectif anglais "mercantile" en français et en anglais. Frédéric Teulon écrit : «Les auteurs mercantiles (Malynes et Josiah Child en Angleterre, Jean Bodin et Antoine de Montchrestien en France) veulent faire du commerce international un moyen d'enrichir le prince» (2).
Par ailleurs, au sujet de Sir Thomas Mun, Bannock et al.écrivent en anglais :

a prominent figure in *mercantile circles*	une figure importante des *cercles mercantiles*

D'autre part, dans le contexte du commerce international, l'adjectif anglais "mercantile" prendra certaines acceptions spécifiques telles que :

mercantile law syn: *commercial law*	*droit commercial*
mercantile marine syn: *merchant navy*	*marine marchande*

Dans ces deux cas, les dénominations incluant "mercantile" sont moins usitées que leurs synonymes.

A. Mercantilism and Mercantilists

A. Le Mercantilisme et les Mercantilistes

Selon le *Bloomsbury Guide to Human Thought*,

Mercantilism (from Latin mercator, "seller in a market") is a descriptive term invented by economists in later years to describe the ideas of some European writers of the 16th and 17th centuries. (3)

Le Mercantilisme (du latin mercator, "vendeur sur un marché") est un terme descriptif inventé ultérieurement par des économistes pour décrire les idées de certains auteurs Européens du 16e et du 17e siècles.

Its publicists - most notably Thomas Mun and Sir James Steuart in 17th-century England, Jean-Baptiste Colbert in 17th-century France, and Antonio Serra in Italy - never, however, used the term themselves; it was given currency by the English economist Adam Smith in his *Wealth of Nations* (1776). (4)

Pourtant, ses propagateurs, tout particulièrement Thomas Mun et Sir James Steuart dans l'Angleterre du 17e siècle, Jean-Baptiste Colbert dans la France du 17e siècle et Antonio Serra en Italie, n'utilisèrent jamais ce terme eux-mêmes; c'est l'économiste anglais Adam Smith qui l'a accrédité dans son ouvrage *La Richesse des Nations* (1776).

to give currency to (= spread) sth	*répandre, accréditer, propager, vulgariser, diffuser, qch*
to gain currency	*devenir courant*

Ceux qui ont propagé ce courant de pensée, ses adeptes, sont alternativement qualifiés de

pamphleteers	*pamphlétaires*
publicists of mercantilism	*propagateurs/diffuseurs du mercantilisme*

advocates of mercantilism	*avocats/défenseurs du mercantilisme*
exponents of mercantilism	*champions du mercantilisme.*

Voici quelques collocations fréquentes du terme "exponent" dans cette acception :

the principal exponent of a school of thought	*le chef de file d'une école de pensée*
a leading exponent of	*un des principaux représentants de* *un des principaux défenseurs de*

- Le terme "exponent" a également une acception mathématique rendue en français par "exposant".

En fait, le mercantilisme français est connu sous le nom de "Colbertisme" ("Colbertism" en anglais), du nom du Ministre des Finances, Jean-Baptiste Colbert, le mercantilisme allemand étant appelé en anglais "Cameralism" à partir de la dénomination allemande de la chambre royale.

The most famous French Mercantilist, Jean-Baptiste Colbert, minister to Louis XIV, dismantled international trade barriers and *subsidized* new industries. In one decree, he offered *bounties* to companies that brought Flemish weavers to France and trained new craftsmen. (5)

Le plus célèbre Mercantiliste français, Jean-Baptiste Colbert, ministre de Louis XIV, supprima les barrières commerciales internationales et *subventionna* de nouvelles industries. Dans un décret, il offrit des *primes* aux compagnies qui amenaient des tisserands flamands en France et formaient de nouveaux artisans.

to dismantle (t.v.)	*démanteler, démolir, supprimer*
to subsidize (t.v.)	*subventionner*
bounty	*don, gratification, prime, récompense* (6)
bounty-fed industry	*industrie subventionnée*

Parmi les auteurs anglais, nous évoquerons les contributions de Gérald Malynes et Sir Thomas Mun.

Gérald Malynes (1586-1641) :

An English merchant and government official and a leading expo-

Marchand et haut fonctionnaire anglais, un des principaux défennent of mercantilism. His publications include [...]*The Maintenance of Free Trade* (1622) and *The Centre of the Circle of Commerce* (1623) [...] He suggested that higher import tariffs should be levied and exports of bullion prohibited, because he believed that a country's growth was related to *the accumulation of precious metals*. (7)

seurs du mercantilisme. Ses publications incluent *The Maintenance of Free Trade* (1622) et *The Centre of the Circle of Commerce* (1623). Il conseilla le prélèvement de tarifs d'importation plus élevés et l'interdiction des exportations d'or monétaire car il pensait que la croissance d'un pays était liée à *l'accumulation de métaux précieux.*

import tariffs	*tarifs d'importation*
bullion	*or monétaire*
the accumulation of precious metals	*l'accumulation de métaux précieux*

Sir Thomas Mun (1571-1641) :

a prominent figure in *mercantile circles*

une figure importante des *cercles mercantilistes*

An English mercantilist and a director of the East India Company. His publications include *Discourse of Trade from England into the East Indies* (1621) and *England's Treasure of Forraign Trade* (1664). He attacked the idea that exports of bullion should be completely prohibited and other restrictions put on trade, pointing out that restrictions on trade invited *retaliation* in foreign markets and raised domestic prices. (8)

Mercantiliste anglais et directeur de la Compagnie des Indes Orientales. Ses publications incluent *Discourse of Trade from England into the East Indies* (1621) et *England's Treasure of Forraign Trade* (1664). Il combattit l'idée que les exportations d'or monétaire devraient être totalement interdites et d'autres restrictions imposées au commerce, montrant que les restrictions commerciales invitent aux *représailles* sur les marchés extérieurs et font augmenter les prix intérieurs.

retaliation	*représailles, rétorsion*
to retaliate against sb/sth	*exercer des représailles contre qun/qch*
retaliatory measures	*mesures de rétorsion*
East India Company	*Compagnie des Indes Orientales*

(Note : "forraign" était l'orthographe de l'adjectif "foreign" en 1664.)

L'ouvrage le plus important de Thomas Mun (1571-1641), publié de façon posthume en 1664, s'intitule *England's Treasure by Forraign Trade*; le mot "treasure" est donc bien alors synonyme de richesse et prend un aspect redondant dans la citation suivante :

As the mercantilist writer Thomas Mun put it around 1630: "The ordinary means therefore to increase our wealth and treasure is by *foreign trade*, wherein we must ever observe this rule: to sell more to strangers yearly than we consume of theirs in value." (9)

Comme l'a dit l'auteur mercantiliste Thomas Mun vers 1630: "Le moyen ordinaire d'accroître notre richesse et notre trésor est donc le *commerce extérieur*, dans lequel nous devons toujours observer la règle suivante : vendre chaque année aux étrangers pour un montant supérieur à ce que nous consommons de leurs produits".

foreign trade — *le commerce extérieur*

Cet auteur de traités économiques

gave the first clear and vigorous statement of the theory of the *balance of trade*. (10)

fit le premier exposé clair et solide de la théorie de la *balance commerciale*.

the first statement of a theory — *la première énonciation/le premier exposé d'une théorie*

trade balance — *balance commerciale*
balance of trade — *balance du commerce extérieur*

La période couverte par le mercantilisme est exprimée de façons diverses :

the sixteenth and seventeenth centuries (3) — les seizième et dix-septième siècles
between the mid-sixteenth and late seventeen centuries. (11) — entre le milieu du seizième et la fin du dix-septième siècle.

Comment qualifier le mercantilisme ?

Si pour Krugman-Obstfeld (9), il s'agit d'une "school of economic thinkers" :

An influential school of economic thinkers called mercantilists held that without severe restrictions on *international trade and payments*, Britain might find itself impove-

Une importante école de pensée économique estimait que, sans restrictions sérieuses du *commerce et des paiements internationaux*, la Grande-Bretagne pourrait se trouver

rished and without an adequate supply of *circulating monetary gold* as a result of *balance of payments deficits*. (9)

appauvrie et dépourvue d'une masse adéquate d'*or monétaire en circulation* à la suite de *déficits de la balance des paiements*.

international trade and payments	*commerce et paiements internationaux*
circulating monetary gold	*or monétaire en circulation*
balance of payments deficit /o/	*déficit de la balance des paiements /o/*
balance of payments surplus	*excédent de la balance des paiements*

... l'Encyclopédie Universalis parle de tendances convergentes, d'idées apparentées plutôt que de vraie doctrine (12).

Quelles sont ces idées ?

On constate que les principes mercantilistes varient dans le temps et dans l'espace, selon les époques et les pays. Toutefois, elles concernent des auteurs

who advocated similar policies, such as an emphasis on manufacture rather than on the production of agricultural raw materials, and *protectionist foreign trade measures*, both of which would produce *an excess of exports over imports*, that is, a *favourable balance of trade*. (3)

qui recommandaient des politiques similaires, telles que mettre l'accent sur la fabrication industrielle plutôt que sur la production de matières premières agricoles, et des *mesures protectionnistes de commerce extérieur*, les deux produisant *un excédent d'exportations par rapport aux importations*, c'est-à-dire une *balance commerciale excédentaire*.

protectionist foreign trade measures	*mesures protectionnistes de commerce extérieur*
an excess of exports over imports	*un excédent d'exportations par rapport aux importations*
a favorable balance of trade	*une balance commerciale excédentaire*

Notons que l'inverse :

The excess of the value of imports of goods and services over the value of exports of goods and services. (13)

L'excédent de la valeur des importations de biens et services sur la valeur des exportations de biens et services.

the excess of imports over exports — *l'excédent des importations sur les exportations*

est qualifié de

trade gap — *déficit commercial*, *déficit de la balance commerciale*

B. The mercantilist conception of wealth

B. La conception mercantiliste de la richesse

The primary objective of Mercantilism was to increase *the power of the nation state.* (14)

Le principal objectif du Mercantilisme était d'augmenter *la puissance de l'Etat nation.*

the power of nations — *la puissance des nations*
state power — *la puissance de l'Etat*

The central goal was *the accumulation of national treasure,* to be achieved by exporting as much as possible and importing as little as possible.(3)

L'objectif central était *l'accumulation de richesse nationale,* qui devait s'obtenir en exportant autant que possible et en important aussi peu que possible.

the accumulation of national treasure — *l'accumulation de richesse nationale*

The earliest writers on international economics, the *Mercantilists* of the 17th century, measured the *gains from trade* by the "treasure" that a country could accumulate through trade. They urged the state to maximize these gains by encouraging exports and discouraging imports.
(15)

Les premiers auteurs en économie internationale, les *Mercantilistes* du 17e siècle, évaluaient les *gains de l'échange* au moyen du "trésor" qu'un pays pouvait accumuler grâce au commerce. Ils incitaient l'Etat à maximiser ces gains en encourageant les exportations et décourageant les importations.

gains from trade — *gains de l'échange* (cf.pp.67-74)

mercantilistic arguments — *arguments mercantilistes*

Dans le système mercantile, le commerce extérieur est considéré comme le moyen permettant d'obtenir de l'or et d'accumuler des richesses au sein de la nation grâce à un excédent commercial :

Mercantilism, which originated in the 17th century, held that silver and gold were the *mainstays* of national wealth and essential to vigorous commerce. (9)	*Le mercantilisme,* qui remonte au 17e siècle, considérait que l'argent et l'or étaient les *bases* de la richesse nationale et donc indispensables à la vigueur du commerce.
mainstay	*base, pivot, pilier*
the theory holds that	*la théorie considère que*

Dans l'Encyclopaedia Britannica, on peut lire

mercantilism, economic theory and practice common in Europe from the 16th to the 18th century that promoted *governmental regulation* of a nation's economy for the purpose of augmenting state power at the expense of rival national powers. It was the economic counterpart of political absolutism. (4)	le mercantilisme, théorie et pratique économiques communes en Europe du 16e au 18e siècles qui préconisaient la *règlementation par l'Etat* de l'économie d'une nation dans le but d'augmenter la puissance de l'Etat aux dépens de puissances nationales rivales. C'était la contrepartie économique de l'absolutisme politique.
governmental regulation	*règlementation par l'Etat, publique*
politican absolutism *absolute (unlimited) power*	*l'absolutisme politique* *pouvoir absolu (illimité)*

Opposition au mercantilisme

David Hume s'opposa au courant de pensée des mercantilistes :

Hume refuted their arguments by demonstrating that the *balance of payments* would automatically regulate itself to ensure an adequate *supply of money* in every country. (9)	Hume réfuta leurs arguments en démontrant que la *balance des paiements* se régulerait automatiquement pour assurer une *masse monétaire* adéquate dans chaque pays.
balance of payments	*balance des paiements*
supply of money, *money supply*	*offre de monnaie, masse monétaire* (16)

Hume pointed out that mercantilists *overemphasized* a single and relatively minor *component* of national wealth, precious metals, while ignoring the nation's main source of wealth, its productive capacity. (9)	Hume fit remarquer que les mercantilistes *donnaient trop d'importance* à un seul *composant* relativement mineur de la richesse nationale, les métaux précieux, tout en ignorant la principale source de la richesse de la nation, sa capacité de production.
to overemphasize sth	*donner trop d'importance à qch*
a component	*un composant, une composante*
productive capacity, *capacity of production,* *production capacity*	*capacité de production* (17)
à bien distinguer de : *capacity production =* *production at (full) capacity*	*production à pleine capacité*
= efficiently using all the inputs available	= utiliser efficacement tous les facteurs de production disponible
He exposed as unwarranted the mercantilist fear of a chronic imbalance of trade and loss of gold. (18)	Il présenta comme injustifiée la crainte mercantiliste de phénomènes chroniques de déséquilibre du commerce et de perte d'or.
imbalance of trade *imbalance = disequilibrium*	*déséquilibre du commerce*

Conclusion

The mercantilists' theory did little to explain the basic questions of international trade, ie questions such as which goods are exported and imported, and by whom. There was also no consideration of what determines the prices at which exchange of exports and imports takes place, ie the *terms of trade*. (19)	La théorie des mercantilistes n'a pas fait grand chose pour expliquer les questions fondamentales du commerce international, cad. des questions telles que quels biens sont exportés et importés, et par qui. En outre, elle n'a pas non plus considéré ce qui détermine les prix auxquels les échanges d'exportations et d'importations se produisent, cad. les *termes de l'échange*.

terms of trade	*termes de l'échange*
Adam Smith was the first to address these questions and in doing so attacked *the mercantilist view of trade*. Taking the arguments he had formulated regarding specialisation and division of labour, he applied them to international trade, producing the *principle of absolute advantage*. (19)	Adam Smith fut le premier à aborder ces questions et, ce faisant, attaqua *la vision mercantiliste du commerce*. Prenant les arguments qu'il avait formulé au sujet de la spécialisation et de la division du travail, il les appliqua au commerce international, ce qui donna le *principe de l'avantage absolu*.
the mercantilist view of trade	*la vision mercantiliste du commerce*
division of labour	*la division du travail*

Par termes de l'échange, on entend les termes de l'échange international :

By the terms of trade we mean the quantity of another country's products which a nation gets *in exchange for* a given quantity of its own products. (20)	Par termes de l'échange, on entend la quantité des produits d'un autre pays qu'une nation obtient *en contrepartie d'*une quantité donnée de ses propres produits.
in exchange for	*en contrepartie de/en échange de*
The terms of trade, therefore, are the rate at which a country *exchanges* its exports *for* imports. (21)	Les termes de l'échange sont donc le taux auquel un pays *échange* ses exportations *contre* des importations.
to exchange X for Y	*échanger X contre Y*

soit :

The ratio of the index of export prices to the index of import prices. (22)	Le ratio de l'indice des prix à l'exportation à l'indice des prix à l'importation.
an index *an index number*	*un indice*
indexes, indices, *index numbers*	*indices*

The *commodity terms of trade*, the most common definition of the terms of trade, is computed by dividing the price of exports by the price of imports. (23)

Les *termes de l'échange des biens*, la définition la plus commune des termes de l'échange, sont calculés en divisant le prix des exportations par le prix des importations.

commodity terms of trade — *termes de l'échange des biens*

The *income terms of trade*, which determines a nation's capacity to import, is also used to calculate a nation's gains from trade. It equals the commodity terms of trade times the quantity of exports. (23)

Les *termes de l'échange des revenus*, ce qui détermine la capacité à importer d'une nation, sont aussi utilisés pour calculer les gains dûs au commerce d'une nation. Ils sont égaux aux termes de l'échange des biens multipliés par le volume des exportations.

income terms of trade — *termes de l'échange des revenus*

An *improvement in the terms of trade* follows if export prices rise more quickly than import prices (or fall more slowly than import prices). (22)

Une *amélioration des termes de l'échange* s'ensuit si les prix à l'exportation s'élèvent plus vite que les prix à l'importation (ou baissent plus lentement que les prix à l'importation).

to follow (i.v.) — *s'ensuivre, résulter*
to follow from / to result from, sth — *résulter de qch*

improvement in the terms of trade — *amélioration des termes de l'échange*
=/=
deterioration in the terms of trade — *détérioration des termes de l'échange*

II. Adam Smith and absolute advantage

II. Adam Smith et l'avantage absolu

The early logic that free trade could be advantageous for countries was based on the concept of absolute advantage in production. (24)

Le raisonnement initial selon lequel les pays pouvaient tirer avantage du libre-échange fut fondé sur le concept d'avantage absolu de production.

tel que ce concept était présenté par Adam Smith dans son ouvrage paru en 1776 :

An Inquiry into the Nature and Causes of the Wealth of Nations

Enquête sur la Nature et les Causes de la Richesse des Nations

Selon Michel Rainelli, "La première explication du commerce international est due à Adam Smith qui fonde les échanges internationaux sur des avantages absolus de coût (un pays exporte s'il produit moins cher que les autres). Cette analyse comporte une limite évidente : une nation ne disposant d'aucun avantage absolu ne peut participer au commerce international." (25)

Prior to Ricardo, economists such as Adam Smith had envisaged trade as being based on absolute differences in labour productivity. (26)

Avant Ricardo, des économistes tels que Adam Smith avaient considéré que le commerce était fondé sur des différences absolues de productivité de la main d'oeuvre.

prior to so/sth
prior to doing sth

avant qun/qch
avant de faire qch

Absolute advantage. The ability of a nation to produce a good with fewer inputs than any other nation. (27)

Avantage absolu. La capacité d'une nation de produire un bien avec moins de facteurs que toute autre nation.

Absolute advantage, in economics, is a concept of trade in which one country can produce a quantity of a product more efficiently (that is, with fewer resources of labour, land and/or capital) than another country. (28)

En économie, l'avantage absolu est un concept de commerce dans lequel un pays peut produire une certaine quantité de travail plus efficacement (c'est-à-dire avec moins de ressources en travail, terre et/ou capital) qu'un autre pays.

III. The theory of comparative advantage

III. La théorie de l'avantage comparatif

The original description of the idea of comparative advantage *dates back to* the early part of the 19th century. Although the model describing the theory is commonly referred to as the "Ricardian model", the original description of the idea can be found in an *Essay on the External Corn Trade* by Robert Torrens in 1815. (24)

La première description de l'idée d'avantage comparatif *date du* début du 19e siècle. Bien que le modèle décrivant la théorie soit d'ordinaire qualifié de "modèle Ricardien", on peut trouver la première description de cette idée dans un *Essai sur le Commerce Extérieur du Blé* publié par Robert Torrens en 1815.

to date back to / to date from	*dater de, remonter à*
Essay on the External Corn Trade (Robert Torrens, 1815)	*Essai sur le Commerce Extérieur du Blé*
the Ricardian model	*le modèle Ricardien*

Philippe Barbet écrit : "La notion d'avantages comparatifs, découverte par W. Thornton (1785-1833) pour le commerce de l'or (29), est généralisée aux autres biens par Ricardo et permet de séparer l'analyse économique des échanges intérieurs et extérieurs." (30)

David Ricardo formalized the idea using a compelling, yet simple, numerical example in his 1817 book titled *On the Principles of Political Economy and Taxation.* (24)	David Ricardo a formalisé l'idée en utilisant un exemple numérique convaincant, et pourtant simple, dans son ouvrage de 1817 intitulé *Des Principes d'Economie Politique et de l'Impôt.*
On the Principles of Political Economy and Taxation (David Ricardo, 1817)	*Des Principes d'Economie Politique et de l'Impôt*
compelling	*convaincant, indiscutable*
The theory, first developed by Ricardo, states that a country will tend to specialise in the production of these commodities for which it is *best fitted*, and in which it has the greatest comparative advantage (ie lowest comparative cost). (31)	La théorie, exposée à l'origine par Ricardo, établit qu'un pays tend à se spécialiser dans la production des biens et services pour lesquels il est *le mieux adapté*, et pour lesquels il a le plus grand avantage comparatif (cad. le plus faible coût comparatif).
to be fit (= qualified) for a job	*être apte (qualifié) à (pour) un emploi*
survival of the fittest (Darwinian theory of evolution)	*la survie des plus aptes (Théorie Darwinienne de l'évolution)*

Selon Jean-Louis Muchielli, "Pour Ricardo (1817) et Torrens (1815), même un pays qui n'a pas d'avantage absolu peut participer à l'échange et obtenir un gain. C'est la notion d'avantages comparatifs" (32).

Le concept de *comparative advantage* est également appelé *comparative cost principle* :

the principle stating that trade is beneficial even if a country does not have an absolute advantage in the production of a good, but does have a cost benefit of producing the good relative to its *trading partner*.(33)

le principe selon lequel le commerce est bénéfique même si un pays n'a pas d'avantage absolu à produire un bien, mais a bien un avantage en termes de coût pour produire ce bien par rapport à son *partenaire commercial.*

cost advantage
cost benefit

avantage en termes de coût

(à bien différencier des mêmes termes dans la dénomination :

cost-benefit analysis — *analyse coûts-avantages*)

This principle explains why countries specialize in producing and exporting products based on their *endowment of resources.* (33)

Ce principe explique pourquoi les pays se spécialisent dans le production et l'exportation de produits en fonction de leur *dotation en ressources.*

endowment of resources
resource endowment

dotation en ressources

to be endowed with resources — *être doté de ressources*

(Noter l'orthographe de "resource" en anglais avec un seul "s")

The *law of comparative costs* shows that, provided countries differ in the relative costs of producing certain goods, they can probably gain by specialisation and trade. (34)

Selon la *loi des coûts comparatifs,* pourvu que les pays diffèrent par les coûts relatifs de production de certains biens, ils doivent pouvoir tirer profit de la spécialisation et du commerce.

the law of comparative costs
the comparative cost principle

la loi des coûts comparatifs

Jean-Louis Muchielli emploie aussi l'appellation "principe des coûts comparés" (35).

The idea appeared again in James Mill's *Elements of Political Econo-*

L'idée a réapparu dans les *Eléments d'Economie Politique* de James Mill

my" in 1821. Finally the concept became a key feature of international political economy upon the publication of *Principles of Political Economy* by John Stuart Mill in 1848. (24)

en 1821. Enfin ce concept est devenu une caractéristique essentielle de l'économie politique internationale lors de la publication des *Principes d'Economie Politique* de John Stuart Mill en 1848.

Elements of Political Economy (James Mill, 1821) — *Eléments d'Economie Politique*

Principles of Political Economy (John Stuart Mill, 1848) — *Principes d'Economie Politique*

IV. Factor endowments

IV. Les dotations factorielles

A country has a comparative advantage in producing a good if the *opportunity cost* of producing that good in terms of other goods is lower in that country than it is in other countries. (36)

Un pays a un avantage comparatif à produire un bien si le *coût d'opportunité* de la production de ce bien par rapport à d'autres biens est inférieur dans ce pays à ce qu'il est dans d'autres pays.

opportunity cost — *coût d'opportunité* (37)

The Hecksher-Ohlin model

Le modèle Hecksher-Ohlin

Ce modèle, Hecksher-Ohlin (H-O), puis Hecksher-Ohlin-Samuelson (HOS), évolue dans le temps grâce aux travaux des néoclassiques Eli Hecksher, Bertil Ohlin et Paul Samuelson.

L'article publié en suédois par Heckscher en 1919 n'a été traduit en anglais que trente ans plus tard alors que l'article de Ohlin a été publié dans un ouvrage paru en anglais en 1933 (38). Le commerce international y est expliqué à partir du concept d'*abondance relative d'un facteur de production*. Les quantités disponibles d'au moins deux facteurs de production constituent la *dotation factorielle* d'une nation. Quant à l'*intensité factorielle*, c'est l'intensité en capital (travail) par rapport au travail (capital) de la technique de production.

Bertil Ohlin (1899-1979) a reçu le

Nobel Prize in economics in 1997 (jointly with Meade). His major

Prix Nobel d'économie en 1997 (avec Meade). Sa principale contribution,

contribution, to international trade theory, was published in *Interregional and international trade* (1933). Professor Ohlin refined the theory of comparative advantage by building upon the work of Eli Heckscher. (39)

à la théorie du commerce international, a été publiée dans *Interregional and international trade* (1933). Le Professeur Ohlin a affiné la théorie de l'avantage comparatif en s'appuyant sur les travaux d'Eli Heckscher.

to refine a concept	*affiner un concept*
to refine a method	*perfectionner une méthode*
to build upon sb's work	*s'appuyer sur les travaux de qqn*

The *Hecksher-Ohlin theorem*, named after Eli Heckscher and Bertil Ohlin, claims that trade is based on differences in *relative factor endowments*. (40)

Le *théorème Hecksher-Ohlin*, du nom d'Eli Heckscher et Bertil Ohlin, affirme que le commerce est fondé sur des différences de *dotations factorielles relatives*.

relative factor endowment	*dotation factorielle relative*
to claim that	*postuler que*

The *Hecksher-Ohlin model* supposes that a country's comparative advantage will reflect its particular *endowments* of factors of production. (41)

Le modèle de Hecksher-Ohlin suppose que l'avantage comparatif d'un pays reflète ses *dotations* particulières en facteurs de production.

factor endowment	*dotation factorielle*
endowment of factors of production	*dotation en facteurs de production*
H-O model	*modèle Hecksher-Ohlin*
a.k.a. (= also known as) :	connu également sous le nom de:
factor endowment model	*modèle de dotation factorielle*

On trouvera aussi :

Hecksher-Ohlin theorem, H-O theorem	*théorème Hecksher-Ohlin, théorème H-O*

According to the *H-O theorem*, international trade takes place because different countries have different relative factor proportions. (42)

Selon le *théorème H-O*, le commerce international se produit parce que différents pays ont des proportions factorielles relatives différentes.

Because, globally, factors are not evenly spread, the basis for specialization and exchange is established. (41)

Les facteurs n'étant pas également répartis dans le monde, cela donne lieu à spécialisation et échanges.

For example, those countries that are richly *endowed with* fertile land will find it beneficial to devote resources to the production of agricultural output. (41)

Par exemple, les pays qui sont richement *dotés de* terres fertiles auront intérêt à consacrer leurs ressources à la production agricole.

beneficial	*avantageux*
endowed with	*doté de*

Les concepts d'*abondance relative d'un facteur de production et* d'*intensité* factorielle sont essentiels. On remarquera l'emploi spécifique des adjectifs "intensive" et "abundant" dans des adjectifs composés :

For countries with a relative abundance of labour, specialization in the production of *labour-intensive* goods and services will be preferable. (41)

Pour les pays ayant une main-d'oeuvre relativement abondante, il sera préférable de se spécialiser dans la production de biens et services *non capitalistiques*.

labour-intensive	*non capitalistique, à forte intensité de main-d'oeuvre*
/o/ capital-intensive	*/o/ capitalistique, à forte intensité de capital*

Exemples de spécialisation :

labor-abundant India exporting shoes, rugs, textiles, and other labour-intensive goods, or *capital-abundant* Germany and the United States exporting automobiles, machinery, and other *capital-intensive goods*, or *land-abundant* Canada, Australia and Argentina exporting wheat, wool, meat, and other land-intensive goods.(43)

L'Inde *riche en main-d'oeuvre* qui exporte des chaussures, des tapis, des textiles et autres biens non capitalistiques, ou l'Allemagne et les Etats-Unis, *riches en capital*, qui exportent des voitures, des machines et autres *biens capitalistiques*, ou le Canada, l'Australie et l'Argentine, *riches en terres*, qui exportent du blé, de la laine, de la viande et d'autres biens exigeant des terres étendues.

a labor-abundant country	*un pays riche en main-d'oeuvre*
a capital-abundant country	*un pays riche en capital*
a land-abundant country	*un pays riche en terres*

Trade in clothing follows the pattern of comparative advantage. Clothing production tends to be *labor-intensive,* so it is produced and exported by nations having an *abundance of unskilled labor.* Clothing is imported primarily by countries *well endowed with* capital and skilled labor but short of unskilled labor. (44)

Le commerce de l'habillement suit le modèle de l'avantage comparatif. La production de vêtements tend à être *non capitalistique,* aussi est-elle produite et exportée par des nations ayant une *abondante main-d'oeuvre non qualifiée.* Les vêtements sont importés essentiellement par des pays *bien dotés en* capital et main-d'oeuvre qualifiée mais manquant de main-d'oeuvre nonqualifiée.

to be well endowed with sth	*être bien doté en qch*
to be short of sth	*manquer de qch, ne pas avoir assez de qch*
skilled labour (UK) *skilled labor (US)*	*main-d'oeuvre qualifiée*
unskilled labour/labor	*main-d'oeuvre nonqualifiée*

La théorie des proportions des facteurs d'Hecksher-Ohlin

is quite successful in explaining trade between industrialized and developing countries; the industrialized countries import labor and tropical *land-intensive* products from less developed countries (LDCs) and export capital and temperate-climate *land-intensive* goods to them. (45)

réussit particulièrement dans son explication du commerce entre pays industrialisés et en développement; les pays industrialisés importent des pays en développement (PED) du travail et des produits tropicaux *exigeant beaucoup de terres* et leur exportent des biens d'équipement et des produits de climats tempérés *exigeant beaucoup de terres.*

capital and temperate-climate *land-intensive* goods = capital goods and temperate-climate *land-intensive* goods

capital goods (46)	*biens d'équipement*
industrialized / developing / less developed countries	*pays industrialisés / pays en développement*

HOS theorem

The conclusions that *absolute and relative factor prices* will be equalized by trade are together called the *factor-price equalization theorem*, or the *Hecksher-Ohlin-Samuelson (H-O-S) theorem.* (47)

Le théorème HOS

Les conclusions selon lesquelles les *prix relatifs et les prix nominaux des facteurs* seront égalisés par le commerce sont aussi bien qualifiées de *théorème d'égalisation des prix des facteurs* que de *théorème Hecksher-Ohlin-Samuelson (HOS)*

absolute factor prices	*prix nominaux des facteurs*
relative factor prices	*prix relatifs des facteurs*
factor-price equalization theorem	*théorème d'égalisation des prix des facteurs*
the Hecksher-Ohlin-Samuelson (H-O-S) theorem	*le théorème Hecksher-Ohlin-Samuelson (HOS)*

Paul Samuelson

His "*factor-price equalization theorem*" states the conditions under which free international trade tends to equalize the prices of factors of production, so that free trade can be seen as a substitute for the free mobility of the factors of production. He was the first to construct a model of the *trade cycle*, based on the interaction of the *multiplier* and the *accelerator* in the economy. (48)

Son "*théorème d'égalisation des prix des facteurs*" établit les conditions dans lesquelles le libre-échange international tend à égaliser les prix des facteurs de production, de sorte que le libre-échange peut être considéré comme un substitut de la libre mobilité des facteurs de production. Il a été le premier à construire un modèle du *cycle du commerce*, fondé sur l'interaction du *multiplicateur* et de l'*accélérateur* dans l'économie.

trade cycle	*cycle du commerce*
the multiplier	*le multiplicateur* (49)
the accelerator	*l' accélérateur* (49)

C'est le modèle appelé en français "modèle de l'oscillateur" de Samuelson.

NOTES

(1) G. Bannock, R. Baxter & E. Davis, *The Penguin Dictionary of Economics*, p.377.
(2) F. Teulon, *Le commerce international*, p. 20.
(3) *Bloomsbury Guide to Human Thought*, cf. http://www.xrefer.com
(4) *Encyclopaedia Britannica, Micro VI*, p.798.
(5) P. Kenen, *The International Economy*, p.7.
(6) Voir aussi J. Percebois, *L'Anglais de la Microéconomie*, "primes" pp.234, 257.
(7) G. Bannock, R. Baxter & E. Davis, *The Penguin Dictionary of Economics*, p. 256.
(8) G. Bannock, R. Baxter & E. Davis, *op. cit.*, p. 288.
(9) P. Krugman & M. Obstfeld, *International Economics*, p.544.
(10) *Encyclopaedia Britannica, Micropaedia VII*, p.99.
(11) G. Bannock, R. Baxter & E. Davis, *The Penguin Dictionary of Economics*, p. 271.
(12) Encyclopédie Universalis, Corpus, 14 : 970.
(13) G. Bannock, R. Baxter & E. Davis, *The Penguin Dictionary of Economics*, p. 412.
(14) R. Larry Reynolds cf. http://www.boisestate.edu/econ/lreynolds/web/pdf
(15) P. Kenen, *The International Economy*, p. 15.
(16) "money supply" : voir aussi J. Percebois, *L'Anglais de la Macroéconomie*, pp.90, 98-100.
(17) "capacité de production" : voir aussi J. Percebois, *L'Anglais de la Macroéconomie*, pp.125-6.
(18) G. Bannock, R. Baxter & E. Davis, *The Penguin Dictionary of Economics*, p. 190.
(19) J. Piggott & M. Cook, *International Business Economics - A European Perspective*, pp.49-50.
(20) J. Harvey, *Modern Economics*, p.341.
(21) J. Harvey, *op. cit.*, p.456.
(22) G. Bannock, R. Baxter & E. Davis, *The Penguin Dictionary of Economics*, p.407.
(23) T. Walther, *The World Economy*, p.118.
(24) http://internationalecon.com
(25) M. Rainelli, *La Nouvelle Théorie du Commerce International*, p.7.
(26) P. Brenton, H. Scott & P. Sinclair, *International Trade, A European Text*, p.23.
(27) T. Walther, *The World Economy*, p.103.
(28) www.xrefer.com/entry/343410
(29) W. Thornton (1785-1833), à ne pas confondre avec William, Thomas Thornton (1813-1880); «W.T. Thornton criticized the wage-fund doctrine on the grounds that wages were determined by supply and demand in the market». Bannock 430-431.
(30) P. Barbet, *Les Echanges Internationaux*, p.29.
(31) P.A.S. Taylor, *A New Dictionary of Economics*, p.43.
(32) J.-L. Muchielli, *Economie Internationale*, p. 4.
(33) J. Shim & J. Siegel, *Dictionary of Economics*, p. 72.
(34) J. Harvey, *Modern Economics*, p.452.
(35) J.-L. Muchielli, *Economie Internationale*, p.14.
(36) P. Krugman & M. Obstfeld, *International Economics*, p. 14.
(37) Voir aussi J. Percebois, *L'Anglais de la Microéconomie*, "opportunity cost" pp.117-8.
(38) M. Rainelli, *Le Commerce International*, p. 45.
(39) G. Bannock, R. Baxter & E. Davis, *The Penguin Dictionary of Economics*, p.302.
(40) T. Walther, *The World Economy*, p. 134.
(41) C.Mulhearn & H. Vane, *The World Economy*, p.277.
(42) T. Walther, *The World Economy*, p. 400.
(43) C.Mulhearn & H. Vane, *Economics*, pp.277-278
(44) T. Walther, *The World Economy*, p. 139.
(45) R. Dunn & J. Ingram, *International Economics*, p. 91.
(46) Voir aussi J. Percebois, *L'Anglais de la Microéconomie*, "capital goods" pp.81-82, 276.
(47) D. Salvatore, *International Economics*, Study Guide, p.27.
(48) Who's Who cf. http://www.xrefer.com
(49) Voir aussi J. Percebois, *L'Anglais de la Macroéconomie*, "the multiplier", "the accelerator", "the multiplier-accelerator interaction", pp.82-86.

Chapitre 2

International trade theories (2) :

departures from comparative advantage

Chapitre 2

Théories du commerce international (2) :

remise en cause des avantages comparatifs

Le titre français ci-dessus est une adaptation, et non une traduction littérale du titre anglais. Il s'agit en fait du titre d'une sous-partie d'un chapitre de *La nouvelle théorie du commerce international* de Michel Rainelli, titre qui nous paraît rendre l'esprit de l'expression anglaise "departures from comparative advantage" employée par de nombreux auteurs.

I. The Leontieff paradox

I. Le paradoxe de Leontieff

Le paradoxe de Leontieff peut être résumé de la façon suivante :

At the end of World War Two when the United States was considered *the world's most capital-abundant country*, Leontieff (1953) discovered that instead it exported labor-intensive and imported capital-intensive commodities. (Maneschi 2)

A la fin de la 2e guerre mondiale, alors que les Etats-Unis étaient considérés comme *le pays le mieux doté en capital au monde*, Lontieff (1953) a découvert qu'ils exportaient au contraire des biens et services à forte intensité de main-d'oeuvre et importaient des biens et services capitalistiques.

the world's most capital-abundant country — *le pays le mieux doté en capital au monde*

Quelle a été la démarche de Léontieff ?

Leontieff (1954) tried to apply the Heckscher-Ohlin theory to reality. He used US data for 1947, at which time the USA had higher *capital per head* than all its trading partners. According to the Heckscher-Ohlin theory, therefore, the USA should export capital-

Léontieff (1954) a essayé d'appliquer la théorie d'Heckscher-Ohlin à la réalité. Il a utilisé des données américaines de 1947, période où les Etats-Unis avaient plus de *capital par tête* que tous leurs partenaires commerciaux. Selon la théorie d'Heckscher-Ohlin, les Etats-Unis

intensive goods and import *labour-intensive goods*. Leontieff attempted to prove this. (1)	devraient donc exporter des biens capitalistiques et importer des *biens non capitalistiques*. C'est ce que Léontieff s'efforça de prouver.
capital per head	*capital par tête*
labour-intensive goods	*biens noncapitalistiques*

Mais, en fait,

the USA import-competing production required 30% more capital than its exports. Exports from the USA were, therefore, *more labour-intensive than* imports into the USA - the opposite *prediction* to Heckscher-Ohlin. The world's most capital-intensive country was exporting *labour-intensive goods*. (1)	la production des Etats-Unis en concurrence avec les importations exigeait 30% de plus de capital que ses exportations. Les exportations des Etats-Unis étaient donc *plus exigeantes en main-d'oeuvre que* les importations entrant aux Etats-Unis, l'opposé de la *prévision* de la théorie Heckscher-Ohlin. Le pays le plus capitalistique du monde exportait des *biens non capitalistiques*.
more labour-intensive than	*plus exigeant en main-d'oeuvre que*
prediction *=anticipation, forecast*	*prévision, anticipation*

(Noter la différence de champ sémantique entre "prediction" en anglais et "prédiction" en français)

Leontieff proposed hiw own answer to the paradox. He suggested that US workers were *three times more productive than* workers in other countries and, if this was taken into account, the USA was really a *labour-abundant country*. (2)	Léontieff proposa une solution personnelle à ce paradoxe. Il suggéra que les travailleurs américains étaient *trois fois plus productifs que* les travailleurs d'autres pays et que, si l'on en tenait compte, les Etats-Unis étaient en fait un *pays riche en main-d'oeuvre*.
a labour-abundant country	*unpays riche en main-d'oeuvre*
The Leontieff paradox led to extensions and *refinements of the* basic H-O model. One of these refine-	Le paradoxe de Léontieff entraîna des développements et des *perfectionnements du modèle* H-O de base.

H-O model. One of these refinements is the third factor of production. (3)

tionnements du modèle H-O de base. L'un de ces perfectionnements est le troisième facteur de production.

refinement of a model
to refine a model

perfectionnement d'un modèle
perfectionner un modèle
(voir aussi p.30)

The third factor of production has been used to explain the Leontieff paparadox. Thus, trade is based on more than just capital and labor. Raw materials and all types of *skills of labor* plus other factors can explain trade. (3)

On s'est servi du troisième facteur de production pour expliquer le paradoxe de Léontieff. Dans cette optique, le commerce n'est pas seulement fondé sur le capital et le travail. Les matières premières, toutes sortes de *qualifications de la main-d'oeuvre,* ainsi que d'autres facteurs, peuvent l'expliquer.

skills of labor

qualifications de la main-d'oeuvre

Research and development (R & D), expenditures,

La recherche et le développement (R-D), les dépenses,

sont d'autres facteurs mentionnés par Walther (3).

A la suite de la tentative de vérification du modèle HOS effectuée par Léontieff, allaient apparaître de nouvelles orientations pour la recherche sur le commerce international

II. Linder's preference similarity hypothesis

II. L'hypothèse de similitude de préférences de Linder

Staffan Burestam Linder, un économiste suédois, a publié en 1961 *An Essay on Trade and Transformation*, présenté par Krugman & Obstfeld comme

An early and influential statement of the view that *trade in manufactures* among advanced countries mainly reflects forces other than comparative advantage. (4)

Un des premiers exposés, déterminant, de l'opinion selon laquelle *le commerce des produits manufacturés* entre pays industrialisés traduit essentiellement des forces autres que l'avantage comparatif.

trade in manufactures

le commerce des produits manufacturés (cf.p.38)

En effet,

Linder's theory is an attempt to explain the *trade in manufactured*

La théorie de Linder tente d'expliquer le *commerce des produits manu-*

goods; it does not cover *primary product trade.* (63)

facturés; elle ne couvre pas le *commerce des produits de base.*

trade in manufactured goods — *commerce des produits manufacturés*

primary product trade — *commerce des produits de base*

Linder hypothesized that nations with similar *incomes per capita* will trade with each other. (4)

Linder a émis l'hypothèse que des nations ayant des *revenus par tête* similaires commercent entre elles.

to hypothesize that — *émettre l'hypothèse que*

similar — *similaire, semblable, comparable*

income per capita
per capita income — *revenu par tête,*
revenu par habitant

to trade (with) — *commercer, entretenir des relations commerciales (avec)*

Aussi fait-on référence aux travaux de Linder sous les appellations d'"hypothèse de Linder", ou de "théorie de la demande représentative", cette demande étant celle de produits similaires.

Linder argued that *countries with comparable demand structure,* reflected by similarity of *per capita income,* would tend to produce and trade similar goods. (5)

Linder a soutenu que *des pays ayant une structure de demande comparable,* qui apparaît dans la similitude de leurs *revenus par tête,* ont tendance à produire et échanger des biens similaires.

households with comparable income — *ménages ayant des revenus comparables*
des ménages aux revenus comparables

comparable with/to — *comparable à*

The *range of products* which a country exports will be a *subset* of the range supplied and consumed in the *domestic market.* Similarly, the products which a country imports will have *a close resemblance to* the products it already consumes.

La *gamme de produits* exportée par un pays est un *sous-ensemble* de la gamme offerte et consommée sur le *marché intérieur.* De même, les produits qu'un pays importe ont *une étroite ressemblance avec* les produits qu'il consomme déjà. Ces pro-

Whether these products are imported or produced domestically depends on the relative price of imports compared with domestic goods. This suggests that trade will take place between similar countries in similar products. (6)

duits sont importés ou produits localement en fonction du prix relatif des importations par rapport aux produits du pays. Ceci laisse supposer que l'échange a lieu d'ordinaire entre pays similaires et concerne des produits similaires.

domestic market	*marché intérieur*
domestically-produced good	*bien produit localement/dans le pays*
a range of products	*une gamme de produits*
a subset	*un sous-ensemble*

(Au fréquentatif anglais "will" peuvent correspondre, en français, le présent ou le futur simples des verbes employés.)

Le perfectionnement de l'analyse de Linder est la théorie de la demande de différence, de Bernard Lassudrie-Duchêne; "demande de différence" a été traduit en anglais par "demand for difference".

III. A new approach : trade and technology

III. Une nouvelle approche : commerce et technologie

Nous évoquerons ici

new theories of trade, developed in the 1960s and 1970s, which *highlight* the role of technology in creating new products and processes. These theories *focus upon* the dynamic, ongoing nature of *technological change,* and have helped to provide a link between the increasing expenditures on Research and Development (R&D) that were being observed in industrial countries and international trade. (8)

de nouvelles théories du commerce, développées dans les années 1960 et 1970, qui *soulignent* le rôle de la technologie dans la création de produits et de processus nouveaux. Ces théories *se concentrent sur* la nature dynamique, permanente, du *progrès technologique,* et ont contribué à établir un lien entre le commerce international et l'augmentation des dépenses de Recherche et Développement (R-D) que l'on observait alors dans les pays industriels.

to highlight sth	*souligner qch, mettre qch en lumière*
to highlight sth (with highlighter pen)	*surligner qch (avec surligneur)*
to focus on/upon sth	*se concentrer, se focaliser, sur qch.*

ongoing : continuously moving forward	*continu, continuel, permanent, suivi*
autre emploi :	
ongoing : actually in process	*en cours*
ongoing project	*projet en cours*
the ongoing negotiations	*les négociations en cours*
technological change	*évolution, progrès, technologique*
Posner (1961), Vernon (1966) and Hufbauer (1966) deserve special mention as marking the first departures from the Heckscher-Ohlin assumptions that technology and tastes are identical everywhere. (9)	Posner (1961), Vernon (1966) et Hufbauer (1966) méritent une mention spéciale car ils sont les premiers à se démarquer des hypothèses d'Heckscher et Ohlin selon lesquelles la technologie et les goûts sont partout identiques.
departure from	*dérogation, entorse, manquement (à)*
to depart from sth	*se démarquer, se différencier, se distinguer par rapport à qch*
A. The technology gap model	**A. Le modèle de l'écart technologique**
gap (10)	*écart, retard*

La terme "gap" a plusieurs emplois spécifiques en terminologie économique. Nous citerons dans divers contextes :

inflationary gap	*écart inflationniste*
deflationary gap	*écart déflationniste*
trade gap	*déficit commercial* *déficit de la balance commerciale*
The explicit treatment of technology as a factor determining *trade flows* was first made by Posner (1961). (11)	Posner (1961) est à l'origine du traitement explicite de la technologie comme facteur déterminant les *flux commerciaux*.
trade flows	*flux commerciaux*
Posner's technological gap theory	*La théorie de l'écart technologique de Posner*

His *technology-gap theory* asserted that new products and processes are continually being developed, and that for a period of time the country which is host to a particular invention or innovation will have a *technological lead* over other countries. (11)

Sa *théorie de l'écart technologique* affirmait que de nouveaux produits et processus sont sans cesse élaborés, et que, pendant un certain temps, le pays hôte d'une invention ou innovation particulière dispose d'une *avance technologique* sur d'autres pays.

technology-gap theory	*théorie de l'écart technologique*
technological lead	*avance technologique*
a company may build up a substantial lead in a given technology	*une firme peut prendre une avance substantielle pour une technologie donnée*

On notera l'expression "continually being developed" qui fait pendant à "ongoing" dans la citation précédente.

Trade occurs because the time it takes before the new good is demanded in other countries (*the demand gap*) is less than the time it takes for the new technology to be implemented in production abroad (*the imitation gap*). (11)

L'échange se produit car le temps nécessaire pour que la demande du nouveau bien s'exprime dans d'autres pays (*l'écart de la demande*) est inférieur au temps nécessaire pour que la nouvelle technologie soit mise en oeuvre dans la production à l'étranger (*l'écart d'imitation*).

the demand gap	*l'écart de la demande*
the imitation gap	*l'écart d'imitation*

The imitation gap will arise if *patents* protect the innovation or if it takes time to learn how to apply the new process or produce the new good. (11)

L'écart d'imitation apparaît si des *brevets* protègent l'innovation ou s'il faut du temps pour apprendre à appliquer le nouveau processus ou à produire le nouveau bien.

patents	*brevets*
to apply for a patent	*déposer une demande de brevet*
patent application	*demande de brevet*
to take out a patent on sth	*faire breveter qch*

the patent holder	*le détenteur du brevet*
the invention is protected by a patent	*l'invention est protégée par un brevet*
patent pending	*brevet en cours d'homologation*

Countries which have a persistently fast rate of innovation will tend to export *technologically advanced goods* to countries with slower rates of innovation in return for more standardized, *labour-intensive goods*. (11)

Les pays qui maintiennent un taux d'innovation élevé tendent à exporter des *biens technologiquement avancés* vers des pays aux taux d'innovation moins élevés en contrepartie de *biens non capitalistiques* plus standardisés.

fast rate of innovation *slow rate of innovation*	*taux d'innovation élevé* *faible taux d'innovation*
technologically advanced goods	*biens technologiquement avancés*
advanced technology	*technologie avancée, technologie de pointe*
labour-intensive goods	*biens noncapitalistiques*

Brenton et al. opposent plus loin les deux catégories suivantes :

Assume for simplicity that there are just two countries, one *technologically advanced* and the other, country 2, *relatively technologically backward*. (12)

Supposez pour simplifier qu'il n'y a que deux pays, un pays *technologiquement avancé* et l'autre, le pays n°2, *ayant un relatif retard technologique*.

technologically advanced country */o/* *technologically backward country*	*pays technologiquement avancé* */o/* *pays connaissant un retard technologique*

L'adverbe "relatively" introduit une procédure de "hedging", précautions oratoires ou discours politiquement correct, selon que l'on emploie un terme de linguistique ou de français courant. Autre possibilité dans cet objectif, parler de *less technologically advanced country*, pays moins avancé technologiquement, comme dans la phrase suivante :

The less technologically advanced country suffers from an adverse change in the relative wage, and becomes more specialized in *the least technology intensive goods.* (13)	*Le pays moins avancé technologiquement* souffre d'une variation défavorable de salaire relatif, et se spécialise davantage dans *les biens de moindre intensité technologique.*

less technologically advanced country	*pays technologiquement moins avancé*

mais dans une comparaison entre pays :

the less technologically advanced country	*le pays moins avancé technologiquement*
/o/ the least technologically advanced country	*/o/ le pays le moins avancé technologiquement*
the least technology intensive goods	*les biens de moindre intensité technologique*
adverse change	*variation défavorable*

Notons quelques emplois spécifiques de l'adjectif anglais "adverse" :

adverse conditions	*conditions défavorables*
adverse circumstances	*circonstances, défavorables*
adverse balance of trade	*balance commerciale défavorable/déficitaire*

Dans certains cas, l'économiste emploiera l'adjectif "adverse" en français; exemple :

adverse selection of low-quality products	*sélection adverse de produits de qualité inférieure*

A narrowing of the technology gap in terms of an exogenous increase in the *technological capability* of the less advanced country benefits the latter country. (13)	La réduction de l'écart technologique par accroissement exogène de la *capacité technologique* du pays moins avancé bénéficie à ce dernier pays.

capability	*capacité, possibilité, potentiel*
technological capability	*capacité technologique*

in terms of	*en fonction de, sur le plan de, du point de vue de*
high/advanced technology	*technologie avancée/de pointe*
medium-technology products (14)	*produits de technologie intermédiaire*
low-technology products typically imported from the less advanced country (14)	*produits de technologie inférieure* importés habituellement du pays moins avancé
Countries which have similar rates of innovation will also trade with each other, since the nature of innovations, the new goods and processes that are developed, will differ between countries. This provides an explanation for trade between countries with similar factor endowments and in similar products (*intra-industry trade*). (11)	Les pays qui ont des taux d'innovation similaires commercent aussi entre eux, car la nature des innovations, les biens et processus nouveaux mis au point, diffèrent d'un pays à l'autre. Ceci fournit une explication pour le commerce entre pays ayant des dotations factorielles similaires et concernant des produits similaires (*commerce intrabranche*).
intra-industry trade	*commerce intrabranche*
A country with a *rapid rate of innovation* will exhibit a *high technological intensity* in their exports; rich countries will tend to export *technologically advanced products.* (12)	Un pays ayant un *taux d'innovation élevé* présente une *forte intensité technologique* dans ses exportations; les pays riches tendent à exporter des *produits technologiquement avancés.*
high technological intensity	*forte intensité technologique*
Posner argued that technological leaders will always be in a favourable position to consolidate and extend their initial advantage. Innovations typically lead to *further advances in technology.* (12)	Posner a soutenu que les leaders technologiques sont toujours en position favorable pour consolider et accroître leur avantage initial. Les innovations entraînent habituellement de *nouveaux progrès technologiques.*
further advances in technology	*de nouveaux progrès technologiques*

Hufbauer (1970) suggests [...] that the advantage may be preserved by consumer loyalty to the new product and lower production costs emanating from *learning by doing'* Brenton (12)

Hufbauer (1970) suggère que cet avantage peut être préservé par la fidélité des consommateurs au nouveau produit et la baisse des coûts de production due au *perfectionnement des savoirs-faire.*

learning by doing' (15) — *apprentissage par la pratique* / *perfectionnement des savoir-faire*

on-the-job training — *formation sur le tas*

Selon Piggott et Cook,

Posner's theory, however, fails to explain why this technological gap exists and *the size of the gap.* A generalized version of this theory was suggested by Vernon (1970) in the context of a product's life-cycle. (16)

Toutefois, la théorie de Posner n'explique pas pourquoi cet écart technologique existe et *l'importance de l'écart.* Une version généralisée de cette théorie a été proposée par Vernon (1970) dans le cadre du cycle de vie du produit.

the size of the gap — *l'importance de l'écart*

to fail to do sth — *ne pas réussir à faire qch* / *ne pas faire qch*

B. Vernon's product cycle theory

B. La théorie du cycle de vie du produit de Vernon

Raymond Vernon a présenté cette théorie dans son ouvrage intitulé *The technology factor in international trade* publié en 1970 (17).

The product-cycle theory developed by Vernon starts from the assumption that all firms in advanced countries have access to the same *technological know-how,* but that the application of such knowledge requires entrepreneurs, who are not equally conscious of or responsive to the available opportunities. (14)

La théorie du cycle de vie du produit conçue par Vernon part de l'hypothèse que toutes les firmes des pays avancés ont accès au même *savoir-faire technologique,* mais que l'application de telles connaissances exige des entrepreneurs, lesquels ne sont pas tous également conscients des possibilités offertes ou sensibles à celles-ci.

technological know-how — *savoir-faire technologique*

the theory developed by — *la théorie exposée/mise au point*

The *Vernon product cycle*	Le *cycle de vie du produit de Vernon*

se déroule de la façon suivante :

Many new products are initially developed in the United states, with production and sales first occurring in its domestic market. (18)	De nombreux nouveaux produits sont au départ élaborés aux Etats-Unis, la production et les ventes s'effectuant d'abord sur leur marché intérieur.
domestic/home market	*marché intérieur*
foreign/external market	*marché extérieur*
After a new product has caught on in the United States, it attracts attention in other countries, and foreign merchants begin to place orders for it. Thus the United States starts off as an exporter of the new product. (18)	Une fois qu'un nouveau produit a pris aux Etats-Unis, il attire l'attention dans d'autres pays, et des négociants étrangers commencent à passer des commandes de ce produit. Ainsi les Etats-Unis commencent par être exportateurs du nouveau produit.
to catch on : to become popular or fashionable	*prendre, marcher, devenir populaire*
a merchant	*un négociant*
an exporter	*un exportateur*
exporting *eg. oil-exporting country* *OPEC = Organization of Petroleum Exporting Countries*	*exportateur (adj)* *ex. pays exportateur de pétrole* *OPEP = Organisation des Pays Exportateurs de Pétrole*
As foreign demand grows, sales in some countries may eventually *reach a threshold level*, a level large enough to tempt foreign firms to undertake production for themselves. (18)	La demande extérieure croissant, dans certains pays, les ventes peuvent finir par *atteindre un niveau de seuil*, un niveau suffisant pour inciter des firmes étrangères à entreprendre elles-mêmes la production.
threshold	*seuil*
to reach a threshold	*atteindre un seuil*

Le français "seuil" ne se rendra pas toujours par "threshold"; exemples :

break-even point	*seuil de rentabilité, point de seuil, point mort* (19)
shut-down point	*seuil de fermeture* (20)

If foreign firms are able to acquire the technology necessary to manufacture the product, production in those countries begins, and US exports decline. (18)

Si des firmes étrangères sont capables d'acquérir la technologie nécessaire pour fabriquer le produit, la production démarre dans ces pays, et les exportations des Etats-Unis baissent.

to manufacture a product	*fabriquer un produit*
manufacture *a manufacturer*	*fabrication* *un fabriquant*
/o/ factory	*/o/ manufacture; usine*
manufactured goods/products *manufactures*	*produits manufacturés* cf.pp.37-8)
a decline in US exports	*une baisse des exportations des Etats-Unis*

Foreign firms also begin to export to *third-country* markets, further reducing US exports. (18)

Des *firmes étrangères* commencent aussi à exporter vers les marchés de *pays tiers*, réduisant un peu plus les exportations des Etats-Unis.

to export to Europe	*exporter vers l'Europe*
third country	*pays tiers*
à différencier de :	
Third World country	*pays du Tiers Monde*

Finally, as foreign firms master the production process and as their costs fall with the increased scale of production, they may begin to export the product to the United States itself. (21)

Enfin, au fur et à mesure que des firmes étrangères maîtrisent le processus de production et que leurs coûts baissent avec l'augmentation de l'échelle de production, elles peuvent commencer à exporter le produit vers les Etats-Unis eux-mêmes.

process	*processus, procédé* (22)
production process	*processus de production* (22)
to process (t.v.) *processing*	*transformer* *transformation, traitement* (22)
scale of production (syn. *scale of operation, scale of output, scale of plant*)	*échelle de production* (23)

This completes the cycle : The United States began as the *exclusive exporter*, then competed with foreign producers for *export sales*, and finally became a net importer of the new product. (21)

Ceci achève le cycle : les Etats-Unis ont commencé comme *exportateur exclusif*, puis se sont trouvés en concurrence avec des producteurs étrangers pour les *ventes à l'exportation*, et sont finalement devenus importateurs nets du nouveau produit.

exclusive exporter	*exportateur exclusif*
export sales	*ventes à l'exportation*
an importer	*un importateur*
importing (adj) *eg oil-importing country*	*importateur* *pays importateur de pétrole*

IV. International trade and imperfect competition

IV. Commerce international et concurrence imparfaite

ou

new approaches to trade theory — nouvelles approches de la théorie du commerce

Dans son livre intitulé

Pop Internationalism — *La mondialisation n'est pas coupable - Vertus et limites du libre-échange.*

publié en 1996, Paul Krugman écrit :

My own reputation as an economic researcher had been based largely

Ma réputation en tant qu'économiste chercheur avait été fondée en

the so-called "new trade theory", which challenged some significant aspects of the theoretical paradigm that prevailed in the late 1970s. (24)

l'élaboration de ce que l'on a appelé la "nouvelle théorie du commerce", qui contestait certains aspects importants du paradigme théorique prédominant à la fin des années 1970.

"new trade theory", ou

the *new theory of international trade*, associated with the *pioneering work* of Paul Krugman and others.(25)

la *nouvelle théorie du commerce international*, associée aux *travaux novateurs* de Paul Krugman et d'autres.

pioneering research — *recherche novatrice/innovante*

A. Antecedents of the new trade theory

A. Les ferments de la nouvelle théorie du commerce

L'expression "antecedents of the new trade theory" est de Ted Walther (25).

Krugman's models are in fact based on increasing returns and dynamic phenomena such as *learning by doing* that suggest the benefits from specialization resulting from the division of labor, a concept made famous in Smith's *Wealth of Nations*. (26)

Les modèles de Krugman sont en fait fondés sur les rendements croissants et des phénomènes dynamiques tels que le *perfectionnement des savoir-faire* qui évoquent les avantages tirés de la spécialisation résultant de la division du travail, concept rendu célèbre par *La Richesse des Nations* de Smith.

learning by doing — *perfectionnement des savoir-faire* (cf.p.45)

a phenomenon — *un phénomène*

(plur) phenomena — *des phénomènes*

the division of labor — *la division du travail*

Even before the birth of the new trade theory, economists began to re-examine Smith's ideas on the causes and benefits of international trade, ideas that were displaced by David Ricardo's principle of comparative advantage. [...] This principle was the *mainstay* of trade theory for over a century, when it

Avant même la naissance de la nouvelle théorie du commerce, des économistes commencèrent à réexaminer les idées de Smith sur les causes et les avantages du commerce international, idées qui furent supplantées par le principe de l'avantage comparatif de David Ricardo. Ce principe fut le *pilier* de la théo-

was generalized to many commodities and countries. Its *primacy* was first challenged by Bertil Ohlin who, inspired by his teacher Eli Heckscher, developed an alternative model of trade based on *factor endowments*. (26)

rie du commerce pendant plus d'un siècle, où il fut généralisé à de nombreux biens, services et pays. Sa *primauté* fut d'abord contestée par Bertil Ohlin qui, inspiré par son professeur Eli Heckscher, élabora un modèle alternatif de commerce fondé sur les *dotations factorielles*.

A second important antecedent of the new trade theory is the *infant industry* argument for protection. (27)

Un second ferment important de la nouvelle théorie du commerce est l'argument des *industries naissantes* en faveur du protectionnisme.

infant industries — *industries naissantes* (cf. pp.73-4, 214)

The infant industry argument for protection dates from mercantilist times, and was subsequently articulated by Hamilton, Rae, List, Mill, Marshall and Taussig, among others. [...] Certain forms of the argument are accepted by *the new trade theorists*. (28)

L'argument des industries naissantes en faveur du protectionnisme remonte aux périodes mercantilistes, et fut ultérieurement exposé par Hamilton, Rae, List, Mill, Marshall et Taussig, parmi d'autres. Certaines formes de cet argument sont acceptées par *les promoteurs de la nouvelle théorie du commerce*.

a theorist — *un théoricien*

B. The new trade theory

B. La nouvelle théorie du commerce

The new trade theory arose from dissatisfaction with the mainstream Heckscher-Ohlin-Samuelson (H-O-S) trade theory, which gathered strength after the Leontief paradox raised the first doubts concerning its validity. (25)

La nouvelle théorie du commerce est née du mécontentement vis-à-vis de la théorie dominante du commerce d'Heckscher-Ohlin-Samuelson (H-O-S), qui se renforça après que le paradoxe de Léontieff eut soulevé les premiers doutes concernant sa valadité.

mainstream — *dominant, classique*

mainstream trade theory — *théorie dominante du commerce*, *théorie commerciale dominante*

to gather strength	*se renforcer*
to raise doubts concerning/about sth	*soulever/éveiller/faire naître des doutes sur qch*

Par ailleurs, il apparaissait de façon de plus en plus évidente

that a considerable proportion of world trade was occurring between industrialized countries rather than (as would have been predicted by the H-O-S theory) between more complementary economies such as those of developed and developing countries. (29)	qu'une part considérable du commerce mondial se produisait entre pays industrialisés plutôt que (comme cela aurait été prévu par la théorie H-O-S) entre des économies plus complémentaires telles que celles de pays développés et de pays en développement.
North-North trade	*commerce Nord-Nord*
trade among countries of the North	*commerce entre pays du Nord*
Trade within the North, much of it *intra-industry trade*, is based on economies of scale and product differentiation. (30)	Le commerce au sein du Nord - une grande part étant du *commerce intra-branche* - est fondé sur les économies d'échelle et la différenciation des produits.

(intra-industry-trade : cf.p.44)

Aussi James Brander écrit-il en 1986,

The paradigm of the last two decades that goes under the name of "new trade theory" or "new international economics" rejects the assumptions of underlying *mainstream trade theory* such as *constant returns to scale* and *perfect competition*. Authors contributing to it include Krugman, Dixit, Lancaster, Grossman, Helpman, Brander, Spencer and Ethier. (31)	Le paradigme des deux dernières décennies connu sous le nom de "nouvelle théorie du commerce" ou "nouvelle économie internationale" rejette les hypothèses de *théorie commerciale dominante* sous-jacente telles que les *rendements d'échelle constants* et la *concurrence pure et parfaite*. Parmi les auteurs y contribuant, on peut citer Krugman, Dixit, Lancaster, Grossman, Helpman, Brander, Spencer et Ethier.
constant returns to scale	*rendements d'échelle constants*
perfect competition	*concurrence pure et parfaite*

Les premiers articles de ces auteurs sur la nouvelle théorie du commerce sont parus à la fin des années 1970 (32) dans la *Review of Economic Studies*, l'*American Economic Review*, le *Journal of International Economics*, le *Journal of Economics* et le *Quarterly Journal of Economics*.

Principles

The new theory does not argue that traditional trade theory should be abandoned, but rather that trade need not be based exclusively on *relative factor endowments*, or even on *comparative advantage* as commonly defined. *Scale economies* or decreasing costs of production may be the crucial factor in determining a nation's *trading patterns*. (25)

La nouvelle théorie ne soutient pas que la théorie traditionnelle du commerce devrait être abandonnée, mais plutôt que le commerce ne doit pas forcément être fondé exclusivement sur les *dotations factorielles relatives*, ou même sur l'*avantage comparatif* tel qu'il est communément défini. Les *économies d'échelle* ou les coûts de production décroissants peuvent être le facteur décisif déterminant la *structure des échanges* d'une nation.

relative factor endowments	*dotations factorielles relatives*
scale economies *economies of scale*	*économies d'échelle*
trading pattern *trade pattern*	*structure des échanges*

Economies of scale

Les économies d'échelle

En effet, selon Paul Krugman,

Economies of scale give countries an incentive to specialize and trade even in the absence of difference between countries in their resources or technology. (33)

Les économies d'échelle incitent les pays à se spécialiser et à effectuer des échanges même en l'absence de différence entre pays quant à leurs ressources ou à leur technologie.

incentive	*incitation*
to give so an incentive to do sth	*inciter qun à faire qch* *donner à qun envie de faire qch*

External economies of scale occur when the cost per unit depends on the size of the industry but not necessarily on the size of any one firm. *Internal economies of scale* occur when the cost per unit depends on the size of an individual firm but not necessarily on that of the industry. (34)

Les *économies d'échelle externes* se produisent lorsque le coût unitaire dépend de la taille de l'industrie mais pas nécessairement de la taille d'une firme. Les *économies d'échelle externes* se produisent lorsque le coût unitaire dépend de la taille d'une firme individuelle mais pas nécessairement de celle de l'industrie.

internal economies of scale	*économies d'échelle internes*
external economies of scale	*économies d'échelle externes*
under external economies of scale	*en présence d'économies d'échelle externes*

Trade in the presence of economies of scale must be analyzed using *models of imperfect competition*. (33)

En présence d'économies d'échelle, le commerce doit être analysé au moyen de *modèles de concurrence imparfaite*

in the presence of economies of scale	*en présence d'économies d'échelle*
under economies of scale	

Parmi les situations de **concurrence imparfaite** (35),

monopolistic competition	*la concurrence monopolistique.*

est caractérisée par la

product differentiation	*différenciation des produits* (36).

Ce seront donc des

models of *trade in differentiated goods*	modèles d'*échanges de biens différenciés*

Il en sera de même pour l'oligopole (37), dans certains cas. En effet, il existe

oligopoly without product differentiation (or pure oligopoly)	*l'oligopole sans différenciation du produit (ou oligopole pur)*

et

oligopoly with product differentiation (or impure or imperfect oligopoly)	*l'oligopole avec différenciation du produit (ou oligopole impur ou imparfait)*

1. Interindustry / Intraindustry trade models	**1. Modèles de commerce interbranche / intrabranche**

a. Le commerce traditionnel est qualifié de

interindustry trade	**commerce interbranche,**

chaque pays étant soit exportateur, soit importateur d'un produit donné.

Interindustry trade : flows of goods with different *factor intensities*. Countries with large supplies of *skilled labor* tend to export sophisticated *manufactures;* those with large supplies of *unskilled labor* tend to export simple manufactures; and those with large supplies of natural resources tend to export agricultural or resource-intensive goods. (38)	*Commerce interbranches* : flux de biens ayant des *intensités factorielles* différentes. Les pays étant bien fournis en *main-d'oeuvre qualifiée* tendent à exporter des *produits manufacturés* sophistiqués; ceux qui sont bien fournis en *main-d'oeuvre nonqualifiée* tendent à exporter des produits manufacturés simples; et ceux qui sont bien fournis en ressources naturelles tendent à exporter des produits agricoles ou à forte intensité de ressources naturelles.

flow of goods	*flux de biens*
flow of capital	*flux/mouvement de capitaux*
to ensure the flow of oil to developed countries	*assurer l'approvisionnement en pétrole des pays développés*
factor intensities	*intensités factorielles*
resource-intensive goods	*produits à forte intensité de ressources naturelles*
skilled labor	*main-d'oeuvre qualifiée*
unskilled labor	*main-d'oeuvre nonqualifiée*
agricultural goods	*produits agricoles* (cf.pp.219-226)

b. La théorie du commerce international a pris de nouveaux aspects ces dernières décennies du fait de la croissance du

intra-industry trade	**commerce intrabranche.**

Ce dernier peut être esquissé simplement ; c'est

trade between countries with similar factor endowments and in similar products (intra-industry trade). (39)

le commerce de produits similaires entre pays ayant de semblables dotations factorielles (commerce intrabranche).

ou bien,

Intraindustry trade occurs if a country both exports and imports the same commodity. (40)

Le commerce intrabranche se produit si un pays à la fois exporte et importe le même bien ou service.

ou encore,

Trade among developed countries is dominated by intraindustry trade. (41)

Le commerce entre pays développés est dominé par le commerce intrabranche.

Il peut aussi être plus précisément défini :

Intraindustry trade : flows of goods with similar *factor intensities*. Countries that are large net exporters of sophisticated manufactures are, of course, importers of simple *manufactures*, farm products, and raw materials. But they also *trade among themselves*, exporting similar sophisticated products to each other. (38)

Commerce intrabranche : flux de biens ayant de semblables *intensités factorielles*. Les pays qui sont de grands exportateurs nets de produits manufacturés sophistiqués sont, bien sûr, importateurs de *produits manufacturés* simples, de produits agricoles et de matières premières. Mais ils *commercent* aussi *entre eux*, s'exportant les uns les autres des produits sophistiqués similaires.

a large net exporter of good A — *un grand exportateur net du bien A*

Intra-industry trade can be explained by *economies of scale* combined with *product differentiation*. (42)

Le commerce intrabranche peut être expliqué par les *économies d'échelle* combinées à la *différenciation des produits*.

The new theory argues that most *intraindustry trade*, and therefore most trade between developed countries, is carried out by *monopolistic producers*. (25)

La nouvelle théorie soutient que l'essentiel du *commerce intrabranche*, et donc l'essentiel du commerce entre pays développés, est réalisé par des *producteurs monopolistiques*.

a monopolistic producer — *unproducteur monopolistique*

Because such firms manufacture *differentiated products*, they are able to avoid some of the rigors normally associated with a *competitive market*, although by no means can they sit on their haunches, charge whatever they want for their products, and still maintain their market shares. It implies that rather than being strict *price takers*, they have some latitude in setting prices and may sell their product at different prices in various markets in order to gain a bigger share of the world market. (43)

De telles firmes fabriquant des *produits différenciés*, elles peuvent éviter certaines des épreuves normalement associées à un*marché concurrentiel*, bien qu'elles ne puissent aucunement se croiser les bras et faire payer ce qu'elles veulent pour leurs produits, tout en maintenant leurs parts de marché. Ceci veut dire que, au lieu d'être de stricts *preneurs de prix*, elles ont une certaine latitude pour fixer les prix et peuvent vendre leur produit à différents prix sur divers marchés afin d'obtenir une plus grande part du marché mondial.

competitive market — *marché concurrentiel*

price taker — *preneur de prix*

Ainsi, en 1989, D. Laussel et C. Montet emploient l'expression : «firmes "preneuses de prix"» (44). D'autre part, au "price taker" s'oppose celui qui fixe le prix, le "price maker" ou "price setter", ce dernier terme étant employé en particulier par Krugman et Obstfeld :

Under these circumstances each firm views itself as a price setter, choosing the price of its product, rather than a price taker. (45)

Dans ces conditions, chaque firme se considère comme fixant les prix, choisissant le prix de son produit, plutôt que comme preneur de prix.

La traduction "fixeur de prix" est peu usitée.

2. Game theory — **2. La théorie des jeux**

Brander poursuit en précisant :

Such situations are often referred to as "*strategic games*". (46)

De telles situations sont souvent dites "*jeux stratégiques*".

stategic games — *jeux stratégiques*
games of strategy — *jeux de stratégie*

La théorie des jeux (47) est l'un des piliers, "one of the mainstays", de la nouvelle théorie du commerce international. En 2001, Michel Rainelli constate que nombreuses sont encore les publications relevant de la nouvelle théorie du commerce international et observe que «leur point commun reste l'utilisation des outils d'analyse de la concurrence imparfaite, et notamment de la théorie des jeux.» (48)

Concernant l'emploi de la théorie des jeux par James Brander dans le cadre de la nouvelle théorie du commerce international, J-L. Muchielli écrit : «Brander (1986), utilise une structure de jeux avec dilemme du prisonnier, pour illustrer pourquoi des pays finissent par prendre des mesures protectionnistes, même si la situation de libre-échange est globalement préférable. Le dilemme du prisonnier est une situation particulière dans laquelle les joueurs ont une stratégie dominante, ce qui ne permet pas d'atteindre un équilibre optimal au sens de Pareto.» (49)

the prisoner's dilemma	*le dilemme du prisonnier*
Pareto optimality	*optimalité au sens de Pareto*
Pareto-optimal equilibrium	*équilibre optimal au sens de Pareto*
Pareto-non optimal	*non optimal au sens de Pareto*

This particular strategic structure is known as the "prisoner's dilemma", since it is usually described using prisoners rather than countries, and was first formalized by Tucker (1950). (31)	Cette structure stratégique spéciale est connue sous le nom de "dilemme du prisonnier", car elle est généralement décrite en utilisant des prisonniers et non des pays; elle a été formalisée pour la première fois par Tucker.

to formalize (t.v.)	*formaliser*
formalization	*formalisation*
a highly formalized theory	*une théorie très formalisée*
a Nash equilibrium	*un équilibre de Nash*
Nash equilibria	*des équilibres de Nash*

Brander présente diverses

contingent strategies	*stratégies contingentes*

parmi lesquelles nous citerons comme exemples :

"tit for tat" strategy :	*la strategie "du tac au tac"* ou *stratégie "donnant donnant"* :
the strategy of cooperating if the rival cooperated last time but defecting if the rival played the non-	la stratégie consistant à coopérer si le rival a coopéré la dernière fois mais à faire défection si le rival a

cooperative *move* last time.(50)

joué le *coup* non coopératif la dernière fois.

cooperative games — *jeux coopératifs*
noncooperative games — *jeux noncoopératifs*

to defect (i.v.) — *faire défection*

A strategy that economists have devoted considerable attention to is *the "trigger strategy"*, which is to cooperate until the rival defects, and then play the non-cooperative move forever thereafter. (50)

Une stratégie à laquelle les économistes ont consacré une attention considérable est la "*stratégie de déclenchement*", qui consiste à coopérer jusqu'à ce que le rival fasse défection, et puis à toujours jouer par la suite le coup noncoopératif.

trigger strategy — *stratégie de déclenchement*
to trigger (t.v.) — *déclencher*
trigger price — *prix minimum à l'importation*

Conclusion de l'article de Brander :

As *predatory strategies*, the policies described here are explicitly intended to give domestic firms an advantage. As *retaliatory strategies*, they are intended to get other countries to stop their predatory actions. (51)

Comme *stratégies prédatrices*, les politiques décrites ici sont explicitement destinées à donner un avantage aux firmes domestiques. Comme *stratégies de rétorsion*, elles sont destinées à amener d'autres pays à cesser leurs actions prédatrices.

predatory strategies — *stratégies prédatrices*
retaliatory strategies — *stratégies de rétorsion*

3. Strategic trade policy — 3. Politique commerciale stratégique

Parmi les implications des nouveaux modèles pour la politique des échanges, se dessine le caractère interventionniste de la politique commerciale stratégique.

a. Technological innovation — a. Innovation technologique

The reassessment of trade gives *technological innovation* an enlarged role. Innovation, because it involves the generation of knowledge, is particularly likely also to generate valuable *spillovers*. (52)

La réévaluation du commerce donne un rôle élargi à l'*innovation technologique*. Parce qu'elle implique la production de connaissances, l'innovation est aussi particulièrement susceptible d'engendrer de précieuses *retombées*.

knowledge	*savoir, connaissances, science*
spillovers	*conséquences, répercussions, retombées*
spillover effects (externalities)	*effets de débordement (externalités)*

So there is now good reason to suspect that trade policy can be used to encourage *high-technology sectors* generate large *technological spillovers* to the rest of the economy. We could then conclude that promoting these sectors, through protection, *export subsidies*, and so on, might raise national income. Conversely, foreign promotion of these sectors might be depriving us of valuable spillovers and should be countered, contrary to the conventional argument that free trade is appropriate whatever other countries do. (53)

Aussi a-t-on aujourd'hui de bonnes raisons de penser que la politique commerciale peut être utilisée pour encourager les *secteurs de haute technologie* à générer de grandes *retombées technologiques* pour le reste de l'économie. On pourrait alors conclure que la promotion de ces secteurs par le biais du protectionnisme, des *subventions à l'exportation* et ainsi de suite, pourrait augmenter le revenu national. En revanche, contrairement à l'argument classique selon lequel le libre-échange convient quoi que fassent d'autres pays, il faudrait s'opposer à la promotion à l'étranger de ces secteurs, qui pourrait nous priver de précieuses retombées.

high-technology sectors	*secteurs de haute technologie*
technological spillovers	*retombées technologiques*
conventional (adj)	*conventionnel, classique, traditionnel*
conventional methods	*méthodes traditionnelles*
the conventional wisdom = the generally accepted view	*l'opinion courante, ce qui est communément admis*

A strategic trade policy explains how, under special conditions, a nation may gain at the expense of its *trading partners* by employing subsidies. (54)

Une politique commerciale stratégique explique comment, dans des conditions particulières, une nation peut gagner à recourir à des subventions, aux dépens de ses *partenaires commerciaux*.

trading partners	*partenaires commerciaux*
to gain by doing sth	*gagner à faire qch, avoir intérêt à faire qch*

For *oligopolistic markets, government subsidies* can shift economic profits, net of the subsidy, to the domestic economy by changing the *payoffs* to domestic firms. These recently popular arguments, especially in political circles, are internally consistent, but still assume that governments can pick winners and that foreign nations will not retaliate. (55)

Pour les *marchés oligopoliques,* les *subventions publiques* peuvent détourner les profits économiques, nets de la subvention, vers l'économie nationale en modifiant les *gains* pour les firmes nationales. Ces arguments en vogue depuis peu, en particulier dans les cercles politiques, ont une cohérence interne, mais supposent toutefois que les Etats tirent le bon numéro et que les nations étrangères n'exercent pas de représailles.

an oligopolistic market	*un marché oligopolique*
government subsidy *state subsidy*	*subvention de l'Etat* *subvention publique* (voir aussi pp.92-3)
to shift sth to sb	*faire passer, transmettre, qch à qun*
payoff	*rentabilité, rendement*

"payoff" appartient également à la terminologie de la théorie des jeux :

payoff matrix	*matrice de gains*

b. "profit-shifting"

Avinash Dixit ajoute en 1986 :

Many recent articles in the professional literature advocating the use of trade policy have been based on this idea of *shifting* the profit to one's own country's firms or *away* from foreign ones. (56)

De nombreux articles récents de la littérature de la profession recommandant le recours à la politique commerciale ont été fondés sur l'idée de faire passer le profit aux firmes de son propre pays ou de le *détourner* des firmes étrangères.

to shift sth away from sb	*détourner qch de qun/qch* *éloigner qch de qun/qch*

et Dixit précise que

This argument is the *cornerstone* of the emerging new mercantilism. (57)	Cet argument est la *pierre angulaire* du nouveau mercantilisme émergent.
cornerstone	*pierre angulaire*

Selon les auteurs, on trouvera le terme "neomercantilists" ou "new mercantilists", "neomercantilism" ou "new mercantilism". Aux Etats Unis sont qualifiés de "neomercantilists", Chalmers Johnson, James Fallows, Clyde Prestowitz et Laura d'Andrea Tyson.

Avinash Dixit souligne combien les thèmes et intérêts du domaine de l'organisation industrielle sont proches des préoccupations des néo-mercantilistes.

Their basic model of the economy is one of *imperfect competition*, or more specifically, one with *entry barriers*. Firms operating behind these barriers are able to keep prices in excess of costs - that is, there are *pure profits*. Since they can be thought of as *scarcity values* of the restricted positions or slots in the industry, economists call them *monopoly rents*. (56)	Leur modèle de base de l'économie est un modèle de *concurrence imparfaite*, ou plus spécifiquement, un modèle ayant des *barrières à l'entrée*. Les firmes fonctionnant derrière ces barrières sont capables de maintenir des prix supérieurs aux coûts, c'est-à-dire qu'elles font des *profits purs*. Etant donné qu'on peut les considérer comme *valeurs de rareté* des places limitées ou créneaux de l'industrie, les économistes les appellent *rentes de monopoles*.
entry barriers *barriers to entry*	*barrières à l'entrée* (58)
pure profits *=positive profits* (58)	*profits purs*
scarcity value	*valeur de rareté* (60)
monopoly rent	*rente de monopole*
slot =position, job; opportunity for sth	*place, créneau*

Les adaptations en français de "profit-shifting" varieront en fonction de la collocation au sein de laquelle ce terme est employé.
Didier Laussel et Christian Montet écrivent en 1989 : «La persistance de profits purs à l'équilibre des marchés oligopolistiques offre à l'Etat la possibilité d'intervenir

pour modifier le partage de ces rentes monopolistiques en faveur des firmes nationales. C'est ce que l'on qualifie de "politique d'accaparement des rentes" (en anglais "profit-shifting" ou "rent-shifting").» (61)
Le terme "accaparement" se traduit ordinairement par "capturing" ou "monopolizing" selon les contextes, "rent-seeking" faisant référence à la recherche d'accaparement de la rente.

C. Progress of the new trade theory with respect to mainstream trade theory

C. Evolution de la nouvelle théorie du commerce par rapport à la théorie dominante du commerce

En juillet 2000, Andréa Maneschi écrit :

Factor endowments are still recognized as the chief explanation of trade in *primary and natural-resource-intensive commodities*. The new trade theory is primarily meant to explain *trade in manufactures* subject to increasing returns. Some of its models combine *intraindustry trade* in manufactures with *interindustry trade* based on factor endowments, so that comparative advantage remains a subsidiary but essential explanation of *trade flows*. (62)

Les dotations factorielles sont toujours reconnues comme la principale explication du commerce de *biens à forte intensité en produits de base et ressources naturelles*. La nouvelle théorie du commerce est avant tout censée expliquer le *commerce de produits manufacturés* caractérisés par des rendements croissants. Certains de ses modèles combinent le *commerce intrabranche* de produits manufacturés et le *commerce interbranche* fondé sur les dotations factorielles, de sorte que l'avantage comparatif reste une explication subsidiaire mais essentielle des *flux commerciaux*.

primary and natural-resource-intensive commodities : ici nous retrouvons une structure semblable à celle de *capital-intensive, labour-intensive* ou *energy-intensive*. Les *commodities* sont, dans ce contexte, des biens, ou des produits manufacturés, dont la fabrication implique produits de base ou ressources naturelles en abondance.

trade flows	*flux des échanges* *flux commerciaux*

(voir aussi flow of goods p.54)

increasing returns	*rendements croissants*

Il s'agit de

returns to scale	*rendements d'échelle*

subsidiary (adj)	*subsidiaire, complémentaire*
Noter l'emploi spécifique de	
subsidiary (n) eg. *banking subsidiary*	*filiale* ex. *filiale d'une banque*
to be meant to do sth	*être censé faire qch* *être conçu pour faire qch*

Pour Andréa Maneschi,

Within its limited purview, the new trade theory can be regarded as marking a clear *milestone* on the road to a more *realistic* theory of trade, shorn of the *assumptions* of perfect competition and constant returns to scale that had become increasingly hard to maintain for world trade in manufactures. (62)

Bien que de portée limitée, la nouvelle théorie du commerce peut être considérée comme posant clairement un jalon sur la voie menant à une théorie du commerce plus *réaliste*, dépouillée des *hypothèses* de concurrence pure et parfaite et de rendements d'échelle constants qu'il était devenu de plus en plus difficile de conserver pour le commerce mondial des produits manufacturés.

milestone (fig)	*étape, jalon, évènement marquant*
assumption, hypothesis *(pl. hypotheses)*	*hypothèse*

A key to the success of the new trade theory was the formulation of mathematical models of *imperfectly competitive* industries marked by economies of scale where *the gains from trade* include not only increased consumption of the goods consumed before trade, but a greater variety of commodities available at cheaper prices due to longer *production runs* in the exporting countries. (63)

Une clé du succès de la nouvelle théorie du commerce fut la formulation de modèles mathématiques d'industries *en concurrence imparfaite* caractérisées par des économies d'échelle où sont inclus dans *les gains de l'échange* non seulement l'augmentation de la consommation des biens consommés avant l'échange, mais un plus grand choix de biens et services disponibles à des prix inférieurs du fait des *séries* plus longues produites par les pays exportateurs.

imperfectly competitive industries	*industries en concurrence imparfaite*

a production run	*une série*
a great variety of products	*un grand nombre de produits* *un grand choix de produits*

One of the strengths of the new theory is indeed that it can establish with precision results that were formerly intuited, but whose plausibility could not be confirmed. Beyond that, the tools of modern economic theory have allowed trade economists to create models that portray the functioning of economies of present-day complexity, rather than the simpler economies that existed one or two centuries ago. (64)

Une des forces de la nouvelle théorie est bien qu'elle puisse établir avec précision des résultats dont on avait autrefois l'intuition, mais dont la plausibilité ne pouvait être confirmée. En dehors de cela, les outils de la théorie économique moderne ont permis aux économistes spécialistes du commerce de créer des modèles qui décrivent le fonctionnement d'économies à la complexité actuelle, au lieu des économies plus sommaires qui existaient voici un siècle ou deux.

Toutefois, faisant référence à un article de Kenneth Boulding intitulé «After Samuelson, Who Needs Adam Smith ?» (65), Maneschi poursuit :

As Boulding argues, it is best to view the modern writers as complementing rather than substituting for the older writers.
[...]
Boulding provides evidence for this complementarity by citing the title of Merton's 1965 book, *On the Shoulders of Giants*, and noting that the modern writers are capable of greater achievements precisely because (like Newton, who used that expression) they have been able to stand on the shoulders of the giants that preceded them. (64)

Comme l'affirme Boulding, il vaut mieux considérer les auteurs modernes comme complémentaires des auteurs anciens plutôt que se substituant à eux.
Boulding apporte des preuves de cette complémentarité en citant le titre du livre publié par Merton en 1965, *Sur les Epaules de Géants*, et en notant que les auteurs modernes sont capables de plus grandes réussites précisément parce qu'ils ont pu (comme Newton, qui a utilisé cette expression) se dresser sur les épaules des géants qui les ont précédés.

On the Shoulders of Giants *(Robert K. Merton, 1965)*	*Sur les Epaules de Géants* (66)

NOTES

(1) J. Piggott & M. Cook, *International Business Economics - A European Perspective*, p.55.
(2) J. Piggott & M. Cook, *op. cit.*, p.56.
(3) T. Walther, *The World Economy*, p.136.
(4) P. Krugman & M. Obstfeld, *International Economics*, p.157.
(5) T. Walther, *The World Economy*, p.141.
(6) P. Brenton, H. Scott & P. Sinclair, *International Trade, A European Text*, p.157.
(7) J. Piggott & M. Cook, *International Business Economics - A European Perspective*, pp.62-63.
(8) P. Brenton, H. Scott & P. Sinclair, *International Trade, A European Text*, p.110.
(9) A. Maneschi, «How new is the "New Trade Theory" of the Past Two Decades», p.3.
(10) Voir aussi divers emplois et collocations de "gap" in J. Percebois, *L'Anglais de la Microéconomie*, pp.83-84, et "GNP gap" in J. Percebois, *L'Anglais de la Macroéconomie*, p.36.
(11) P. Brenton, H. Scott & P. Sinclair, *International Trade, A European Text*, p.111.
(12) P. Brenton, H. Scott & P. Sinclair, *op. cit.*, p.112.
(13) P. Brenton, H. Scott & P. Sinclair, *op. cit.*, p.113.
(14) P. Brenton, H. Scott & P. Sinclair, *op. cit.*, p.114.
(15) "learning by doing" peut être traduit de façon concise par "l'apprentissage par la pratique" ou adapté en "perfectionnement des savoir-faire" comme le fait René Sandretto dans l'extrait suivant : «C'est donc l'importance des débouchés intérieurs préalabres à l'exportation qui engendre l'avantage comparé du pays producteur du bien, du fait de l'expérience acquise des entreprises nationales, du perfectionnement des savoir-faire (*learning by doing*) et, surtout, des économies d'échelle qu'une vaste production intérieure initiale permet de développer.» in René Sandretto, *Le commerce international*, p.117.
(16) J. Piggott & M. Cook, *International Business Economics - A European Perspective*, p.64.
(17) Ando et Modigliani ont également formulé une théorie du cycle de vie, "life-cycle theory", relative au revenu et à la consommation, ou "life-cycle hypothesis"; cf. J. Percebois, *L'Anglais de la Macroéconomie*, pp.61-65.
(18) R. Dunn & J. Ingram, *International Economics*, p.92.
(19) Voir aussi "break-even point" in J. Percebois, *L'Anglais de la Microéconomie*, pp.110 et 148, et in *L'Anglais de la Macroéconomie*, p.51.
(20) Voir aussi "shut-down point" in J. Percebois, *L'Anglais de la Microéconomie*, p.127, et in *L'Anglais de la Macroéconomie*, p.60.
(21) R. Dunn & J. Ingram, *International Economics*, p.93.
(22) Voir aussi "process" et "production process" in J. Percebois, *L'Anglais de la Microéconomie*, pp.78-79, et "to process" et "processing" in *L'Anglais de la Macroéconomie*, p.29.
(23) Voir aussi "échelle de production" in J. Percebois, *L'Anglais de la Microéconomie*, pp.87 et 150.
(24) P. Krugman, *Pop Internationalism*, p.xii.
(25) T. Walther, *The World Economy*, p.142.
(26) A. Maneschi, «How New is the "New Trade Theory" of the Past Two Decades ?», p.4.
(27)) A. Maneschi, *op. cit.*, p.5.
(28)) A. Maneschi, *op. cit.*, p.10.
(29) A. Maneschi, *op. cit.*, p.2.
(30)http://econpapers.hhs.se/paper/nbrnberwo/8516.htm
(31) J. Brander, «Rationales for Strategic Trade and Industrial Policy», p.38 in Krugman (1986).
(32) Titres des premiers articles de ces auteurs anglophones sur la nouvelle théorie du commerce international qui témoignent de l'importance des mots-clés que nous citons :
P.Krugman :
"Increasing Returns, Monopolistic Competition, and International Trade", 1979; "A model of Innovation, Technology Transfer, and the World Distribution of Income", 1979;
Kelvin J. Lancaster :
«The General Theory of Second Best» avec Richard Lipsey, 1957, *Review of Economic Studies* ; «Socially Optimal Poduct Differentiation», 1975, *American Economic Review*, «Intra-Industry Trade under Perfect Monopolistic Competition», 1980, *Journal of International Economics.*
James Brander :
«Intra-Industry Trade in Identical Commodities», *Journal of International Economics*, Feb. 1981;
James Brander & Barbara Spencer :
«Export Subsidies and International Market Share Rivalry», *Journal of International Economics* 18 (1/2), February 1985, 83-100.
Barbara Spencer & James Brander :
«International R&D Rivalry and Industrial Strategy», *Review of Economic Studies* L-4 (163), October 1983, 707-722.
Avinash Dixit :
«On Rybczynski's theorem in a setting of growth», *Journal of International Economics*, 8(1), February 1978.

«The balance of trade in a model of temporary equilibrium with rationing», *Review of Economic Studies*, 45(3), October 1978.
Gene Grossman :
«Border Tax Adjustments: Do They Distort Trade», *Journal of International Economics*, vol.10, no.1, February 1980.
«The Theory of Domestic Content Protection and Content Preference», *Quarterly Journal of Economics*, vol.96, no.4, November, 1981.
Wilfred Ethier :
«Modern Theory of International Trade», *American Economic Review* 73, 1982.
«Decreasing Costs in International Trade and Frank Graham's Argument for Protection», Econometrica 50, 1982.
(33) P. Krugman & M. Obstfeld, *International Economics*, p.155.
(34) P. Krugman & M. Obstfeld, *op. cit.*, p.123.
(35) Voir aussi "imperfect competition" in J. Percebois, *L'Anglais de la Microéconomie*, pp.171-180.
(36) Voir aussi "product differentiation" in J. Percebois, *L'Anglais de la Microéconomie*, pp.172-174.
(37) Voir aussi "oligopoly" in J. Percebois, *L'Anglais de la Microéconomie*, pp.181-207.
(38) P. Kenen, *The International Economy*, p.127.
(39) P. Brenton, H. Scott & P. Sinclair, *International Trade, A European Text*, p.111.
(40) T. Walther, *The World Economy*, p.137.
(41) T. Walther, *op. cit.*, p.138.
(42) D. Salvatore, *International Economics, Study Guide* , p.32.
(43) T. Walther, *The World Economy*, pp.142-143.
(44) D. Laussel & C. Montet, *Commerce International en Concurrence Imparfaite*, p.6.
(45) P. Krugman & M. Obstfeld, *International Economics*, p.124.
(46) J. Brander, «Rationales for Strategic Trade and Industrial Policy», p.27 in Krugman (1986).
(47) Voir aussi la théorie des jeux in J. Percebois, *L'Anglais de la Microéconomie*, pp.199-205.
(48) M. Rainelli, *La Nouvelle Théorie du Commerce International*, p.114.
(49) J-L. Muchielli, *Economie Internationale*, p.135.
(50) J. Brander, «Rationales for Strategic Trade and Industrial Policy», p.39 in Krugman (1986).
(51) J. Brander, *op. cit.*, p.45 in Krugman (1986).
(52) P. Krugman, *Strategic Trade Policy and the New International Economics*, p.13.
(53) P. Krugman, *op. cit.*, pp.13-14.
(54) T. Walther, *The World Economy*, p.208.
(55) D. Salvatore, *International Economics, Study Guide* , p.56.
(56) A. Dixit, «Trade Policy: An Agenda for Research», p.289-290 in Krugman (1986).
(57) A. Dixit, *op. cit.*, p.301 in Krugman (1986).
(58) Voir aussi "barriers to entry" in J. Percebois, *L'Anglais de la Microéconomie*, pp.140, 159-162.
(59) Cf. les concepts de profits in J. Percebois, *L'Anglais de la Microéconomie*, pp.108-110.
(60) Voir aussi "scarcity value" in J. Percebois, *L'Anglais de la Microéconomie*, p.18.
(61) D. Laussel & C. Montet, *Commerce International en Concurrence Imparfaite*, p.13.
(62) A. Maneschi, «How New is the "New Trade Theory" of the Past Two Decades ?», p.7.
(63) A. Maneschi, *op. cit.*, p.8.
(64) A. Maneschi, *op. cit.*, p.14.
(65) Boulding, Kenneth E. «After Samuelson, Who Needs Adam Smith ?» *History of Political Economy*, 1971, No. 3, 225-34.
(66) Merton R.K. *On the Shoulders of Giants*, New York, Harcourt, Brace & World, 1965.

Chapter 3

Free trade and protectionism

A closed economy is an economic system with little or no external trade

a closed economy
=/= an open economy

external trade

An *autarkic economy* will necessarily face very limited options in terms of styles, designs, and brands, and the smaller the country is the more limited the choices will be. Free trade allows consumers far wider choices in terms of consumption possibilities, which can be a significant gain from trade, particularly for a small country. (1)

an autarkic economy

autarkic, self-sufficient

autarky, self-sufficiency

I. The case for free trade Arguments for free trade

Since the time of Adam Smith economists have advocated free trade as an ideal toward which trade policy should strive. (2)

Chapitre 3

Protectionnisme et libre-échange

Une économie fermée est un système économique ayant peu ou pas d'échanges extérieurs

une économie fermée
=/= une économie ouverte

le commerce extérieur
échanges extérieurs

Une *économie autarcique* est nécessairement confrontée à des options très limitées en termes de styles, de créations et de marques, et plus le pays est petit, plus limités sont les choix. Le libre-échange offre aux consommateurs des choix beaucoup plus larges en termes de possibilités de consommation, ce qui peut être un gain important de l'échange, en particulier pour un petit pays.

une économie autarcique

autarcique

autarcie, auto-suffisance

I. Arguments en faveur du libre-échange

Depuis l'époque d'Adam Smith, les économistes recommandent le libre-échange comme idéal vers lequel doit tendre la politique des échanges.

to strive to do sth	*s'efforcer de faire qch*
to strive toward sth	*s'efforcer d'obtenir, de réaliser qch*

Comment cela peut-il s'expliquer ? Pour Krugman et Obstfeld,

At one level, *theoretical models* suggest that free trade will avoid the *efficiency losses* associated with protection. (2)	D'une part, d'après les *modèles théoriques*, le libre-échange évite les *pertes d'efficacité* associées au protectionnisme.

a theoretical model	*un modèle théorique*
efficiency loss	*perte d'efficacité*

Many economists believe that free trade produces additional gains beyond the elimination of production and consumption distorsions. (2)	Outre l'élimination de distorsions de production et de consommation, beaucoup d'économistes estiment que le libre-échange procure d'autres gains.
Finally, even among economists who believe free trade is *a less than perfect policy*, many believe free trade is usually better than any other policy a government is likely to follow. (2)	Enfin, même parmi les économistes qui pensent que le libre-échange est *une politique de second rang*, beaucoup estiment que le libre-échange vaut généralement mieux que toute autre politique susceptible d'être adoptée par un Etat.

"less than perfect" est ici assimilé à "second best" que nous rencontrerons ultérieurement (cf. p.71-72).

Free trade and efficiency	**Libre-échange et efficacité**
A tariff causes a net loss to the economy [...]; it does so by distorting the economic *incentives* of both producers and consumers. Conversely, a move to free trade eliminates these distorsions and increases national welfare. (2)	Un tarif douanier entraîne une perte nette pour l'économie; il le fait en faussant les *incitations* économiques aussi bien des producteurs que des consommateurs. En revanche, le passage au libre-échange élimine ces distorsions et accroît le bien-être national.

to distort sth	*déformer, fausser, qch*

incentive — *incitation*
the theory of incentives — *la théorie des incitations*

Another argument for free trade is that by providing entrepreneurs with an incentive to seek new ways to export or compete with imports, free trade offers more opportunities for learning and innovation than are provided by a system of "managed" trade, where the government largely dictates the pattern of imports and exports. (3)

Autre argument en faveur du libre-échange : en fournissant aux entrepreneurs une incitation à chercher de nouvelles façons d'exporter ou de rivaliser avec les importations, le libre-échange offre davantage d'occasions d'apprentissage et d'innovation que n'en fournit un système de commerce "dirigé", où l'Etat impose l'essentiel de la structure des importations et des exportations.

managed trade — *commerce dirigé*

to compete with so/sth — *être en concurrence/rivaliser, avec qun/qch*

to compete with a multinational for a contract — *être en concurrence avec une multinationale pour obtenir un contrat*

"the pattern of imports and exports" évoque "trade pattern", la structure des échanges (cf. p.148).

to provide so with sth — *fournir qch à qun*

A. Free trade as an extension of *laissez-faire*

A. Le libre-échange comme extension du laissez-faire

La tradition classique considérait le libre-échange comme une extension du laissez-faire.

The economic rationale of this position is that under certain circumstances *laissez-faire* inclu-ding free trade is Pareto-optimal. (4)

La justification économique de ce point de vue est que, dans certaines circonstances, le laissez-faire intégrant le libre-échange est optimal au sens de Pareto.

rationale — *raison d'être, fondement, justification, motif*

Pareto-optimal — *optimal au sens de Pareto* (5) (cf. p.57)

The perfect functioning of the commodity and factor markets has led to production at point Q which is on the *production possibility frontier*, with the relative cost of production equal to the *world price*. Production at this point maximizes income at this price. Free trade allows consumers *to maximize their welfare* by consuming at point C. Any other combination of production and consumption would be inferior. (4)

Du fait du parfait fonctionnement des marchés des facteurs et des matières premières, la production s'effectue au point Q qui se trouve sur la *courbe des possibilités de production*, le coût relatif de production étant égal au *prix mondial*. La production en ce point maximise le revenu à ce prix. Le libre-échange permet aux consommateurs de *maximiser leur bien-être* en consommant au point C. Toute autre combinaison de production et de consommation serait inférieure.

commodity markets — *les marchés des matières premières*

factor markets — *les marchés des facteurs de production*

world price — *prix mondial*

production possibility frontier — *frontière des possibilités de production* (6)

production-possibility curve — *courbe des possibilités de production*

Le terme de "frontière" est privilégié en mathématiques.

welfare maximization — *maximisation du bien-être*

At this optimum certain marginal conditions are being satisfied. In particular, the relative marginal cost of production (the *slope* of the production possibility curve) is equal to the relative marginal cost of obtaining the goods through international trade (the slope of the perfectly elastic international price line) which is equal to the *marginal rate of substitution* bet-ween the goods in consumption (the slope of the indifference curve). (4)

Cet optimum satisfait à certaines conditions marginales. En particulier, le coût marginal relatif de production (la *pente* de la courbe des possibilités de production) est égal au coût marginal relatif d'obtention des biens grâce au commerce international (la pente de la droite des prix internationaux parfaitement élastiques) qui est égal au *taux marginal de substitution* entre les biens consommés (la pente de la courbe d'indifférence).

the slope of a curve — *la pente d'une courbe*

the price line — *la droite des prix* (7)

perfectly elastic — *parfaitement élastique* (8)
perfectly elastic demand — *demande parfaitement élastique*

marginal rate of substitution — *taux marginal de substitution* (9)

an indifference curve — *une courbe d'indifférence* (9)

Following terminology and notation developed by Bhagwati (1971), the *domestic rate of transformation* (DRT) is equal to the *foreign rate of transformation* (FRT), which is equal to the *domestic rate of substitution* (DRS). (4)

Suivant la terminologie et la notation développées par Bhagwati (1971), le *taux de transformation intérieur* (TTI) est égal au *taux de transformation extérieur* (TTE), lequel est égal au *taux de substitution intérieur* (TSI).

domestic rate of transformation (DRT) — *taux de transformation intérieur* (TTI)

foreign rate of transformation (FRT) — *taux de transformation extérieur* (TTE)

domestic rate of substitution (DRS) — *taux de substitution intérieur* (TSI)

Furthermore, if all countries were following free trade under these idealized conditions, there would be a *world economic optimum*, with marginal costs of production and marginal rates of substitution being equalized throughout the world. (4)

De plus, si tous les pays adoptaient le libre-échange dans ces conditions idéalisées, il y aurait un *optimum économique mondial*, les coûts marginaux de production et les taux marginaux de substitution étant égalisés à travers le monde.

world economic optimum — *optimum économique mondial*

B. Distortions and the theory of second best

B. Distorsions et théorie de l'optimum de second rang

L'expression "second best" est parfois conservée en français; on trouvera donc soit "la théorie du Second Best", soit "la théorie de l'optimum de second rang".

Kelvin Lancaster et Richard Lipsey ont publié *The General Theory of Second Best* en 1956. Ce contexte nous amène également à évoquer Jacob Viner (1892-1970) :

A well-known economic application - dating from before the *formalization of the theory* - is Viner's demonstration that it cannot be presumed that in a world of tariffs it is optimal for some *subset* of countries to remove their tariffs against each other and form a customs union. (10)

Une application économique célèbre - antérieure à la *formalisation de la théorie* - est la démonstration de Viner selon laquelle on ne peut présumer que, dans un monde de tarifs douaniers, il soit optimal pour un *sous-ensemble* de pays de supprimer les tarifs qu'ils s'imposent les uns aux autres et de former une union douanière.

formalization of the theory	*formalisation de la théorie*
to formalize sth	*formaliser qqch*
a highly formalized system	*un système très formalisé*
to presume that	*supposer, escompter, que*
a subset	*un sous-ensemble*

The relevance of the theory of the Second Best to the case of free trade is that it demonstrates that in a world of distorsions and constraints it cannot be presumed that free trade is optimal. Many arguments for protection or for export subsidies are based upon the presumption that the trade intervention will offset the effects of distorsions that prevail in any economic system. (10)

La pertinence de la théorie du Second Best dans le cas du libre-échange tient au fait qu'elle démontre que dans un monde de distorsions et de contraintes, on ne peut présumer que le libre-échange soit optimal. De nombreux arguments en faveur du protectionnisme ou des subventions à l'exportation sont fondées sur l'hypothèse que *l'intervention sur l'échange* compense les effets des distorsions qui règnent dans tout système économique.

trade intervention	*l'intervention sur l'échange*
relevance	*pertinence*
relevant to	*approprié à*
to offset sth *= to compensate for sth*	*compenser qch*
to prevail	*avoir cours, régner, exister*
prevailing prices = current prices	*prix existants, prix courants* (11)

C. Arguments for intervention in free trade

C. Arguments en faveur d'une intervention sur le libre-échange

Selon Judith Piggott et Mark Cook (12), ces arguments sont les suivants :

1. the danger of over-specialization in *a narrow range of products* that follows from comparative advantage;

1. le danger de sur-spécialisation dans *une étroite gamme de produits* qui découle de l'avantage comparatif;

a narrow range of products — *une étroite gamme de produits*

to follow from sth — *découler de qch*

2. the preservation and encouragement of traditional industries;

2. la préservation et l'encouragement des industries traditionnelles;

3. strategic reasons, eg defence;

3. des raisons stratégiques, par exemple la défense;

4. the protection of special interest groups such as agricultural sectors;

4. la protection de groupes d'intérêts particuliers tels que les secteurs agricoles;

5. the protection of an infant industry; (12)

5. la protection d'une industrie naissante;

An *infant industry* is a newly established industry, developed either by private-enterprise interests or set up by the government, often in developing countries, as part of their industrialization programmes. (13)

Une *industrie naissante* est une industrie récemment implantée, constituée par des intérêts privés ou créée par l'Etat, souvent dans des pays en développement, dans le cadre de leurs programmes d'industrialisation.

infant industry — *industrie naissante*

newly (adv) — *nouvellement, récemment*

Selon cet argument, il faut protéger ces industries naissantes

until they are large enough to achieve *economies of scale* and strong enough to compete internationally.

jusqu'à ce qu'elles soient de taille à faire des *économies d'échelle* et assez fortes pour entrer en concurrence au niveau international.

economies of scale	*économies d'échelle*

Et selon Friedrich List (1789-1846),

one of the main architects of the German customs union (Zollverein),	l'un des principaux architectes de l'union douanière allemande (Zollverein),
an outspoken opponent of free trade,	adversaire déclaré du libre-échange,

et partisan de

the sovereign nation-state,	l'Etat-nation souverain,

«seule la protection douanière permet aux industries naissantes de devenir suffisammant puissantes pour pouvoir relever le défi de la concurrence» (14), ce que Feyredoun Khavand, qualifie de protectionnisme éducateur.
Annie Krieger-Krynicki complète ainsi la présentation : «un pays devrait être au même niveau que ses concurrents avant d'abaisser les barrières devant leurs produits. Cet argument sera repris plus tard par les PED» (15). Nous le rencontrerons à nouveau à leur sujet (cf.pp.201-3).

Cet argument de l'industrie naissante présente certains problèmes, parmi lesquels le suivant :

The main beneficiaries of the *import-substitution* (infant industry) process in developing countries have been foreign firms which were able to locate behind *tariff walls*. (12)	Les principaux bénéficiaires du processus de *substitution aux importations* (industries naissantes) dans les pays en développement ont été les firmes étrangères capables de se placer derrière des *barrières tarifaires*.
import-substitution	*substitution aux importations*
tariff walls	*barrières tarifaires*

A l'industrie naissante, on oppose

declining industry	*l'industrie en déclin* *l'industrie vieillissante* *l'industrie sénescente* (Muchielli)

que l'Etat protège aussi temporairement de la concurrence internationale, bien qu'elle ne lui offre plus d'avantages comparatifs, «pour faciliter la réallocation des facteurs vers les autres secteurs compétitifs» (16).

6. the improvement of the terms of trade;

6. l'amélioration des termes de l'échange; (cf. pp.85-86)

One argument that is clearly valid in principle is that countries can improve their terms of trade through optimal tariffs and export taxes.

Selon un argument en principe bien fondé, les pays peuvent améliorer les termes de leurs échanges par des taxes aux exportations et des tarifs douaniers optimaux.

optimal tariffs *optimum tariffs*	*tarifs douaniers optimaux* (cf. p.85)
a valid argument	*un argument valable, pertinent, fondé*

Mais, en pratique,

Small countries cannot have much influence on their import or export prices, so they cannot use tariffs or other policies *to raise their terms of trade*. Large countries, on the other hand, can influence their terms of trade, but, in imposing tariffs they run *the risk of disrupting trade agreements* and provoking retaliation. (17)

Les petits pays ne peuvent avoir grande influence sur les prix de leurs exportations ou de leurs importations, aussi ne peuvent-ils utiliser les tarifs douaniers ou d'autres politiques pour *améliorer les termes de leurs échanges*. Par contre, les grands pays peuvent influer sur les termes de leurs échanges, mais, en imposant des tarifs douaniers, courent *le risque de rompre des accords commerciaux* et de provoquer des représailles.

to raise the terms of trade of a country	*améliorer les termes de l'échange d'un pays*
to disrupt (= to break up) an agreement	*rompre un accord*
to retaliate against sb/sth	*exercer des représailles contre qun/qch*
retaliation *retaliatory measures*	*représailles* *mesures de rétorsion/représailles*

7. a countermeasure against dumping;

7. une mesure anti-dumping; (cf. *dumping* pp. 125-126)

8. revenue reasons;

8. des raisons de rentrées fiscales;

"tax revenue(s)" ou "tax receipts" correspondent d'ordinaire à "rentrées fiscales".

9. strategic trade policy;

9. une politique commerciale stratégique;

(Voir aussi *strategic trade policy* pp.58-62)

10. gaining externalities. (12)

10. profiter d'externalités.

positive externality
=external economy

externalité positive
=économie externe

negative externality
=external diseconomy

externalité négative
=déséconomie externe

Positive externalities include the social benefits conferred by a firm in training workers who become available to work for other firms that incur no training costs. *Negative externalities* include traffic congestion and environmental pollution created by *a manufacturing plant.* (18)

Parmi les *externalités positives,* il y a les avantages sociaux dispensés par une firme lorsqu'elle forme des travailleurs qui se libèrent pour travailler pour d'autres firmes qui ne subissent aucun coût de formation. Parmi les *externalités négatives,* il y a les encombrements de circulation et la pollution de l'environnement créée par *une unité de production industrielle.*

II. Instruments of protection Instruments of protectionism

II. Instruments de protectionnisme

Nous évoquerons d'abord les tarifs douaniers. Selon les termes de J-L. Muchielli, «Le tarif douanier, protectionnisme par les prix, consiste, en taxant les importations, à en augmenter directement le prix sur le territoire national.» (19)
Ensuite nous aborderons les barrières non tarifaires, «protectionnisme non tarifaire qui revêt le plus souvent la forme de restrictions quantitatives, mais aussi celle de nombreuses taxations ou subventions en général indirectes.» (19) Ce protectionnisme non tarifaire est également qualifié de "nouveau protectionnisme".

On entend par

tariffication

tarification

replacing non-tariff barriers (such as anti-dumping measures, rules-of-origin restrictions, quotas and quality standards) with tariffs. (20)

le remplacement de barrières non tarifaires (telles que mesures anti-dumping, restrictions liées à l'origine des produits, quotas et normes de qualité) par des tarifs douaniers.

(*rules of origin restrictions* : voir *trade diversion* pp.154-6, 242)

A. Tariffs — **A. Les tarifs douaniers**

Là où le texte spécialisé anglais emploie le terme "tariffs", le locuteur français spécialisé ou non parle de "tarifs douaniers" ou de "droits de douane"; la traduction par "tarif" devra s'accompagner de l'adjectif "douanier" car le terme français "tarif" employé seul n'a pas cette acception.

A *tariff*, the simplest of trade policies, is a tax levied when a good is imported. (21)	Un *tarif douanier*, la plus simple des politiques commerciales, est un impôt perçu lors de l'importation d'une marchandise.
to levy (a tax)	*prélever, lever, percevoir (un impôt)*
to levy a tax on imported goods	*prélever un impôt sur les marchandises importées*
a tax levied by the government on ...	*un impôt prélevé par l'Etat sur ...*

Autre façon d'exprimer cette définition :

Tariffs : customs duties on merchandise imports.	Tarifs douaniers : droits de douane sur les importations de marchandises.

1. Specific or ad valorem tariffs — **1. Tarifs douaniers spécifiques ou ad valorem**

It may take the form of either a *specific* or an *ad valorem duty*. (22)	Cela peut prendre la forme soit d'un *droit de douane spécifique*, soit d'un *droit de douane ad valorem*.

... ou encore celle de "compound tariffs" (23).

a. Specific tariffs — **a. Tarifs douaniers spécifiques**

Specific tariffs are levied as a fixed charge for each unit of goods imported (for example, $3 per barrel of oil). (21)	Des *tarifs douaniers spécifiques* sont prélevés sous forme de charge fixe pour chaque unité de marchandises importée (par exemple, 3 dollars par baril de pétrole).

Specific tariffs are applied to a particular quantity of an imported good; for example, the United States imposes a fixed tariff on every barrel of imported oil. (24)

Des tarifs douaniers spécifiques sont appliqués à une quantité précise d'un bien importé; par exemple, les Etats-Unis frappent d'un tarif douanier fixe chaque baril de pétrole importé.

to impose a tariff on — *frapper d'un tarif douanier*
to impose sth on sb/sth — *imposer qch à qun/qch*

to slap a high tariff on an imported product — *infliger un tarif douanier élevé à produit importé*

b. Ad valorem tariffs — b. Tarifs douaniers ad valorem

"Ad valorem" est une locution latine qui signifie "suivant la valeur de".

Ad valorem tariffs are taxes that are levied as a fraction of the value of the imported goods (for example, a 25 percent US tariff on imported trucks). (21)

Les *tarifs ad valorem* sont des impôts prélevés en proportion de la valeur des marchandises importées (par exemple, un tarif douanier de 25% perçu par les Etats-Unis sur les camions importé)s.

an ad valorem tariff — *un tarif douanier ad valorem*
an ad valorem duty — *un droit de douane ad valorem*
ad valorem tax — *un impôt ad valorem*

An ad valorem duty is a tariff which is a certain percentage of the unit value. (22)

Un droit de douane ad valorem est un tarif douanier égal à un certain pourcentage de la valeur unitaire.

Un droit de douane ad valorem est proportionnel à la valeur du bien importé.

c. Compound tariffs — c. Tarifs douaniers composés

Compound tariffs are a combination of ad valorem and specific tariffs.

Les *tarifs douaniers composés* sont une combinaison de tarifs douaniers spécifiques et ad valorem.

La dénomination "droits mixtes" sera également utilisée en français dans ce cas.

2. Tariff effects

2. Effets des tarifs douaniers

Tariffs give price advantage to similar locally-produced goods and raise revenues for the government. (25)

Les tarifs douaniers donnent un avantage en termes de prix aux biens similaires produits localement et collectent des rentrées fiscales pour l'Etat.

to raise money/funds/capital — *collecter des fonds; se procurer des capitaux*

The imposition of a tariff has at least five different effects. Firstly, a reduction in consumption [...] in the importing country, the *consumption effect*. Secondly, an increase in domestic production [...], the *protective effect*. Thirdly, imports are reduced, the *balance of trade effect*. Fourthly, the tariff generates revenue for the importing country [...], the *revenue effect*. Finally, the tariff reduces economic welfare in the importing country, the *welfare effect*. (26)

L'imposition d'un tarif douanier a au moins cinq effets différents. D'abord, une réduction de la consommation dans le pays importateur, c'est l'*effet sur la consommation*. Deuxièmement, une augmentation de la production intérieure, c'est l'*effet protecteur*. Troisièmement, les importations sont réduites, c'est l'*effet sur la balance commerciale*. Quatrièmement, le tarif douanier est une source de recettes pour le pays importateur, c'est l'*effet sur les recettes*. Enfin, le tarif douanier réduit le bien-être économique dans le pays importateur, c'est l'*effet sur le bien-être*.

consumption effect of a tariff — *effet d'un tarif douanier sur la consommation*

protective effect of a tariff — *effet protecteur d'un tarif douanier*

balance of trade effect of a tariff — *effet d'un tarif douanier sur la balance commerciale*

welfare effect of a tariff — *effet d'un tarif douanier sur le bien-être*

revenue effect of a tariff — *effet d'un tarif douanier sur les recettes fiscales*

L'adaptation en français de l'expression ci-dessus se veut très explicite afin de ne pas susciter de confusion avec l'effet de revenu ou "income effect", concept étudié avec celui d'effet de substitution ou "substitution effect" dans le cadre de la théorie de la demande du consommateur.

When a large country imposes a tariff and its demand for the import declines, the world price of the import may also decline. If this happens and the price of the large nation's exports stays constant, the country's terms of trade improves. This is called the *terms-of-trade effect* of a tariff. (27)

Lorsqu'un grand pays impose un tarif douanier et que sa demande du bien importé baisse, le prix mondial du bien importé peut aussi baisser. Si cela se produit et que le prix des exportations de la grande nation demeure constant, les termes de l'échange de ce pays s'améliorent. On appelle cela l'*effet d'un tarif douanier sur les termes de l'échange.*

terms-of-trade effect of a tariff — *effet d'un tarif douanier sur les termes de l'échange*

3. Preferential or retaliatory tariffs

3. Tarifs douaniers préférentiels ou de rétorsion

Preferential tariffs reduce import duties on products of a certain type or origin and *retaliatory tariffs* are levied by a nation whose exports are taxed by a *trading partner*. (28)

Les tarifs douaniers préférentiels réduisent les droits d'importation sur des produits d'un certain type ou d'une certaine origine et les *tarifs douaniers de rétorsion* sont prélevés par une nation dont les exportations sont taxées par un *partenaire commercial.*

4. Tariff levels

4. Niveaux tarifaires

Citons d'abord le terme "nuisance tariff" qui appartient à la terminologie anglaise de l'OMC ; c'est

Tariff so low that it costs the government more to collect it than the revenue it generates. (25)

Un tarif douanier si faible que les frais de recouvrement de l'Etat sont plus élevés que les recettes qu'il engendre.

Cette dénomination, sans équivalent usité en français à notre connaissance, se justifierait donc par le manque d'intérêt financier du prélèvement de ce tarif douanier.
L'évocation des tarifs douaniers concerne d'ordinaire une évolution vers l'autre extrême, "tariff escalation", "spikes" et "tariff peaks".

One of GATT's achievements was to establish tariffs as the least bad method of protection, and to negotiate maximum tariff rates (so-called "bound" levels). (29)	Une des réussites du GATT fut d'instituer les tarifs douaniers comme la moins mauvaise méthode de protectionnisme et de négocier des taux tarifaires maximum (dits niveaux "plafonds").
bound tariff levels	*niveaux "plafonds" de tarif douanier*

D'autre part, en vertu du principe de

tariff binding	*consolidation tarifaire*

les pays prennent un

Commitment not to increase a rate of duty beyond an agreed level. Once a rate of duty is *bound,* it may not be raised without compensating the affected parties. (25)	Engagement de ne pas augmenter un taux de droit de douane au-delà d'un niveau convenu. Une fois qu'un taux de droit de douane est *consolidé,* il ne peut être augmenté sans dédommagement des parties concernées.
bound tariffs	*tarifs douaniers consolidés*

D'autre part, on rencontre des

high tariff rates, or spikes	*tarifs douaniers élevés* ou *pics tarifaires*
In *manufacturing trade* high tariff rates, or *spikes,* are less common than they used to be, but even in developed countries they still persist. (29)	Dans le *commerce des produits manufacturés,* les tarifs douaniers élevés, ou *pics tarifaires* , sont moins communs qu'autrefois, mais, même dans les pays développés, ils existent toujours.
manufacturing trade	*commerce des produits manufacturés*

Notons cet emploi particulier de l'adjectif "spiky" dans *The Economist* :

Developing countries can be spikier still. (29)	Les pays en développement peuvent imposer des droits encore plus élevés.

"Spikes" peut donc être considéré comme synonyme de "tariff peaks" :

Tariff peaks relatively high tariffs, usually on "sensitive" pro-	*Pics tarifaires* : des tarifs douaniers relativement élevés, perçus habi-

ducts, amidst generally low tariff levels. For industrialized countries, tariffs of 15 per cent and above are generally recognized as "tariff peaks". (25)

tuellement sur des produits "sensibles", au milieu de niveaux tarifaires généralement faibles. Pour les pays industrialisés, des tarifs de 15 pour cent et plus sont généralement reconnus comme "pics tarifaires".

tariff peaks — *pics tarifaires*

Tariff escalation higher import duties on *semi-processed products* than on raw materials, and higher still on finished products. This protects domestic *processing industries* and discourages the development of *processing activity* in the countries where raw materials originate. (25)

Escalade tarifaire. des droits d'importation plus élevés sur les *produits semi-finis* que sur les matières premières, et plus élevés encore sur les produits finis. Ceci protège les *industries de transformation* du pays et décourage le développement de l'*activité de transformation* dans les pays d'où sont originaires les matières premières.

tariff escalation — *escalade tarifaire, escalade des tarifs douaniers*

semi-processed products/ semi-manufactured products/ semi-finished products — *produits semi-transformés/ produits semi-ouvrés/ produits semi-finis*

processing industries — *industries de transformation*

processing — *transformation, traitement*

Tariff escalation occurs whenever the nominal rate of tariff applied to a particular industry increases with the stage of production or degree of fabrication. The more nearly finished the product, the higher the level of tariff imposed. (30)

L'escalade tarifaire se produit chaque fois que le taux nominal du tarif douanier appliqué à une industrie particulière augmente avec l'étape de production ou le degré de fabrication. Plus le produit se rapproche d'un produit fini, plus élevé est le tarif douanier appliqué.

Because a high proportion of the exports of developing countries are concentrated in *unprocessed primary commodities*, they face higher tariff barriers when exporting to the developed countries than the ave-

Une forte proportion de leurs exportations étant concentrée sur des *produits de base non transformés*, lorsque les pays en développement exportent vers les pays développés, ils rencontrent des barrières tarifaires

rage rate of tariff might suggest. (30)

plus élevées que le taux moyen de tarif douanier pourrait le laisser supposer.

unprocessed primary commodities — *produits de base non transformés*

A further consequence of tariff escalation is that it creates a *disincentive* for developing countries to invest in *processing capacity*. (30)

Autre conséquence de l'escalade tarifaire : elle crée une *désincitation* des pays en développement à investir dans la *capacité de transformation.*

a disincentive =/= an incentive — *une désincitation =/= une incitation*

processing capacity — *capacité de transformation*

One way of measuring the importance of tariff escalation is to make use of the theory of the *effective rate of protection,* put forward by the Australian economist Max Corden. (31)

Une façon de mesurer l'importance de l'escalade tarifaire est d'utiliser la théorie du *taux effectif de protection,* avancée par l'économiste australien Max Corden.

effective rate of protection — *taux effectif de protection*

the effective-rate concept — *le concept de taux effectif*

En 1966, Max Corden écrivait :

To discover the resource-allocation effects of a tariff structure one must calculate the protective rate of each activity, that is, the *effective protective rate*. (32)

Pour découvrir les effets d'une structure tarifaire sur la répartition des ressources, on doit calculer le taux de protection de chaque activité, c'est-à-dire, le *taux effectif de protection.*

resource allocation — *répartition/allocation/affectation des ressources*

effective protective rate
effective rate of protection — *taux effectif de protection*

Rappelons les dénominations "income distribution" et "répartition du revenu", figées dans les deux langues, utilisées comme titres d'ouvrages ou de chapitres, ou comme référence à la théorie correspondante :

income distribution theory	*théorie de la répartition du revenu* (33)

Max Corden précisait alors :

This is the main message of the new theory of *tariff structures*. The *effective protective rate* is the *percentage increase* in value added per unit in an economic activity which is made possible by the tariff structure relative to the situation in the absence of tariffs but with the same *exchange rate*. It depends not only on the tariff on the commodity produced by the activity but also on the inputs coefficients and the tariffs on the inputs. (32)

Voilà le principal message de la nouvelle théorie des *structures tarifaires*. Le *taux effectif de protection* est l'*augmentation relative* de la valeur ajoutée par unité d'une activité économique qui est permise par la structure tarifaire, par rapport à la situation en l'absence de tarifs douaniers mais avec le même *taux de change*. Il dépend non seulement du tarif douanier appliqué au bien produit par l'activité mais aussi des coefficients des facteurs de production et des tarifs douaniers appliqués à ces facteurs.

tariff structures	*structures tarifaires*
percentage increase	*augmentation relative* *augmentation en pourcentage*
percentage change	*variation relative* *variation en pourcentage* (34)

L'importance des tarifs douaniers a décliné :

In fact, declining from their peak in the 1930s, *tariff levels* throughout the world are generally very low. In the United States, the average tariff rate reached a modern high of 59 per cent in 1932 under (...) the *Smoot-Hawley Act*, which has been widely credited with triggering a spiral of restrictions that helped plunge the global economy into the Great Depression of the 1930s. It was reduced to 25 per cent after World War II and declined to about 5 per cent after the Tokyo Round of trade negotiations concluded in 1979. (24)

En fait, en chute par rapport à leur pic des années 1930, dans le monde entier les *niveaux tarifaires* sont en général très faibles. Aux Etats-Unis, le taux moyen de tarif douanier a atteint un maximum - pour l'époque contemporaine - de 59 pour cent en 1932 sous la *loi Smoot-Hawley*, que beaucoup ont accusée d'avoir déclenché une spirale de restrictions qui a contribué à plonger l'économie mondiale dans la Grande Dépression des années 1930. Ce taux s'est réduit à 25 % après la 2ème guerre mondiale et a baissé jusqu'à environ 5 pour cent après le Tokyo Round de négociations commerciales conclu en 1979.

tariff levels — *niveaux tarifaires*

Smoot-Hawley Act — *loi Smoot-Hawley*

an all time high — *le plus haut niveau jamais atteint*
an all time low — *le plus bas niveau jamais atteint*

5. Optimum tariffs — **5. Tarifs optimaux**

L'anglais emploie indifféremment "optimum tariff" ou "optimal tariff".

The "optimum" tariff or export tax is one which, from the perspective of the country imposing the tax, maximizes the gain from *an improvement in the terms of trade* relative to the losses arising from the distortion of production and consumption. (35)

Le niveau "optimal" de tarif douanier ou de taxe à l'exportation est celui qui, du point de vue du pays l'appliquant, maximise le gain dû à *une amélioration des termes de l'échange* par rapport aux pertes résultant de la distorsion de la production et de la consommation.

an improvement in the terms of trade — *une amélioration des termes de l'échange*

On trouve une définition très proche de la précédente chez Krugman et Obstfeld :

For a large country, there is an optimum tariff t_0 at which the marginal gain from *improved terms of trade* just equals the *marginal efficiency loss* from production and consumption distortion. (36)

Pour un grand pays, il existe un tarif optimal t_0 pour lequel le gain marginal dû à *l'amélioration des termes de l'échange* est juste égal à la *perte marginale d'efficacité* due à la distorsion de la production et de la consommation.

marginal efficiency loss — *perte marginale d'efficacité*

Les deux extraits ci-dessus nous permettent de constater l'analogie des deux collocations : *an improvement in the terms of trade* et *improved terms of trade*.

This tariff, known as the *optimal tariff*, is one which raises a country's welfare by more than the losses caused by protectionism. (35)

Du fait de ce tarif douanier, connu sous le nom de *tarif douanier optimal*, l'augmentation de l'avantage collectif d'un pays est supérieure aux pertes dues au protectionnisme.

B. Other instruments of trade policy	**B. Autres instruments de politique des échanges**
trade policy	*la politique des échanges* *la politique commerciale*
One consequence of the negotiated decrease in tariffs following WWII was the introduction of *nontariff trade barriers* (NTBs), called *the new protectionism*. (37)	Une conséquence de la réduction négociée des tarifs douaniers après la 2e guerre mondiale fut l'introduction des *barrières non tarifaires* (BNT), qualifiée de *nouveau protectionnisme*.
nontariff barriers	*barrières non tarifaires*
NTBs : non-tariff barriers	*BNT : barrières non tarifaires*
the new protectionism	*le nouveau protectionnisme*
Nontariff barriers consist of a wide range of *government policies* that limit the physical quantity of goods that can be imported. (38)	Les barrières non tarifaires consistent en une large gamme de *politiques publiques* qui limitent la quantité matérielle de biens qui peuvent être importés.
government policies *public policies*	*politiques publiques*
physical (adj) *physical impossibility*	*physique, matériel* *impossibilité matérielle*

«Depuis les années 1970, de nouvelles formes de protection apparaissent ou réapparaissent. Ces protections sont essentiellement quantitatives comme le quota par exemple et ont tendance à se substituer ou à se superposer aux tarifs douaniers.» Le même constat apparaît dans cette citation de J-L. Muchielli (39) et dans l'extrait suivant de Krugman et Obstfeld :

The importance of tariffs has declined in modern times, because modern governments usually prefer to protect domestic industries through a variety of *nontariff barriers*, such as *import quotas* (limitation on the quantity of imports) and *export restraints* (limitations on the quantity of exports - usually imposed by	L'importance des tarifs douaniers a baissé à l'époque moderne, car les Etats modernes préfèrent généralement protéger les industries nationales au moyen de diverses *barrières non tarifaires*, telles que les *quotas d'importation* (limitation des quantités importées) et des *restrictions des exportations* (limitations des

the exporting country at the importing country's request). (40)

quantités exportées - généralement imposées par le pays exportateur à la demande du pays importateur).

the restrictive effect of an NTB on imports — *l'effet restrictif d'une BNT sur les importations*

import quota — *quota d'importation*, *contingentement des importations*

export restraints — *restrictions d'exportations*

Outre le sigle NTBs, pour "non tariff barriers" on trouvera aussi :

NTMs : non-tariff measures such as quotas, import licensing systems, sanitary regulations, prohibitions, etc. (41)

MNT : mesures non tarifaires telles que quotas, systèmes d'attribution de licences d'importation, règlementations sanitaires, interdictions, etc.

prohibition — *interdiction, prohibition*

prohibition against alcohol — *la prohibition* (1920-1933)

Les quotas et les restrictions volontaires des exportations sont des

quantitative restrictions (QRs) — *restrictions quantitatives.*

The most important NTBs that have sprung to the fore recently are "voluntary" export restraints and antidumping and countervailing duties. (42)

Les plus importantes BNT qui ont récemment attiré l'attention sont les restrictions "volontaires" des exportations et les droits de douane anti-dumping et compensatoires.

voluntary export restraint — *restriction volontaire des exportations*, *autolimitation des exportations*

antidumping duties — *droits de douane anti-dumping*

countervailing duties — *droits de douane compensatoires*

1. Quotas

1. Les quotas

quota policy — *politique de contingentement*

quota system — *système de contingentement*

An *import quota* is a direct restriction on the quantity of some good that may be imported. The restriction is usually enforced by issuing licenses to some group of individuals or firms. (43)	Un *quota d'importation* est une limitation directe de la quantité d'un bien susceptible d'être importée. On fait habituellement respecter cette limitation en délivrant des licences à un groupe de particuliers ou de firmes.
to enforce a law *to enforce a WTO ruling`*	*appliquer une loi* *appliquer, faire observer/respecter, une décision de l'OMC*
to issue a licence to an individual/a firm	*délivrer une licence à un particulier/une firme*
an import license	*une licence d'importation*
The usual effect of a quota is to raise the *domestic price* of the commodity by limiting the number of lower-priced products that can be imported. This allows *domestic producers* to gain a larger *market share* but requires that consumers pay a higher price. Both domestic and foreign producers are able to maintain higher prices because of this artificial restriction of supply (24)	D'ordinaire, un quota a pour effet d'augmenter le *prix intérieur* du bien en limitant le nombre de produits moins chers qui peuvent être importés. Ceci permet aux *producteurs nationaux* d'obtenir une plus grande *part de marché* mais oblige les consommateurs à payer un prix plus élevé. Du fait de cette restriction artificielle de l'offre, les producteurs nationaux aussi bien que les étrangers peuvent maintenir des prix plus élevés.
market share	*part de marché* (44)
domestic	*domestique, intérieur, national* (45)

Il importe toutefois de ne pas confondre l'emploi des adjectifs "domestic" et "national" dans le cas des concepts de :

GDP, Gross Domestic Product et	*PIB, Produit Intérieur Brut*
GNP, Gross National Product	*PNB, Produit National Brut*

La rente de quota

The profits received by the *holders of import licenses* are known as *quota rents*. (43)	Les profits perçus par les *détenteurs de licences d'importation* sont connus sous le nom de *rentes de quotas*.

the holder of an import license — *le détenteur d'une licence d'importation*

quota rent — *rente de quota*

Quota rent arises because a quota raises the domestic price of an import. (46)

La *rente de quota* existe parce qu'un quota augmente le prix intérieur d'un produit importé.

A quota is the most common nontariff barrier and most NTBs behave as a quota. But because quotas are not permitted under current international trade rules many countries have gone to great lengths to establish different varieties of trade restrictions that are functionally identical to quotas. (38)

Le quota est la barrière nontarifaire la plus répandue et la plupart des BNT se comportent comme des quotas. Mais, les quotas n'étant pas autorisés en vertu des règles actuelles du commerce international, nombre de pays se sont donné beaucoup de mal pour établir différents types de restrictions commerciales qui sont fonctionnellement identiques aux quotas.

under current international trade rules — *en vertu des règles actuelles du commerce international*

to go to great lengths to do sth — *se donner beaucoup de mal pour faire qch*

Quotas and other non-tariff barriers are generally more rigid than tariffs and so *afford* domestic producers more *monopoly power*. (47)

Les quotas et autres barrières non tarifaires sont en général plus stricts que les tarifs douaniers et *procurent* donc aux producteurs nationaux davantage de *pouvoir monopolistique*.

monopoly power — *pouvoir de monopole, pouvoir monopolistique* (48)

to afford so sth (= to provide) — *procurer, fournir, offrir qch à qun*

Autres formes du nouveau protectionnisme :

2. Voluntary export restraint (VER)

2. Restriction volontaire des exportations (RVE)

A variant on the import quota is the voluntary export restraint (VER), also known as a voluntary restraint agreement (VRA). (49)

Une variante du quota d'importation est la restriction volontaire des exportations (RVE), également connue sous le nom d'accord de restriction volontaire (ARV).

voluntary export restraints (VERs)

des restrictions volontaires des exportations (RVE)

Selon la définition de Krugman et Obstfeld,

A VER is *a quota on trade* imposed from the exporting country's side instead of the importer's. (49)

Une RVE est *un contingentement des échanges* imposé par le pays exportateur plutôt que par l'importateur.

a quota on trade

un contingentement des échanges

Under a VER arrangement, the importing country does not maintain a limit on the amount to be imported, but exporting countries voluntarily limit the volume being sent out to an agreed-upon level. (50)

Aux termes d'un accord de RVE, le pays importateur ne fixe pas de limite à la quantité à importer, mais les pays exportateurs limitent volontairement le volume exporté à un niveau convenu.

under the agreement

aux termes de l'accord

Ici, *under* signifie *according to* et se traduit par "conformément, en vertu de, selon, suivant, aux termes de". Autres exemples :

under the law / article / contract

aux termes de la loi / l'article / du contrat

Exporting countries often agree to maintain VERs out of fear that failure to do so will lead the importing country to adopt far more severe measures. The U.S. Office of the Special Trade Representative often negotiates VERs with exporting countries while the Congress is considering *prohibitive limits on imports*, and the successful negotiation of the VER is then used to convince the Congress that the more severe measures are not necessary. (50)

Les pays exportateurs s'entendent souvent pour maintenir des RVE de crainte que, s'ils ne le faisaient pas, cela amène le pays importateur à adopter des mesures beaucoup plus sévères. L'Office du Représentant Spécial du Commerce des Etats Unis négocie souvent des RVE avec des pays exportateurs alors que le Congrès envisage des *restrictions prohibitives des importations*, et le succès de la négociation de la RVE est ensuite utilisé pour convaincre le Congrès que des mesures plus rigoureuses ne sont pas nécessaires.

to impose prohibitive limits on imports

imposer des restrictions prohibitives des importations

3. Voluntary restraint agreement or voluntary restraint arrangement (VRA)
or
orderly marketing agreement (OMA)

3. Accord de restriction volontaire
ou
accord de commercialisation ordonné (ACO)

An *orderly marketing agreement* (OMA) is a close cousin to a VER. The difference is a technical legal one. OMAs are agreements negotiated between two or more governments, while a VER is negotiated between a country and the particular export industry of another country. (51)

Un *accord de commercialisation ordonné* est un proche parent de la restriction volontaire des exportations. La différence est technique et juridique. Les ACO sont des accords négociés entre deux Etats ou plus tandis qu'une RVE est négociée entre un pays et l'industrie d'exportation particulière d'un autre pays.

"Voluntary export restraint" et "voluntary restraint agreement" se traduisent également par "**accord d'autolimitation**".

The *multifiber arrangement* (MFA), which was signed by roughly fifty countries in 1974 and has gone through several rounds of negotiations, is one example of an OMA. (51)

L'*accord multifibres* (AMF), qui fut signé par une cinquantaine de pays en 1974 et a connu plusieurs cycles de negociations, est un exemple d'ACO.

MFA
the Multifiber Arrangement

AMF
l'Accord Multifibres

Entré en vigueur le 1er janvier 1974,

The most famous multilateral agreement is the *Multifiber Arrangement,* an agreement that limits textile exports from 22 countries. (49)

L'accord multilatéral le plus célèbre est l'*Accord Multifibres,* accord qui limite les exportations de textiles de 22 pays.

La prudence s'impose dans l'adaptation en français du terme anglais "arrangement". Dans le type de contexte que nous rencontrons ici, il prend le sens d' "agreement" ou de "settlement" et peut se rendre par "accord". Dans d'autres cas, par exemple dans les réchelonnements de dette extérieure ou "external debt rescheduling", "arrangement" (provision, measure) se traduira par "disposition" ou "mesure". Il s'agit d'accords, dispositions ou mesures officiels, et ces emplois doivent donc être distingués de l'usage courant que fait le français du terme "arrangement" au sens d' «accord amiable conclu entre deux parties» (Petit Larousse), une collocation très fréquente étant "arrangement à l'amiable".

VRA, VER, OMA — *ARV, RVE, ACO*

sont des

Bilateral arrangements whereby an exporting country (government or industry) agrees to reduce or restrict exports without the importing country having to make use of quotas, tariffs or other import controls. (41)

Accords bilatéraux par lesquels un pays (Etat ou industrie) exportateur accepte de réduire ou limiter ses exportations sans que le pays importateur ait à faire usage de quotas, tarifs douaniers ou autres contrôles des importations.

exporting country — *pays exportateur*

Governmental procurement rules are probably the most important NTB other than quotas. Such rules usually require that, whenever government money is being spent, domestic products must be purchased even if they are more expensive or less useful than imported alternatives. (50)

Les BNT les plus importantes en dehors des quotas sont sans doute les règles qui régissent les *marchés publics*. Celles-ci exigent d'ordinaire que, pour toute dépense de l'argent public, on achète des produits de fabrication nationale même s'ils sont plus chers ou moins utiles que des équivalents importés.

government procurement — *(passation de) marchés publics*
governmental procurement

government money — *argent public*
public money — *deniers publics*

alternative (n) — *alternative, autre possibilité*
energy alternatives — *énergies de substitution*
project alternatives — *variantes de projet*

4. Subsidies — **4. Les subventions**

«Les effets de la subvention sont en fait exactement inverses de ceux du tarif douanier. Si l'on considère la subvention comme une taxe négative, on retrouve ce que l'on appelle le théorème de symétrie de Lerner (1936) entre le tarif sur les importations et la taxe sur les exportations. On obtient dans les deux cas un écart entre le prix international et le prix national» (52).
J-L Muchielli cite ci-dessus

the Lerner symmetry theorem — *le théorème de symétrie de Lerner* énoncé par Abba Lerner (1903-82), selon lequel

Export taxes and import tariffs have *symmetric effects* on trade.

Les taxes sur les exportations et les tarifs douaniers sur les importations ont des *effets symétriques* sur le commerce.

There are two general types of *subsidies*: export and domestic. An *export subsidy* is a benefit conferred on a firm by the government that is contingent on exports. A *domestic subsidy* is a benefit not directly linked to exports. (41)

Il y a deux grandes catégories de *subventions* : à l'exportation et nationales. Une *subvention à l'exportation* est un avantage accordé à une firme par l'Etat en fonction de ses exportations. Une *subvention nationale* est un avantage qui n'est pas directement lié aux exportations.

an export subsidy — *une subvention à l'exportation*

a domestic subsidy — *une subvention nationale*

to be contingent on sth — *dépendre de qch*

An export subsidy is a payment to a firm or individual that *ships a good abroad*. Like a tariff, an export subsidy can be either *specific* (a fixed sum per unit) or *ad valorem* (a proportion of the value exported). (53)

Une subvention à l'exportation est un versement à une firme ou un particulier qui *expédie un bien à l'étranger*. Comme un tarif douanier, une subvention à l'exportation peut être soit *spécifique* (une somme fixe par unité) ou *ad valorem* (une fraction de la valeur exportée).

to ship sth — *transporter/expédier qch*

An export subsidy raises prices in the exporting country while lowering them in the importing country. (54)

Une subvention à l'exportation relève les prix dans le pays exportateur tout en les réduisant dans le pays importateur.

exporting country — *pays exportateur*
importing country — *pays importateur*

5. Local content requirement

5. Exigence de contenu local

A *local content requirement* is a regulation that requires that some specified fraction of a final good be produced domestically. (55)

L'*exigence de contenu local* est une règlementation qui exige qu'une part précise d'un bien final soit produite à l'intérieur du pays.

specified	*spécifié, détaillé, précis*
fraction	*fraction, partie, part*

Although it is more a question of politics than economics, *domestic or local content rules*, the requirement that a certain proportion of the value of a product be manufactured within an area, may make local production imperative. (56)

Bien que ce soit plus une question de politique que d'économie, *la règlementation du contenu local ou national*, l'exigence qu'une certaine proportion de la valeur d'un produit soit fabriquée dans une zone donnée, peut rendre impérative la production locale.

local content rules/regulation	*règlementation du contenu local*

La raison de cette obligation c'est

the stipulation by a country that for a product to qualify as an authentic domestically manufactured product, [...] the product must be manufactured predominantly from locally supplied as opposed to imported components. (58)

le fait qu'un pays stipule que, pour qu'un produit soit vraiment un authentique produit de fabrication nationale, ce produit doit être fabriqué majoritairement à partir de composants d'origine locale plutôt qu'importés.

domestically manufactured product	*produit de fabrication nationale*

En appliquant cette clause, le pays

discrimates against *goods of foreign origin.*

fait une discrimination contre les *marchandises de provenance étrangère.*

goods of foreign origin	*marchandises de provenance étrangère*
discrimination related to the origin of the product	*discrimination liée à l'origine du produit*
to discriminate against so/sth	*faire une discrimination contre qun/qch*
to discriminate in favour of so/sth	*faire une discrimination en faveur de qun/qch*

L'OMC emploie le terme "**rules of origin**" pour faire référence aux

Laws, regulations and administrative procedures which determine a product's country of origin.

Lois, réglements et procédures administratives qui déterminent le pays d'origine d'un produit.

These rules can vary from country to country. (25)

Cette règlementation peut varier d'un pays à l'autre

rules of origin

règles d'origine (cf. p.158)

6. Most favoured nation (MFN) clause

6. Clause de la nation la plus favorisée (NPF)

(GATT Article I, GATS Article II and TRIPS Article 4) the principle of not discriminating between one's trading partners. (25)

(GATT Article I, GATS Article II et ADPIC Article 4) le principe de non discrimination entre les partenaires commerciaux

General Agreement on Trade in Services (GATS)

Accord Général sur le Commerce des Services (GATS)

Trade Related Aspects of Intellectual Property Rights (TRIPS)

Accords sur les Droits de Propriété Intellectuelle Liés au Commerce (ADPIC)

Les citations suivantes vont mettre en évidence les nombreuses collocations de MFN avec "clause, status, principle, treatment, rule".

The most-favoured-nation clause : A provision between two or more countries that protects them from *tariff discrimination* against each other. Each country uses the same tariff rate for its trading partners. (59)

La clause de la nation la plus favorisée : Une disposition, entre deux pays ou plus, qui les protège contre des *discriminations tarifaires* entre eux. Chaque pays utilise le même taux de droits pour ses partenaires commerciaux.

provision

clause, stipulation, disposition (d'une loi, etc)

tariff discrimination

discrimination tarifaire

trading partner
trade partner

partenaire commercial

Under the GATT, nondiscrimination and *most-favoured nation status* means that if a GATT member *grants a trade concession* to one member, it automatically grants it to all members. (60)

Aux termes du GATT, non discrimination et *statut de la nation la plus favorisée* signifient que si un membre du GATT *accorde* à un membre *une concession commerciale*, il l'accorde automatiquement à tous les membres.

most-favoured nation status

statut de la nation la plus favorisée

The obligation of this clause is *unconditional.*	L'obligation de cette clause est *inconditionnelle.*
For example, if country A, a *GATT contracting party*, negotiates a bilateral agreement to reduce its tariffs on widgets from 20 per cent ad valorem to 10 per cent, it must apply the new tarif rate to widgets originating in the territory of any GATT contracting party. The obligation to extend any bilaterally negotiated concessions to all GATT contracting parties essentially leads members to negotiate tarif reductions on a multilateral basis. (61)	Par exemple, si un pays A, *partie contractante du GATT*, négocie un accord bilatéral pour réduire de 20 % ad valorem à 10 % ses tarifs douaniers sur les gadgets, il doit appliquer le nouveau taux tarifaire aux gadgets provenant du territoire de toute partie contractante du GATT. L'obligation d'accorder toutes concessions négociées bilatéralement à toutes les parties contractantes du GATT amène principalement les membres à négocier des réductions tarifaires de façon multilatérale.
GATT contracting parties	*les parties contractantes du GATT*

a. Free riders / **a. Les passagers clandestins**

Voici une application particulière du concept de "free rider", le passager clandestin ou resquilleur (62):

Free rider : a casual term used to infer that a country which does not make any trade concessions, profits, nonetheless, from tariff cuts and concessions made by other countries in negotiations under *the most-favoured-nation principle.* (25)	*Passager clandestin* : terme informel pour signifier qu'un pays qui ne fait aucune concession commerciale, profite néanmoins des baisses et des concessions tarifaires accordées par d'autres pays dans des négociations effectuées selon *le principe de la nation la plus favorisée.*
the most-favoured-nation principle	*le principe de la nation la plus favorisée*
to profit by/from sth *to benefit by/from sth*	*profiter de qch, bénéficier de qch*
to infer sth (= imply) 1er sens de *to infer sth/that*	*suggérer, laisser entendre* *inférer, déduire, qch/que*

Ce concept trouve son origine dans l'économie publique, "public economics". Un passager clandestin est

a consumer who deliberately understates his preferences for a collective product in the hope of being able to consume the product without having to pay the full economic price of it. (63)

un consommateur qui minimise délibérément ses préférences pour un produit collectif dans l'espoir de pouvoir consommer ce produit sans avoir à en payer le plein tarif économique.

The Most-Favoured-Nation principle is one of the most important principles of the GATS. Article II requires Members to grant services and *service suppliers* of any other Member the best treatment granted to services and service suppliers of any other country, whether or not the latter is a Member of the WTO. (25)

Le principe de la Nation la Plus Favorisée est l'un des plus importants principes du GATS. L'Article II exige que les Membres accordent aux services et aux *prestataires de services* de n'importe quel autre Membre le meilleur traitement accordé aux services et aux prestataires de services de n'importe quel autre pays, que ce dernier soit ou non Membre de l'OMC.

GATS, General Agreement on Trade and Services

GATS, Accord Général sur le Commerce et les Services (cf. p.119)

service supplier

prestataire de services

b. Exceptions to the Most-Favoured Nation Rule

b. Exceptions à la Règle de la Nation la Plus Favorisée

Ces exceptions sont liées aux accords commerciaux régionaux.

Although WTO members are committed to imposing tariffs on a "most-favoured-nation" (MFN) basis, which is meant to be *non-discriminatory*, in practice most of them do discriminate. Imports from partners in regional trade agreements are *tariff-free*. Developed countries levy special low tariffs on some goods from poor countries. (29)

Bien que les membres de l'OMC se soient engagés à appliquer des tarifs douaniers selon le principe de la nation la plus favorisée (NPF), ce qui est censé être *non discriminatoire*, en pratique la plupart d'entre eux font bien des discriminations. Les importations venant de partenaires d'accords commerciaux régionaux sont *exemptées de droits de douane*. Les pays développés perçoivent des droits spéciaux peu élevés sur certaines marchandises en provenance de pays pauvres.

non-discriminatory — *non discriminatoire*

regional trade agreements — *accords commerciaux régionaux*

tariff-free/ duty-free — *exempté de droits de douane*

c. Generalized System of Preferences

The Generalized System of Preferences is a system that grants products originating in developing countries lower tariff rates than those normally enjoyed *under Most-Favoured-Nation status* as a special measure granted to developing countries in order to increase their export earnings and promote their development. (64)

c. Système des Préférences Généralisées

Le Système des Préférences Généralisées est un système qui accorde aux produits venant de pays en développement des taux de droits de douane inférieurs à ceux dont on bénéficie d'ordinaire *du fait du statut de nation la plus favorisée*, une mesure spéciale accordée aux pays en développement afin d'augmenter leurs gains à l'exportation et de promouvoir leur développement.

(Système des Préférences Généralisées : voir aussi p.205)

d. From MFN status to normal trade relations

On July 22, 1998, President Clinton signed into law P.L. 105-206 (a bill to reform the Internal Revenue Service), which contained a provision re-designating the term "most-favored nation (MFN) status" to "normal trade relations". (65)

d. Du statut NPF aux relations commerciales normales

Le 22 juillet 1998, le Président Clinton a entériné PL 105-206 (un projet de loi de réforme du fisc), qui contenait une clause reformulant l'appellation "statut de nation la plus favorisée (NPF)" en "relations commerciales normales".

the Internal Revenue Service (IRS) — *le fisc américain*

the Inland Revenue Service (IRS) — *le fisc britannique*

NOTES

(1) R. Dunn & J. Ingram, *International Economics*, p.59.
(2) P. Krugman & M. Obstfeld, *International Economics*, p.220.
(3) P. Krugman & M. Obstfeld, *op. cit.*, p.221.
(4) P. Brenton, H. Scott & P. Sinclair, *International Trade, A European Text*, p.167.
(5) Voir aussi "Ecconomic efficiency and Pareto optimality" in J. Percebois, *L'Anglais de la Micro-économie*, pp.296-304.
(6) Voir aussi "production possibility curve" et "production possibility frontier" in J. Percebois, *L'Anglais de la Microéconomie*, pp.112, 292.
(7) Voir aussi "budget line" et "price line" in J. Percebois, *L'Anglais de la Microéconomie*, pp.28-9, 102.
(8) Voir aussi "Demand elasticity" in J. Percebois, *L'Anglais de la Microéconomie*, pp.47-59.
(9) Voir aussi "Indifference curves and marginal rate of substitution", in J. Percebois, *L'Anglais de la Microéconomie*, pp.22-6.
(10) P. Brenton, H. Scott & P. Sinclair, *International Trade, A European Text*, p.168.
(11) Voir aussi "prevailing prices" ou "ruling prices" in J. Percebois, *L'Anglais de la Microéconomie*, p.144 et "prevailing prices", "ruling prices" ou "existing prices" in *L'Anglais de la Macroéconomie*, pp.34, 134.
(12) J. Piggott & M. Cook, *International Business Economics, A European Perspective*, pp.69-70.
(13) Collins *Dictionary of Economics.*
(14) F. Khavand, *Le nouvel ordre commercial mondial, du GATT à l'OMC*, p.48.
(15) A. Krieger-Krinicki, *L'Organisation Mondiale du Commerce - Structures juridiques et politiques de négociation*, p.16.
(16) J-L. Muchielli, *Economie Internationale*, p.133.
(17) P. Krugman & M. Obstfeld, *International Economics*, p.285.
(18) J. Shim & J. Siegel, Dictionary of Economics, p.135.
(19) J-L. Muchielli, *Economie Internationale*, p.93.
(20) *The Economist*, June 9th, 2001, p.82.
(21) P. Krugman & M. Obstfeld, *International Economics*, p.187.
(22) N. Grimwade, *International Trade Policy, A Contemporary Analysis*, p.21.
(23) D. Salvatore, *International Economics, Study Guide*, p.45.
(24) B. Moon, «Controversies in international trade», p.86 in Snaar, M. & D. Snaar (eds).
(25) http://www.wto.org
(26) N. Grimwade, *International Trade Policy, A Contemporary Analysis*, p.23.
(27) T. Walther, *The World Economy*, p.161.
(28) S. Mayhew, *Dictionary of Geography*, Oxford University Press, 1997 sur http://www.xrefer.com
(29) *The Economist*, October 3rd, 1998, p.9.
(30) N. Grimwade, *International Trade Policy, A Contemporary Analysis*, p.34.
(31) N. Grimwade, *op. cit.*, p.37.
(32) W. Max Corden, «The structure of a tariff system and the effective protective rate», p.222.
(33) Voir aussi "Theory of income distribution" in J. Percebois, *L'Anglais de la Microéconomie*, pp.7, 215-282.
(34) Voir aussi "percentage change" in J. Percebois, *L'Anglais de la Microéconomie*, p.47 et in *L'Anglais de la Macroéconomie*, p.125.
(35) J. Piggott & M. Cook, *International Business Economics, A European Perspective*, p.73.
(36) P. Krugman & M. Obstfeld, *International Economics*, p.225.
(37) D. Salvatore, *International Economics, Study Guide*, p.51.
(38) T. Walther, *The World Economy*, p.154.
(39) J-L. Muchielli, *Economie Internationale*, p.106.
(40) P. Krugman & M. Obstfeld, *International Economics*, p.188
(41) http://seva.wto-ministerial.org
(42) B. Riechenstein, «With a little help from NTBs: Why Reducing Tariffs Does not Lead to Free Trade», p.48 in Metzger et al. (2000).
(43) P. Krugman & M. Obstfeld, *International Economics*, p.200-201.
(44) Voir aussi "market shares" in J. Percebois, *L'Anglais de la Microéconomie*, pp.196-7.
(45) Sur les emplois de "domestic", voir aussi J. Percebois, *L'Anglais de la Macroéconomie*, p.32.
(46) T. Walther, *The World Economy*, p.163.
(47) P. Brenton, H. Scott & P. Sinclair, *International Trade, A European Text*, p.202.
(48) Voir aussi "monopoly" in J. Percebois, *L'Anglais de la Microéconomie*, pp.157-168; "monopoly power" p.158.
(49) P. Krugman & M. Obstfeld, *International Economics*, p.203.
(50) R. Dunn & J. Ingram, *International Economics*, pp.131-132.
(51) T. Walther, *The World Economy*, p.155.

(52) J-L. Muchielli, *Economie Internationale*, p.111.
(53) P. Krugman & M. Obstfeld, *International Economics*, p.197.
(54) P. Krugman & M. Obstfeld, *op. cit.*, p.199.
(55) P. Krugman & M. Obstfeld, *op. cit.*, p.204.
(56) T. Walther, *The World Economy*, p.147.
(57) *The Economist*, October 3rd, 1998, p.21.
(58) Collins *Dictionary of Economics*, p.313.
(59) J. Shim & J. Siegel, *Dictionary of Economics*, p.238.
(60) T. Walther, *The World Economy*, p.183.
(61) J. Jackson, *The Jurisprudence of GATT and the WTO - Insights on Treaty Law and Economic Relations*, p.59.
(62) «Le *free rider*, c'est celui qui essaie de profiter d'un accord sans le respecter; exemple: les quotas établis au sein de l'OPEP. Ce système de quotas doit profiter à tous les producteurs. Mais chacun, individuellement, a intérêt à tricher, à ne pas respecter l'accord et à produire plus que son quota. le problème est que tout le monde triche et se comporte comme un *free rider*. C'est pourquoi un accord de cartel est toujours fragile. *Free rider* se traduit aujourd'hui par "passager clandestin" ou "resquilleur". Le *free rider* est un cas qui se retrouve en économie générale, le principe étant toujours celui du resquilleur, un individu, une entité quelconque, voulant bénéficier d'un avantage sans en payer le prix.» dans J. Percebois (1993:75-76).
(63) Collins *Dictionary of Economics*, p.211.
(64) http://www.meti.go.jp.
(65) Wayne M. Morrison, «China-U.S. Trade Issues», 91121, November 10, 1998, p.3; Congressional Research Service Report made available to the public by the Committee for the National Institute for the Environment, Washington, D.C.

Chapter 4 | Chapitre 4

International trade agreements

Les accords commerciaux internationaux

I. Before the GATT

I. Avant le GATT

En introduction à ce chapitre, nous rappellerons dans quel contexte historique sont apparus les premiers

efforts to liberalize trade — *efforts pour libéraliser le commerce*

A great *tide* of protectionism rose during the depression of the 1930s, when industrial nations raised tariffs and other *barriers to trade* in an attempt to help domestic producers. Since most countries adopted these *"beggar-my-neighbour" policies,* the effect was *to stifle trade.* (1)

Une grande *vague* de protectionnisme s'est levée pendant la dépression des années 1930, lorsque les nations industrielles ont relevé les tarifs douaniers et autres *barrières à l'échange* pour essayer d'aider les producteurs nationaux. La plupart des pays adoptant ces *politiques protectionnistes,* cela eut pour effet d'*étouffer le commerce.*

beggar-my-neighbour policy — *politique protectionniste*
beggar-thy-neighbour policy

Crozet et al. adaptent cette expression par "enrichissement aux dépens des voisins" (2).

to stifle trade — *étouffer le commerce*

tide — *marée, vague, flot*

Si l'anglais emploie indifféremment "trade barriers" et "barriers to trade", les équivalents français de ces deux expressions ne se situent pas au même niveau de langage : le français courant privilégie "barrières commerciales" tandis que "les barrières à l'échange" appartient à la langue de spécialité (3).

The gains to protected industries were offset by the harm to *export industries.* As the failure of these policies became apparent, proposals *to stem the tide of protectionism* and to reduce tariffs through *multi-*

Les gains apportés aux industries protégées ont été compensés par le mal fait aux *industries d'exportation.* L'échec de ces politiques devenant évident, des propositions *pour endiguer le flot de protectionnisme*

lateral agreement were put forward. Political and economic uncertainties prevented the realization of these goals in the years preceding World War II. (1)

et réduire les tarifs douaniers par *accord multilatéral* furent avancées. Des incertitudes politiques et économiques empêchèrent la réalisation de ces objectifs au cours des années précédant la 2e guerre mondiale.

export industries — *industries d'exportation*

to stem the tide of protectionism — *endiguer le flot de protectionisme*

International Trade Organization (ITO) — **Organisation Internationale du Commerce (OIC)**

The first Bretton Woods conference in 1944 saw the design of three new world economy institutions of which the *International Trade Organization (ITO)* was intended *to help liberalize trading relations*. Unlike the IMF and the World Bank, the ITO never actually materialized because of fears that its *charter* would interfere with the independence of domestic policies. (4)

La première conférence de Bretton Woods en 1944 a vu la conception de trois nouvelles institutions de l'économie mondiale parmi lesquelles l'*Organisation Internationale du Commerce (OIC)* était destinée à *contribuer à libéraliser les relations commerciales*. A la différence du FMI et de la Banque Mondiale, l'OIC ne s'est jamais réellement matérialisée du fait de craintes que sa *charte* n'empiète sur l'indépendance des politiques intérieures.

International Monetary Fund (IMF) — *Fonds Monétaire International (FMI)*

to interfere with (a right, sb's work) — *empiéter sur (un droit, le travail de qun)*
e.g to interfere with other people's freedom — *ex. empiéter sur la liberté d'autrui*
interference — *ingérence*

The original 23 GATT countries were among over 50 which agreed a *draft Charter* for an International Trade Organization (ITO) - a new specialized agency of the United Nations. (5)

Les 23 pays d'origine du GATT faisaient partie des 50 pays qui se prononcèrent en faveur du *projet de Charte* d'une Organisation Internationale du Commerce (OIC), nouvel organisme spécialisé des Nations Unies.

draft (adj)	*préliminaire, (avant-)projet de -*
eg. draft version	*ex. version préliminaire*
a draft treaty	*unprojet de traité*
draft (n)	*brouillon, ébauche, avant-projet*
	(Fin.) traite
agency	*organisme, office*
public agency	*office public, organisme public*

The Charter [...] contained rules relating to employment, *commodity agreements*, restrictive business practices, international investment and services. (5)

La Charte incluait des réglementations concernant l'emploi, les *accords sur les produits de base*, les *pratiques commerciales restrictives*, l'investissement international et les services.

restrictive trade practices	*pratiques commerciales restrictives*
practices in restraint of trade	*entraves à la liberté du commerce*
commodity agreements	*accords sur les produits de base*

En théorie microéconomique, "commodities are goods and services" (6). Mais le "commodity market" est le marché des matières premières. Comment parvenons-nous ici à l'adaptation de "commodity agreements" en "accords sur les produits de base" ? Pour éclaircir ce point, nous citerons l'Encyclopaedia Universalis:
«Les mots de *produits de base* sont en eux-mêmes assez vagues, et l'on emploie indifféremment les termes de *produits de base*, *matières premières*, *produits primaires*, ou même l'anglo-saxon *commodities* (mais l'on trouve aussi l'expression *primary commodities*). La logique voudrait que l'on entende par *produit de base*, ou *matière première*, un produit au stade brut de la production, que celle-ci soit agricole ou minière. Mais il est évident que de nombreux produits subissent une première transformation pratiquement sur le lieu de leur production. [...]
En 1948, la Charte de la Havane des Nations Unies définissait ainsi le produit de base (qui est d'ailleurs le seul terme français reconnu à l'ONU) : "Tout produit de l'agriculture, des forêts, de la pêche et tout minéral, que ce produit soit sous sa forme naturelle ou qu'il ait subi la transformation qu'exige communément la vente en quantités importantes sur le marché international.» (7)

Rappelons également la différence entre "product", produit naturel ou transformé (processed) et "produce", produit naturel seulement (8).

Tariff negotiations were opened among the 23 founding GATT "contracting parties" in 1946. (5)

Des négociations tarifaires s'ouvrirent entre les 23 "parties contractantes" fondatrices du GATT en 1946.

tariff negotiations	*négociations tarifaires*

Il convient de signaler que le terme français "négociations" pourra se traduire par *negotiations*, *bargaining* ou *talks* :

collective bargaining	*négociations collectives* (9)
bargaining power	*pouvoir de négociation* (9)
the eight rounds of GATT talks	*les huit cycles de négociations du GATT*
talks	*négociations, pourparlers*

La Charte ne faisait pas l'unanimité. «Texte de compromis, elle ne satisfaisait pleinement aucun Etat. Face à l'hostilité des milieux économiques américains, le président Truman décida de ne pas ratifier la Charte.» (10)

Although the ITO Charter was finally agreed at a UN Conference on Trade and Employment in Havana in March 1948 ratification in national *legislatures* proved impossible in some cases. (5)	Bien que la Charte de l'OIC ait été en fin de compte acceptée lors d'une Conférence des Nations Unies sur le Commerce et l'Emploi à la Havane en mars 1948, la ratification par les *assemblées législatives* nationales s'avéra impossible dans certains cas.

the Havana Conference	*La Conférence de la Havane*
conference ("a meeting for discussion or an exchange of views" OAL)	*congrès, colloque, conférence* (réunion pour discussion ou échange de vues)
/o/ lecture ("a talk giving information about a subject to an audience or a class" OAL)	*conférence* (un exposé donnant à un public ou une classe des informations sur un sujet)

Nous soulignerons la différence entre l'acception du terme français "législature", qui signifie «durée du mandat d'une assemblée législative» (Petit Larousse), et celle de l'anglais "legislature" :

legislature ("A body of people with the power to make and change laws" OAL)	*corps législatif, assemblée législative* (un groupe de personnes ayant le pouvoir de promulguer et de modifier les lois)
to make a law *to change a law*	*promulguer/édicter une loi* *modifier une loi*

When the United States' government announced, in 1950, that it	Lorsque le gouvernement des Etats-Unis annonça, en 1950, qu'il ne de-

would not seek Congressional ratification of *the Havana Charter*, the ITO was effectively dead. Despite its *provisional* nature, the GATT remained the only multilateral instrument *governing* international trade from 1948 until the establishment of the WTO. (5)

manderait pas la ratification par le Congrès de *la Charte de La Havane*, l'OIC fut bel et bien condamnée. En dépit de sa nature *provisoire*, le GATT demeura le seul instrument multilatéral *régissant* le commerce international de 1948 jusqu'à la création de l'OMC.

the Havana Charter	*la Charte de La Havane*
to seek Congressional ratification	*demander la ratification du Congrès*
establishment	*établissement, création, instauration*
provisional (cf p.107) *temporary* *tentative* (adj), (cf p.128)	*provisoire,* *temporaire*
instrument *taxes are used as an instrument of fiscal policy*	*instrument, outil* *les impôts sont utilisés comme instruments de politique budgétaire*

"weapon" pourra remplacer "instrument" dans ce contexte :

fiscal weapons *fiscal instruments*	*instruments budgétaires*

II. The General Agreement on Tariffs and Trade

II. L'Accord Général sur les Tarifs douaniers et le Commerce

A. Introduction

Le sigle GATT est employé en français comme en anglais. L'acronyme tiré des termes français, AGETAC, est rarement utilisé.

The GATT, born of negotiations on *the ITO charter*, was quite successful in gradually liberalizing the world economy, although it was never granted the *status* of an international organization and remained in treaty form. (4)

Né des négociations sur *la charte de l'OIC*, le GATT a bien réussi à libéraliser progressivement l'économie mondiale, bien qu'on ne lui ait jamais accordé le *statut* d'organisme international et qu'il soit resté sous forme de traité.

the ITO charter	*la charte de l'OIC*

to be successful in doing sth	*réussir à faire qqch*
status *civil status* *marital status*	*statut, état, situation* *état civil* *situation familiale*

The *multilateral tariff reductions* since World War II have taken place *under the umbrella framework of* the General Agreement on Tariffs and Trade, established in 1947. (11)	Depuis la 2e guerre mondiale, les *réductions tarifaires multilatérales* se sont produites *sous les auspices de* l'Accord Général sur les Tarifs Douaniers et le Commerce institué en 1947.

multilateral tariff reductions	*réductions tarifaires multilatérales*
under the umbrella framework of *under the umbrella of*	*sous les auspices de* *sous l'égide de*
eg under the umbrella of the United Nations	*sous les auspices des Nations Unies*

On trouvera également :

under the auspices of	*sous les auspices de*
under the aegis of	*sous l'égide de*

"auspices" implique une idée de protection, de patronage institutionnel. "Under the umbrella framework of" est une expression redondante dérivée de "under the umbrella of" et "within the framework of" (= dans le cadre de).
Dans ce contexte précis et dans d'autres cadres plus généraux, "umbrella" sera également employé pour la formation de noms composés

Since 1995, the updated GATT has become the WTO's *umbrella agreement* for trade in goods. (5)	Depuis 1995, le GATT mis à jour est devenu l'*accord général* de l'OMC pour le commerce des marchandises.
to update (a document)	*mettre à jour, actualiser* (un document)
umbrella agreement, framework agreement	*accord cadre, accord général*

D'autre part, on trouvera aussi :

an umbrella term	*un terme général*
unmbrella group/organization	*organisme de tutelle*

«Le GATT est né en octobre 1947, initialement en vue d'accélérer le processus de désarmement douanier», écrit Philippe Barbet (12). Rappelant le "nuclear disarmament", le désarmement nucléaire, c'est-à-dire la réduction du nombre des armes nucléaires, ce terme guerrier correspond dans une terminologie plus pacifique au

removal of trade barriers	*démantèlement des barrières douanières*

The WTO's predecessor, the GATT, was established *on a provisional basis* after the Second World War *in the wake of* other new multilateral institutions *dedicated to* international economic cooperation - notably the "Bretton Woods" institutions now known as the World Bank and the International Monetary Fund. (5)

Le prédécesseur de l'OMC, le GATT, a été institué *à titre provisoire* après la deuxième guerre mondiale *à la suite d'*autres nouvelles institutions multilatérales *consacrées à* la coopération économique internationale, notamment les institutions de "Bretton Woods" connues aujourd'hui sous le nom de Banque Mondiale et Fonds Monétaire International.

the World Bank *= World Bank for Reconstruction and Development*	*la Banque Mondiale* *= Banque Mondiale pour la Reconstruction et le Développement*
on a provisional basis	*à titre provisoire* (cf. p.105)
in the wake of	*à la suite de, dans le sillage de*
dedicated to (see *devoted* p.111)	*consacré à*

La Conférence de Bretton Woods (New Hampshire, USA), créant ces institutions, s'était tenue en juillet 1944.

The biggest *leaps forward* in international trade liberalization have come through multilateral trade negotiations, or "*trade rounds*", under the auspices of GATT. (5)

Les plus grandes *avancées* dans la libéralisation du commerce international se sont effectuées grâce aux négociations commerciales multilatérales ou "*cycles du commerce*", sous les auspices du GATT.

leap forward	*avancée, bond en avant*
quantum leap *quantum leap forward*	*bond en avant* (fig)

B. GATT rounds / B. Les cycles du GATT

1947 Geneva/Genève	Adoption of GATT Tariff reduction	Adoption du GATT Réductions tarifaires
1949 Annecy (France)	Tariff reduction	Réductions tarifaires
1951 Torquay (England)	Tariff reduction	Réductions tarifaires
1956 Geneva	Tariff reduction	Réductions tarifaires
1960-62 Geneva ("Dillon")	Tariff reduction	Réductions tarifaires
1962-67 Geneva ("Kennedy")	Tariff reduction GATT negotiation rules Non-tariff measures Framework agreements	Réductions tarifaires Règles de négociation du GATT Mesures non tarifaires Accords cadre
1973-79 Tokyo	Non-tariff barriers codes: - Government procurement - Subsidies and counter-vailing measures - Antidumping - Standards - Import licensing	Codes sur les barrières non tarifaires : - Marchés publics - Subventions et mesures compensatoires - Antidumping - Normes - Licences d'importation
1986-1994 Geneva Uruguay	Broadening of GATT: - Services - Intellectual property - Dispute settlement - Textiles - Agricultural subsidies Creation of WTO	Elargissement du GATT - Services - Propriété intellectuelle - Règlement des différends - Textiles - Subventions agricoles Création de l'OMC

tariff reduction — *réduction tarifaire, réduction des droits de douane*

1. Early GATT rounds (1947-1962) / 1. Les premiers cycles du GATT

a. The Geneva Round (1947) / a. Le Cycle de Genève (1947)

The first round, with 23 countries meeting in Geneva in 1947, led to

Avec la réunion de 23 pays à Genève en 1947, le premier cycle conduisit à

the establishment of the GATT itself, as well as some 45,000 reductions in participants' *customs duties*. It was held in preparation for the Havana conference. (5)

l'instauration du GATT lui-même, ainsi qu'à quelques 45000 réductions de *droits de douane* des participants. Il fut organisé pour préparer la conférence de La Havane.

This first *round of negotiations* resulted in 45,000 *tariff concessions* affecting $10 billion - or about one-fifth - of world trade. It was also agreed that the value of these concessions should be protected by early - and largely "provisional" - acceptance of some of the trade rules in the draft ITO Charter. The tariff concessions and rules together became known as the General Agreement on Tariffs and Trade and *entered into force* in January 1948. (5)

Ce premier *cycle de négociations* engendra 45000 *concessions tarifaires* portant sur 10 milliards de dollars, soit environ un cinquième, du commerce mondial. Il fut aussi convenu que la valeur de ces concessions devrait être protégée par l'acceptation rapide, et en grande partie "provisoire", de certaines des règles commerciales du projet de Charte de l'OIC. Dès lors, l'ensemble des concessions et des réglementations tarifaires furent connues sous le nom d'Accord Général sur les Tarifs douaniers et le Commerce et *entrèrent en vigueur* en janvier 1948.

to enter into force (act, ban)

entrer en vigueur (loi, interdiction)

b. The second round of multilateral trade negotiations. Annecy, France, 1949.

b. Le deuxième cycle de négociations commerciales multilatérales. Annecy, France, 1949.

In this second round, participants agreed to exchange some 5,000 tariff concessions; 10 more countries signed the General Agreement.
(5)

Dans ce deuxième cycle, les participants convinrent d'échanger quelques 5000 concessions tarifaires; dix nouveaux pays signèrent l'Accord Général.

c. The Torquay Round (1950-51)

c. Le Cycle de Torquay (1950-51)

d. The fourth round was held in Geneva in 1956.

d. Le quatrième cycle se tint à Genève en 1956.

e. The Dillon Round, Geneva, 1960-62

e. Le Dillon Round, Genève, 1960-62

Forty-five countries *attended* the Dillon Round.

Quarante-cinq pays *assistèrent* au Dillon Round.

to attend a meeting	*assister à une réunion*
to attend a lecture	*assister à une conférence*
to attend a conference	*assister à un congrès*

By the time they reached their fifth tariff negotiations, *GATT signatories* decided to give the talks a name.
The negotiations launched in Geneva on 1 September 1960 were to become known as the Dillon Round, after C. Douglas Dillon, US under-secretary of state under President Eisenhower, and Treasury Secretary under President Kennedy (who took office during the round in January 1961). By then *the European Community* had been set up and was beginning to match the United States' economic clout. (5)

Quand ils parvinrent aux cinquièmes négociations tarifaires, *les signataires du GATT* décidèrent de donner un nom à ces pourparlers.
Les négociations lancées à Genève le 1er septembre 1960 devaient se faire connaître sous le nom de Dillon Round, du nom de C. Douglas Dillon, sous-secrétaire d'Etat américain sous le Président Eisenhower, et ministre des finances sous le Président Kennedy (qui prit ses fonctions pendant le cycle en janvier 1961). A ce moment-là, *la Communauté Européenne* avait déjà été établie et commençait à égaler l'influence économique des Etats-Unis.

GATT signatories	*les signataires du GATT*
to launch negotiations	*lancer des négociations*
Treasury secretary (US) *Chancellor of the Exchequer (UK)*	*ministre (de l'Economie et) des Finances*

2. The Kennedy Round, Geneva, 1964-1967

GATT trade rounds were getting longer and more complicated. In the sixth, the Kennedy Round, participation surged to more than 60 countries - 66 nations *attended the opening ceremony* on 4 May 1964 in Geneva. (5)

The subjects discussed also expanded, from the traditional *tariff cuts* to new trade rules such as those on the use of *anti-dumping measures*.

2. Le Kennedy Round, Genève, 1964-1967

Les cycles commerciaux du GATT devenaient plus longs et plus complexes. Dans le sixième, le Kennedy Round, la participation grimpa à plus de 60 pays - 66 nations *assistèrent à la cérémonie d'ouverture* le 4 mai 1964 à Genève.

Les sujets débattus s'étendirent aussi, des *réductions tarifaires* traditionnelles aux nouvelles règles commerciales telles que celles régissant

The Kennedy Round was named after the US president who had died the previous year. This was partly in his memory and partly because President Kennedy had secured the 1962 *US Trade Expansion Act* which authorized the US government to negotiate tariff cuts of up to 50%, a key factor allowing the talks to take place. (5)

l'emploi de *mesures anti-dumping*. Le Kennedy Round fut nommé ainsi en souvenir du président des Etats-Unis qui était mort l'année précédente. Ce fut en partie à sa mémoire et en partie parce que le Président Kennedy avait obtenu la *Loi américaine sur l'Expansion du Commerce* de 1962 qui autorisait l'Etat américain à négocier des réductions tarifaires s'élevant jusqu'à 50%, un élément capital permettant la tenue des négociations.

tariff cuts	*réductions tarifaires*
the 1962 US Trade Expansion Act	*la Loi Américaine sur l'Expansion du Commerce de 1962*
key (en nom composé) *e.g. key word* *key decision*	*capital, décisif, déterminant* *ex. : mot clé* *décision déterminante*

Most of GATT's *early trade rounds* were *devoted to* continuing the process of reducing tariffs. The results of the Kennedy Round in the mid-sixties, however, included a new GATT Anti-Dumping Agreement. The Tokyo Round during the seventies was a more *sweeping* attempt to extend and improve the system. (5)

La plupart des *premiers cycles commerciaux* du GATT furent *consacrés à* la poursuite du processus de réduction des tarifs douaniers. Toutefois, au milieu des années soixante, les résultats du Kennedy Round incluent un nouvel Accord Anti-Dumping du GATT. Au cours des années soixante-dix, le Tokyo Round fut une tentative plus *généralisée* d'extension et d'amélioration du système.

early trade rounds	*premiers cycles commerciaux/du commerce*
late trade rounds	*derniers cycles commerciaux/du commerce*
devoted to (see *dedicated* p.107)	*consacré à*
sweeping	*radical, fondamental, considérable*
sweeping change	*changement/modification fondamental(e)*
sweeping generalization	*généralisation abusive*

New GATT negotiations, known s the Kennedy Round, got under way soon after passage of the Trade Expansion Act, but they were not completed until 1967. (13)	Les nouvelles négociations du GATT, connues sous le nom de Kennedy Round, débutèrent peu après le vote de la Loi sur l'Expansion du Commerce, mais elles ne furent pas achevées avant 1967.
passage (of a bill)	*vote (d'un projet de loi)*
Disputes about the *tariff-cutting process* itself were resolved by agreeing that countries could submit exceptions lists showing which tariffs they would not reduce by the full 50 percent adopted as the target for the Kennedy Round, and most of the *subsequent bargaining* focused on those lists. (13)	Les différends au sujet du *processus de réduction tarifaire* lui-même furent résolus en convenant que les pays pouvaient soumettre des listes d'exceptions indiquant les tarifs qu'ils ne souhaitaient pas réduire des 50 pour cent adoptés comme objectif du Kennedy Round, et ces listes furent l'objet de l'essentiel des *négociations ultérieures*.
to resolve a dispute	*résoudre un différend*
tariff-cutting process	*processus de réduction tarifaire*
Disputes about agricultural issues were harder to resolve. The Europeans had just adopted the *CAP* and were not ready to change it. The United States wanted to keep its share of Europe's *grain market*. (13)	Les différends sur des questions agricoles furent plus difficiles à résoudre. Les Européens venaient d'adopter la *PAC* et n'étaient pas prêts à la modifier. Les Etats-Unis voulaient garder leur part du *marché des céréales* en Europe.
CAP *Common Agricultural Policy*	*PAC* *Politique Agricole Commune*
market share	*part de marché*
grains *grain market* *grain prices*	*céréales* *marché des céréales* *prix des céréales*
In the end, the Kennedy Round was quite successful in cutting tariffs on *manufactured products*. Two-thirds of the cuts were as large as 50 percent and covered the major indus-	En fin de compte, le Kennedy Round réussit bien à réduire les tarifs douaniers sur les *produits manufacturés*. Les deux tiers des réductions s'élevèrent jusqu'à 50 pour cent et

trial countries. Average tariffs on *manufactures* fell by about 33 percent (because the *exceptions lists* kept the average cut from reaching 50 percent). But many trade problems had still to be faced, and *protectionist pressures* were building up again. (13)

couvrirent les grands pays industriels. Les tarifs moyens sur les produits manufacturés baissèrent d'environ 33 pour cent (car la réduction moyenne ne put atteindre 50 pour cent du fait des *listes d'exception*). Mais de nombreux problèmes commerciaux devaient encore être assumés, et des *pressions protectionnistes* s'accumulaient à nouveau.

manufactured goods/products *manufactures*	*produits manufacturés*
to keep so/sth from doing sth	*empêcher qun/qch de faire qch*
to build up (i. v.)	*s'accumuler, augmenter*
major (adj) *major industrial countries* *major nuclear powers*	*grand, principal* *les grands pays industriels* *les grandes puissances nucléaires*

3. The Tokyo Round, 1973-79

The seventh round was launched at a ministerial meeting in Tokyo, 12-14 September 1973. After the inauguration, *the hard bargaining* returned to Geneva. Participation swelled again to 102 countries. (5)

3. Le Cycle de Tokyo, 1973-79

Le septième round fut lancé lors d'une réunion ministérielle à Tokyo, du 12 au 14 septembre 1973. Après l'ouverture officielle, *les négociations sérieuses* retournèrent à Genève. La participation grossit à nouveau pour atteindre 102 pays.

the inauguration of the Tokyo Round	*l'ouverture officielle du Tokyo Round*
to swell (i.v.) *it swelled the membership to 102*	*grossir, enfler* *cela a porté à 102 le nombre des membres*

Les négociations portèrent sur les réductions tarifaires :

Conducted between 1973 and 1979 and with 102 *participating countries*, the Tokyo Round continued GATT's efforts to progressively reduce tariffs. The results included an average one-third cut in customs

Mené entre 1973 et 1979 et avec 102 *pays participants*, le Tokyo Round poursuivit les efforts du GATT pour réduire progressivement les tarifs douaniers. Les résultats inclurent une baisse moyenne d'un tiers des

duties in the world's nine major industrial markets, bringing the average tariff on *manufactured products* down to 4.7 per cent compared with about 40 per cent at the time of GATT's creation. The tariff reductions, *phased in* over a period of eight years, involved an element of harmonization, bringing the highest tariffs down proportionately more than the lowest. (5)

droits de douane sur les neuf principaux marchés industriels mondiaux, abaissant le tarif douanier moyen sur les *produits manufacturés* à 4,7 % au lieu d'environ 40 % au moment de la création du GATT. Les réductions tarifaires, *introduites progressivement* sur une période de huit ans, comportaient un facteur d'harmonisation, diminuant proportionnellement davantage les tarifs douaniers les plus élevés que les moins élevés.

to conduct negotiations	*mener des négociations*
participating countries	*pays participants*
a cut in customs duties	*une baisse/réduction des droits de douane*
to cut, to bring down, tariffs	*réduire les tarifs douaniers*
to phase sth in	*introduire qch progressivement*
to phase sth out	*supprimer qch progressivement*

Elsewhere, the Tokyo Round had mixed results. It failed to come to grips with the fundamental problems affecting *farm trade* and also stopped short of providing a new agreement on "safeguards" (emergency import measures).(5)

Ailleurs, le Tokyo Round eut des résultats mitigés. Il ne réussit pas à s'attaquer aux problèmes fondamentaux concernant le *commerce agricole* et ne parvint pas non plus à fournir un nouvel accord sur les "sauvegardes" (mesures d'importation d'urgence)

farm trade	*commerce agricole*
safeguard	*sauvegarde*
to stop short of doing sth	*ne pas aller jusqu'à faire qch* *ne pas parvenir à faire qch*

safeguard measures. Action taken to protect a specific industry from an unexpected *build-up* of imports - *governed* by Article XIX of the GATT 1994. (5)

mesures de sauvegarde. Mesures prises pour protéger une industrie spécifique d'une *intensification* inattendue des importations - *régies* par l'Article XIX du GATT 1994.

to take action to do sth *to take measures to do sth*	*prendre des mesures pour faire qch*
build-up	*intensification, augmentation, renforcement*

A series of agreements were reached on various non-tariff barriers, but they were only signed by some participants - they became known as the Tokyo Round "codes". (5)

Une série d'accords furent atteints sur diverses barrières non-tarifaires, mais ils ne furent signés que par certains participants - ils se firent connaître sous le nom de "codes" du Tokyo Round.

Tokyo Round non-tariff barriers codes	*codes sur les barrières non tarifaires du Tokyo Round*
to reach an agreement	*arriver/aboutir/parvenir à un accord*

Cinq accords ou codes on été conclus sur les points suivants :

- *Subsidies* and *countervailing measures* - interpreting Articles VI, XVI and XXIII of the General Agreement.

- *Subventions* et *mesures compensatoires* - interprétation des Articles VI, XVI et XXIII de l'Accord Général.

countervailing	*compensateur/compensatrice, compensatoire*
countervailing duties	*droits compensatoires*

- Technical barriers to trade - sometimes called the Standards Code.

- Obstacles techniques au commerce, parfois appelés "Code Normes".

- Import licensing procedures.

- Procédures d'attribution des licences d'importation.

- Government procurement.

- Marchés publics.

- Customs valuation - interpreting Article VII.

- Valeur en douane ; interprétation de l'Article VII.

A ces cinq accords, s'ajoute un texte révisant le code antidumping de 1968 :

- Anti-dumping - interpreting Article VI and replacing the Kennedy Round Anti-Dumping Code.

- Anti-dumping ; interprétation de l'Article VI et remplacement du Code Anti-Dumping du Kennedy Round.

- Bovine Meat Arrangement.

- Accord sur la viande de boeuf.

- International Dairy Arrangement. - Accord international sur les produits laitiers.

- Trade in Civil Aircraft. - Commerce des aéronefs civils. Commerce de l'aéronautique civile.

Au cours de ce cycle de négociations, fut également observé

an effort to give "special and differential" treatment to exports from developing countries. (13)

un effort pour accorder un traitement "spécial et différencié" aux exportations des pays en développement.

4. The Uruguay Round

4. Le Cycle d'Uruguay

Cent onze pays y participèrent.

The eighth round of global trade negotiations carried out under the GATT began in 1986, with a meeting at the coastal resort of Punta del Este, Uruguay (hence the name *Uruguay Round*). (14)

Le huitième cycle de négociations commerciales mondiales mené dans le cadre du GATT a commencé en 1986, avec une réunion dans la station côtière de Punta del Este, en Uruguay (d'où le nom *Cycle d'Uruguay*).

to carry out negotiations — *mener des négociations*

Plus précisément, il s'agissait de

Multilateral trade negotiations *launched* at Punta del Este, Uruguay in September 1986 and *concluded* in Geneva in December 1993. Signed by ministers in Marrakesh, Morocco, in April 1994. (5)

Négociations commerciales multilatérales *lancées* à Punta del Este, en Uruguay, en septembre 1986 et *conclues* à Genève en décembre 1993. Signées par les ministres à Marrakech, au Maroc, en avril 1994.

to launch a new round of negotiations — *lancer un nouveau cycle de négociations*
to conclude negotiations — *conclure des négociations*

Quels furent les objectifs de l'Uruguay Round ?

It sought to liberalize *trade in farm products*, devise an appropriate trade policy regime for financial and other services, improve the GATT codes on government procurement, dumping, and subsidies, and

Il s'efforça de libéraliser *le commerce des produits agricoles*, concevoir une forme de politique commerciale adaptée aux services financiers et autres, améliorer les codes du GATT sur les marchés publics, le

strengthen the GATT rules for settling disputes, so as to avoid the need for acting unilaterally under Section 301. (15)

dumping et les subventions, et renforcer les règles du GATT sur le règlement des différends, pour ne pas avoir à recourir à une procédure unilatérale dans le cadre de la Section 301.

farm products	*produits agricoles*
trade in farm products	*le commerce des produits agricoles* (voir p.127)

a. Section 301

a. La Section 301

Dans le cadre de la loi sur le commerce des Etats Unis, US Trade Act, de 1984,

Section 301 gives the US president broad authority *to retaliate* against unfair foreign trade practices.

la Section 301 donne au Président des Etats-Unis large autorité pour *exercer des représailles* contre les pratiques déloyales de commerce extérieur.

unfair trade practices	*pratiques commerciales déloyales*
to retaliate (i.v.)	*exercer des représailles*

Si le texte de 1984 prévoyait une action discrétionnaire du président des Etats Unis, la section super 301, adoptée en 1988, lui conférait un caractère automatique (16).

Une section 301 spéciale concernait les droits de propriété.

[Congress] also adopted an agreement on intellectual property to fortify *patent and copyright protection* and prohibit the unauthorized use of well-known *brand names*. (17)

Le Congrès adopta également un accord sur la propriété intellectuelle pour renforcer la *protection des brevets et des droits d'auteur* et interdire l'usage non autorisé de *marques* connues.

patent	*brevet*
copyright	*droit d'auteur*
brand name	*marque (de fabrique)*

Suivant l'ordre ci-dessus de présentation des objectifs de l'Uruguay Round, nous évoquerons plus précisément l'agriculture, les services, les codes et la propriété intellectuelle.

b. Agriculture

The crowning achievement of the Uruguay Round was in agriculture, a sector previously not covered by the GATT [...] where the agreement calls for reforms and *import restrictions* over six years. Quotas will be converted into equivalent tariffs and reduced by one third. (18)

b. L'agriculture

La réussite suprême de l'Uruguay Round fut dans le domaine de l'agriculture, secteur jusque là non couvert par le GATT où l'accord prévoit des réformes et des *restrictions des importations* sur six ans. Les quotas seront transformés en tarifs douaniers équivalents et réduits d'un tiers.

import restrictions	*restrictions/limitations des importations* *contrôle des importations*
autre exemple d'emploi de "restrictions" : *credit restrictions*	*encadrement du crédit*
to call for sth	*demander, exiger, qch*
the agreement calls for a reform	*l'accord prévoit une réforme*
to reduce a tariff by one third	*réduire un tarif douanier d'un tiers*

The Uruguay Round achieved a number of important successes in the agricultural sector : inclusion of agricultural trade in the WTO framework, *a shift from* nontransparent nontariff barriers *to* transparent tariff barriers, and *curbing* (but not eliminating) of *export subsidies* and codification of domestic agricultural programs. (19)

L'Uruguay Round obtint un certain nombre de succès notables dans le secteur agricole : inclusion du commerce agricole dans le cadre de l'OMC, *passage de* barrières non tarifaires opaques *à* des barrières tarifaires transparentes, et *restriction* (mais non élimination) des *subventions à l'exportation* et codification des programmes agricoles nationaux.

export subsidies	*subventions à l'exportation*
a shift from ... to ...	*le passage de ... à ...*

«Quotas will be converted into equivalent tariffs» et «a shift from nontransparent nontariff barriers to transparent tariff barriers» : ces extraits des deux citations ci-dessus font référence à la tarification.

Tariffication : procedures relating to the *agricultural market-access*

Tarification : procédures relatives à la *fourniture d'accès aux marchés provision* in which all *non-tariff measures* are converted into tariffs.

agricoles dans lesquelles toutes les *mesures non tarifaires* sont transformées en tarifs douaniers.

agricultural market-access provision	*fourniture d'accès aux marchés agricoles*
non-tariff measures	*mesures non tarifaires*

c. Trade in services

c. Le commerce des services

For the first time in GATT history, a *framework* covering trade in services was created, a step that was long overdue since trade in services equals approximately 30 percent of *merchandise trade* at the present time and is growing rapidly. (20)

Pour la première fois de l'histoire du GATT, fut créé un *cadre* couvrant le commerce des services, mesure qui aurait déjà dû être prise puisque le commerce des services est actuellement égal à quelques 30 pour cent du *commerce des marchandises* et connaît une croissance rapide.

merchandise trade	*commerce des marchandises*
step *this step is long overdue*	*mesure; étape* *cette mesure aurait du être prise depuis longtemps*

GATS, General Agreement on Trade in Services

AGCS, Accord Général sur le Commerce des Services

The General Agreement on Trade in Services (GATS) provides an initial framework for the liberalization of trade in services. There are three elements to the agreement: a set of general obligations that apply to all services, the key obligation being Most Favoured Nation treatment; *sectoral annexes* showing how the rules apply to specific sectors; and *market access commitments* on a sector and country basis. (21)

L'Accord Général sur le Commerce des Services (AGCS) fournit un cadre de départ pour la libéralisation du commerce des services. Il y a trois éléments dans l'accord: une série d'obligations générales qui s'appliquent à tous les services, l'obligation essentielle étant le traitement de la Nation la Plus Favorisée; des *annexes sectorielles* montrant comment la règlementation s'applique à des secteurs spécifiques; et des *engagements d'accés aux marchés* par secteur et par pays.

most favoured nation treatment (see pp.95-6 MFN clause)	*traitement de la nation la plus favorisée* (cf pp.95-6 clause NPF)

on a sector and country basis	*par secteur et par pays*
on a ...basis	*en fonction de ...*
(see p.107)	

The GATS embodies two basic principles. The first is the *most-favoured-nation clause,* which rules out discrimination between trading partners. The second is the principle of *national treatment,* which rules out discrimination between foreigners and residents. (22)

Le GATS représente deux principes fondamentaux. Le premier est la *clause de la nation la plus favorisée,* qui interdit la discrimination entre partenaires commerciaux. Le second est le principe de *traitement national,* qui interdit la discrimination entre étrangers et résidents.

national treatment	*traitement national*
to rule sth out	*exclure/interdire, qch*

d. Codes

d. Les codes

Ce sont les codes sur les barrières non-tarifaires du Tokyo Round (cf. p.87).

Several of [these] Codes were *amended* and extended in the Uruguay Round. Those on subsidies and countervailing measures, technical barriers to trade, import licensing, customs valuation and anti-dumping, are now *multilateral commitments* within the WTO Agreement - in other words, all WTO members are committed to them - while those on government procurement, bovine meat, dairy products and civil aircraft remain "plurilateral" agreements. (5)

Plusieurs de ces Codes ont été *amendés* et élargis pendant l'Uruguay Round. Ceux portant sur les subventions et les mesures compensatoires, les barrières commerciales techniques, les licenses d'importation, la valeur en douane et l'anti-dumping, sont maintenant des *engagements multilatéraux* inclus dans l'Accord de l'OMC - en d'autres termes, tous les membres de l'OMC doivent les respecter - tandis que ceux qui portent sur les marchés publics, la viande bovine, les produits laitiers et les aéronefs civils demeurent des accords "plurilatéraux".

Le terme "plurilateral" signifie

with voluntary membership	à participation volontaire.
multilateral commitment	*engagement multilatéral*
to meet one's commitments	*remplir ses engagements*

to amend (a law, a treaty)	*amender (une loi, un traité)*
to amend (a contract, a document)	*modifier (un contrat, un document)*

Note sur l'utilisation de "aircraft" et "aéronefs" : ce sont les termes employés dans les textes administratifs, en particulier en comptabilité économique dans les nomenclatures; en langue courante, "aircraft" se traduira simplement par "avion(s)".

L'OMC emploie l'adjectif "plurilatéral" lorsque les accords n'ont pas été signés par tous ses membres.

Nous aborderons plus précisément les mesures compensatoires et le dumping.

Countervailing measures

action taken by the importing country, usually in the form of increased duties *to offset* subsidies given to producers or exporters in the exporting country. (23)

Firms can gain a *competitive advantage* if their production is *subsidized* by the government. Due to a *subsidy*, a foreign firm may become the low-cost producer and *grab* a large share of the domestic market. A *countervailing duty* is a tariff that offsets the foreign subsidy. (24)

Mesures compensatoires :

mesures prises par le pays importateur, généralement sous forme d'une augmentation des droits visant à *compenser* des subventions accordées à des producteurs ou des exportateurs dans le pays exportateur.

Si leur production est *subventionnée* par l'Etat, les firmes peuvent en tirer un *avantage concurrentiel*. Du fait d'une *subvention*, une firme étrangère peut produire à faibles coûts et *accaparer* une part importante du marché intérieur. Un *droit compensatoire* est un tarif douanier qui compense la subvention étrangère.

competitive advantage	*avantage concurrentiel*
to subsidize (agriculture, a project)	*subventionner (l'agriculture, un projet)*
to grab sth	*saisir, accaparer, qch*

Thus far, the United States is the most extensive user of *countervailing duties*. Few other governments have applied countervailing duties, and have done so only in rare cases. (25)

Jusqu'ici, les Etats-Unis ont été les plus grands utilisateurs de *droits compensatoires*. Peu d'autres Etats en ont appliqué, et seulement à de rares occasions.

Dumping	**Le dumping**
Dumping involves selling an item below full costs or selling a good at one price in one market and at a lower price in another. Dumping, therefore, is one form of *price discrimination,* and it is most apt to occur when markets are *segmented,* that is, when what happens in one market only partially influences what takes place in another. (24)	Le *dumping* implique la vente d'un article au-dessous du prix de revient ou la vente d'un bien à un prix sur un marché et à un prix inférieur sur un autre. Le dumping est donc une forme de *discrimination par les prix,* susceptible de se produire surtout lorsque les marchés sont *segmentés,* c'est-à-dire, lorsque ce qui arrive sur un marché n'influence que partiellement ce qui se passe sur un autre.
dumped goods	*biens vendus au-dessous de leur prix de revient*
price discrimination	*discrimination par les prix*
Dumping is selling below costs. *Antidumping duties* attempt to offset such practices by imposing a tariff on goods that allegedly have been dumped. (26)	Faire du dumping, c'est vendre au-dessous du prix de revient. Les *droits anti-dumping* tentent de compenser de telles pratiques en taxant les biens qui sont réputés avoir été vendus en dumping.
antidumping duties	*droits antidumping*
to impose a tax on sth	*imposer/taxer qch*
Sporadic dumping occurs when a nation sells below costs in *foreign markets* at periodic intervals. (26)	Le *dumping sporadique* se produit quand une nation vend au-dessous du prix de revient sur les *marchés extérieurs* à intervalles périodiques.
foreign markets	*marchés extérieurs*
Dumping is often viewed as a *predatory practice.* (27)	Le dumping est souvent considéré comme une *pratique prédatrice.*
predatory practice	*pratique prédatrice*

Cela peut aussi constituer une stratégie :

A *predatory dumper* sells a product below costs and drives competitors out of a market. Freed from the constraints of competition, the dumper	Un *adepte du dumping prédateur* vend un produit au-dessous du prix de revient et pousse ses concurrents hors du marché. Libéré des contrain-

then raises the price of the product and rakes in a hefty profit. (26)	tes de la concurrence, il augmente alors le prix du produit et retire un gros bénéfice.
to sell sth below cost	*vendre qch au-dessous du prix de revient*
to rake in a lot of money *(a rake = un râteau)*	*amasser beaucoup d'argent*
to rake in a hefty profit	*retirer un gros bénéfice*
a hefty sum	*une grosse somme*

Nous signalerons d'autres acceptions du terme "dumping" dans le chapitre 7 concernant l'environnement (p.192).

e. Intellectual property / **e. La propriété intellectuelle**

TRIPS, *Trade-Related Aspects of Intellectual Property Rights*	ADPIC, *Accord sur les Droits de Propriété Intellectuelle liés au Commerce*

Par

intellectual property rights	*droits de propriété intellectuelle*

on entend :

Ownership of ideas, including literary or artistic works (protected by *copyright*), inventions (protected by *patents*), signs for distinguishing goods of an enterprise (protected by *trademarks*) and other elements of industrial property. (5)	La propriété des idées, ce qui comprend les oeuvres littéraires ou artistiques (protégées par des *droits d'auteur*), les inventions (protégées par des *brevets*), les signes distinctifs des produits d'une entreprise (protégés par des *marques de fabrique*) et autres éléments de propriété industrielle.
patent right	*droit exclusif d'exploitation*
trademark	*marque de fabrique*
registered trademark	*marque déposée*
The Uruguay Round talks reached an extensive agreement on *intellectual property rights* including payments for licensing *patents* and rules protecting *copyrights* on items	Les négociations de l'Uruguay Round sont parvenues à un accord général sur les *droits de propriété intellectuelle* incluant les règlements d'enregistrement de *brevets* et les règles

such as microchip designs, computer software, and pharmaceuticals. (20)

protégeant les *droits d'auteur* sur des articles tels que la conception de puces, les logiciels d'ordinateurs et les produits pharmaceutiques.

The *rationale* for protecting intellectual property rights is straightforward. The *upfront costs* of making a recording and the research costs of inventing a new drug are far more expensive than the subsequent costs of printing a CD or producing and putting some pills into a bottle. (28)

La *logique* de la protection des droits de propriété intellectuelle est simple. Les *coûts initiaux* d'un enregistrement et les frais de recherche pour inventer un nouveau médicament sont beaucoup plus élevés que les coûts ultérieurs d'impression d'un CD ou de production de quelques pilules et leur conditionnement en flacons.

upfront costs *set-up costs*	*coûts initiaux*

Under the provisions of the Uruguay Round, WTO members are obliged to grant and enforce patents for 20 years and copyrights for 50 years. Rich countries were to start enforcing intellectual property rights within the year. Poorer countries were given a *grace period* of 5 years and the poorest countries a grace period of 10 years. (28)

Selon les dispositions de l'Uruguay Round, les membres de l'OMC sont obligés d'accorder et de faire respecter les brevets pendant 20 ans et les droits d'auteur pendant 50 ans. Les pays riches devaient commencer à faire valoir les droits de propriété intellectuelle dans l'année. Aux pays pauvres était accordé un *délai de grâce* de 5 ans, et aux pays les plus pauvres un délai de grâce de 10 ans.

under the provisions of the law/the contract/the agreement	*aux termes de la loi/du contrat/de l'accord* (cf.p.95)
to grant preferential treatment	*accorder un traitement préférentiel*
to enforce a law *to enforce a patent* *to enforce a right*	*appliquer/faire respecter une loi* *faire respecter un brevet* *faire respecter un droit*
grace period	*délai de grâce,* *délai supplémentaire*

f. Mid-term Review stage

By 1988, the negotiations had reached the stage of a "Mid-term Review". This took the form of a *Ministerial Meeting* in Montreal, Canada, and led to the elaboration of the *negotiating mandate* for the second stage of the Round. Ministers agreed a package of early results which included some concessions on *market access for tropical products* - aimed to assist developing countries - as well as a *streamlined* dispute settlement system and the *Trade Policy Review Mechanism* which provided for the first comprehensive, systematic and regular reviews of national trade policies and practices of GATT members.
(5)

f. Etape de Révision à mi-parcours

En 1988, les négociations avaient atteint le stade de la "Révision de mi-parcours". Celle-ci prit la forme d'une *Réunion Ministérielle* à Montréal, au Canada, et conduisit à l'élaboration du *mandat de négociation* pour la deuxième étape du Round. Les ministres convinrent d'un ensemble de premiers résultats qui incluaient certaines concessions sur *l'accès des produits tropicaux, au marché* visant à aider les pays en développement, ainsi qu'un système de réglement des différends *rationalisé* et le *Mécanisme de Révision de la Politique Commerciale* qui prévoyait les premières révisions régulières, systématiques et complètes des politiques et pratiques commerciales nationales des membres du GATT.

market access for tropical products	*accès des produits tropicaux au marché*
Trade Policy Review Mechanism, TPRM	*Mécanisme de Révision de la Politique Commerciale*
streamlined	*rationalisé, simplifié*
to provide for sth *the law provides that...*	*prévoir, stipuler qch* *la loi stipule que ...*

g. Uruguay round outcome

g. Résultat de l'Uruguay Round

Le 8ème et dernier cycle du GATT formula un nouveau texte révisant la réglementation commerciale,

requiring almost all of this new text to be accepted by all adherents. This was the so-called "single package" approach. (29)

exigeant que la presque totalité de ce nouveau texte soit acceptée par tous les membres. C'est ce que l'on appela la méthode de "l'engagement unique".

L'OMC entend "single package" comme équivalent à "single understanding", et donc "engagement unique".

Ce principe est explicité par la citation suivante :

The Uruguay Round was supposed to end by 1990, and the US Congress had agreed to treat the new agreement *as a package*, under a *fast track procedure* that ruled out amendments, because amendments might upset the bargain struck by the negotiators. (30)

L'Uruguay Round était censé se terminer en 1990, et le Congrès américain avait convenu de traiter le nouvel accord *comme un tout*, suivant une *procédure accélérée* qui excluait les amendements car ceux-ci pourraient perturber le marché conclu par les négociateurs.

to treat sth as a package	*traiter qch comme un tout*
to strike a bargain	*conclure un marché*
fast track procédure *fast track*	*procédure accélérée*

Le terme **"fast track"** appartient désormais au passé. Il a en effet été remplacé par "trade promotion authority", comme le précise l'extrait suivant d'un article de *The Economist* (31) qui s'interroge, en juin 2001, sur les intentions du Président américain George Bush et ses engagements vis-à-vis du libre-échange :

Will Mr Bush persuade Congress to grant him "trade promotion authority" (TPA) ? Mr Bush has said that he would like Congress to pass TPA by the end of this year. This power, which used to be known as "fast track", allows the president to negotiate trade agreements, leaving *lawmakers* the option only of voting for or against the final result. This sounds like *a technicality*. But, without it, foreign governments have been reluctant to negotiate with America, since any agreement they reach could be dramatically amended by congressmen. (31)

M. Bush convaincra-t-il le Congrès de lui accorder l'autorité de promotion du commerce (APC) ?
M. Bush a dit qu'il aimerait que le Congrès vote l'APC avant la fin de l'année. Ce pouvoir, que l'on connaissait auparavant sous le nom de "procédure accélérée", permet au président de négocier des accords commerciaux, laissant aux *législateurs* la seule option de voter pour ou contre le résultat final. Cela a l'air d'*un détail technique*. Mais, à défaut, des Etats étrangers ont, par le passé, été peu enclins à négocier avec l'Amérique, car tout accord auquel ils

parvenaient pouvait être sensiblement amendé par les membres du Congrès.

to amend an agreement	*amender un accord* *modifier un accord*
to be reluctant to do sth	*être peu enclin à faire qch* *être peu disposé à faire qch*

As the *deadline* approached, however, the Uruguay Round came to a halt, blocked by disagreements about *trade in farm products.* (30)

Toutefois, alors que la *date limite* approchait, l'Uruguay Round fut interrompu, bloqué par des désaccords sur le *commerce des produits agricoles.*

trade in farm products	*commerce des produits agricoles* (cf. p.116)
deadline	*date limite, date butoir*
to come to a halt	*s'arrêter, être interrompu*

The *deadlock* lasted for three years, until the end of 1993, when *bilateral talks* between the US end the EU led to a compromise, and Japan agreed to replace its *ban on rice imports* with an import tariff and to reduce the tariff thereafter. (30)

Le *blocage* dura trois ans, jusqu'à la fin de 1993, date à laquelle des *pourparlers bilatéraux* entre les Etats-Unis et l'Union Européenne aboutirent à un compromis, et le Japon accepta de substituer un tarif à l'importation à son *interdiction des importations de riz* et de réduire ce tarif par la suite.

deadlock *deadlocked*	*blocage, impasse* *dans l'impasse*
bilateral talks	*pourparlers bilatéraux,* *négociations bilatérales*
to lead to a compromise	*aboutir à un compromis*
a ban on sth	*une interdiction de qch, un embargo sur qch*
to ban sth	*interdire qch* (cf.p.137)
to replace X with Y	*remplacer X par Y, substituer Y à X*

By that time, moreover, *tentative agreements* had been reached on

De plus, à ce moment-là, des *accords provisoires* avaient été atteints sur

most other issues, and the Uruguay Round was concluded in 1994. (30)

la plupart des autres questions et l'Uruguay Round fut conclu en 1994.

tentative agreement — *accord provisoire* (cf. p.105)
tentative hypothesis — *hypothèse provisoire*
tentative conclusion — *conclusion provisoire*

h. From the Uruguay Round to the WTO

h. Du Cycle de l'Uruguay à l'OMC

By most standards, the Uruguay Round's most significant achievement was the formation of the WTO.(32)

Pour la plupart des observateurs, la plus grande réussite du cycle de l'Uruguay a été la formation de l'OMC.

by any standards — *à tout point de vue*
by today's standards — *selon les critères actuels*

The desire to create a *global trade body* has been around as long as the GATT rules themselves. (32)

Le désir de créer un *organisme commercial mondial* est aussi ancien que les règles du GATT elles-mêmes.

body — *organisme; commission, organe*

En 1995, dans *The American Journal of International Law*, Jennifer Schultz note que

The WTO structure facilitates the extension of the institutional capacity of the GATT and will allow it to take on the new responsibilities negotiated in the Uruguay Round, in particular as regards services and intellectual property. (33)

La structure de l'OMC facilite l'extension de la capacité institutionnelle du GATT et lui permettra d'assumer les nouvelles responsabilités négociées dans le Cycle de l'Uruguay, en particulier en ce qui concerne les services et la propriété intellectuelle.

The WTO is the *embodiment* of the Uruguay Round results and the successor to the GATT.
(34)

L'OMC est l'*incarnation* des résultats du Cycle de l'Uruguay et le successeur du GATT.

embodiment — *incarnation*
to embody (t.v.) — *représenter, incarner*

the successor to so/sth — *le successeur de qun/qch*

III. The World Trade Organization (WTO)

III. L'Organisation Mondiale du Commerce (OMC)

The WTO's *founding charter*, the Marrakesh Agreement Establishing the World Trade Organization, was signed in April 1994. (5)

La *charte fondatrice* de l'OMC, l'Accord de Marrakech Instituant l'Organisation Mondiale du Commerce, fut signée en avril 1994.

the founding charter — *la charte fondatrice*

Marrakesh agreement — *accord de Marrakech*

En octobre 1998, on pouvait lire dans *The Economist* :

The WTO is an increasingly popular club : its membership now stands at 132 with another 30-odd, including China and Russia, in the queue to join. (35)

L'OMC est un club de plus en plus populaire : ses effectifs s'élèvent maintenant à 132, une trentaine de pays supplémentaires, dont la Chine et la Russie, attendant d'y entrer.

membership — *effectifs, nombre d'adhérents, adhésion*

to apply for membership — *faire une demande d'adhésion*

prospective members — *membres potentiels*
prospective entrants — *entrants potentiels*

to join the WTO — *devenir membre de, adhérer à,* l'OMC

to join the army — *s'engager dans l'armée*
to join a union — *se syndiquer*

Les effectifs augmentent rapidement :

The Seattle Ministerial Conference hosted 134 *member countries* and 34 observer nations in November 1999.

La Conférence Ministérielle de Seattle a accueilli 134 *pays membres* et 34 observateurs en novembre 1999.

a member country — *un pays membre*

an observer — *un observateur*

Lithuania, on 31 May 2001, *officially joined the WTO*, raising the organization's *membership* to 141. (5)

Le 31 mai 2001, la Lituanie *a officiellement adhéré à l'OMC*, portant le *nombre de membres* de l'organisation à 141.

WTO membership : 142 countries (as of 26 July 2001) (5)

Nombre de membres de l'OMC : 142 pays (au 26 juillet 2001)

A. How to join the WTO

A. Comment adhérer à l'OMC

In the first stage of the *accession procedures* the *applicant government* is required to provide the WTO with a memorandum covering all aspects of its trade and economic policies having a bearing on WTO agreements. (5)

Dans la première étape des *procédures d'adhésion*, l'*Etat postulant* doit fournir à l'OMC un mémorandum couvrant tous les aspects de ses politiques économique et commerciale ayant un rapport avec les accords de l'OMC.

accession procedure — *procédure d'adhésion*

applicant government — *Etat postulant/demandeur*

This memorandum becomes the basis for detailed examination of the *accession request* in a *working party*.(5)

Ce mémorandum devient la base de l'examen détaillé de la *demande d'adhésion* par un *groupe de travail*.

accession request — *demande d'adhésion*

working party — *groupe de travail, groupe de réflexion, commission d'enquête*

En outre,

the *applicant government* engages in bilateral negotiations with interested member governments to establish its concessions and commitments on goods and its commitments on services.(5)

l'*Etat postulant* engage des négociations bilatérales avec les Etats membres intéressés pour fixer ses concessions et engagements sur les biens et ses engagements sur les services.

commitments — *engagements*

to live up to one's WTO commitments — *respecter ses engagements auprès de l'OMC*

Once both the examination of the applicant's trade regime and market access negotiations are complete, the working party draws up basic terms of accession. (5)

Une fois terminés l'examen du système d'échanges du postulant et les négociations d'accès aux marchés, le groupe de travail établit les principales conditions d'adhésion.

trade regime (see *tariff-only regime* p.136) — *système d'échanges, régime commercial*

terms of accession	*conditions d'adhésion*
Finally the results of the working party's deliberations contained in its report, a *draft protocol of accession*, and the agreed *schedules* resulting from the bilateral negotiations are presented to the General Council or the Ministerial Conference for adoption.(5)	Enfin les résultats des délibérations du groupe de travail intégrés dans son rapport, un *projet de protocole d'adhésion* et les *calendriers* convenus résultant des négociations bilatérales sont présentés au Conseil Général ou à la Conférence Ministérielle en vue d'adoption.
a draft protocol of accession	*un projet de protocole d'adhésion*
schedule	*(ici) calendrier* *(autres emplois) horaire, programme, plan*
If a two-thirds majority of WTO members vote in favour, the applicant is free to sign the protocol and *to accede to* the Organization; when necessary, after ratification in its national parliament or *legislature*. (5)	Si une majorité des deux tiers des membres de l'OMC votent favorablement, le postulant a le droit de signer le protocole et d'*adhérer à* l'Organisation; si nécessaire, après ratification par son *assemblée législative* ou son parlement national.
to accede to the WTO	*adhérer à l'OMC* *accéder à l'OMC*
After 15 years of talks, China was the longest-standing candidate for WTO membership.	Après 15 ans de pourparlers, la Chine était le plus ancien candidat à l'adhésion à l'OMC.

Mais le 17 septembre 2001, on pouvait lire sur le site de BBC News Online (36)

At a meeting in Geneva on Monday afternoon, *trade officials* rubber stamped an 800-page document approving China's bid. (36)	Lors d'une réunion à Genève lundi après-midi, les *délégués au commerce* ont entériné un document de 800 pages approuvant la demande de la Chine.
to rubber stamp (t.v.)	*entériner*
bid (n) *eg take-over bid*	*offre, enchère; demande* *offre publique d'achat (OPA)*

La même dépêche réutilisait ce verbe deux lignes plus bas en précisant la procédure suivie :

Monday's *formal approval*, which requires rubber stamping at the WTO ministerial meeting in Qatar in November, will be greeted triumphantly by Chinese leaders. (36)	L'*agrément officiel* obtenu lundi, qui doit encore être entériné lors de la réunion ministérielle de l'OMC au Qatar en novembre, sera accueilli triomphalement par les dirigeants chinois.
approval	*approbation, agrément*
to have the formal approval of so	*avoir l'agrément officiel de qun*
to get/to obtain the formal approval of the Board of Directors	*obtenir l'agrément officiel du Conseil d'Administration*

B. Dispute Settlement — **B. Le Règlement des Différends**

C'est

the WTO's procedure for resolving *trade quarrels.*	la procédure de l'OMC pour résoudre les *litiges commerciaux.*
to solve/resolve a quarrel	*résoudre un litige*

De façon figée, le terme consacré pour qualifier ces conflits sera en anglais "dispute" et en français "différend", ainsi qu'en atteste les dénominations d'accord ou de commission que nous allons maintenant aborder.

1. Dispute Settlement Understanding — **1. Accord de Règlement des Différends**

understanding = arrangement	*accord, entente*
memorandum of understanding	*protocole d'accord*

En faisant référence au DSU, Dispute Settlement Understanding, l'OMC évoque implicitement le "protocole d'accord" sur le règlement des différends.

Le recours à cette procédure est fréquent. En 1990, Dominique Pantz écrit : «Si les membres de la Quad («Quadrilatérale», instance de coordination informelle à vocation commerciale regroupant l'Union européenne, les Etats-Unis, le Japon et le Canada) demeurent les requérants les plus actifs (dans 51 cas, dont 21 pour l'Union européenne et 33 pour les Etats-Unis), les PED ont de plus en plus souvent recours à cette procédure (29 cas, dont 9 dirigés contre d'autres PED).» (37)

Le "requérant" est ici le demandeur (Jur.) ou le plaignant, c'est-à-dire "the complaining party". Notons que, dans le cadre de l'accession, le terme français "requérant" pourra être employé comme équivalent de "candidat à l'accession" pour traduire "applicant".

Central and vital to the WTO institutional structure is the *dispute settlement procedure* derived from decades of experiment and practice in the GATT, but now (for the first time) elaborately set forth in the new treaty text of the Dispute Settlement Understanding (DSU), as part of the WTO charter. (38)	C'est un rôle crucial et vital pour la structure institutionnelle de l'OMC que joue la *procédure de règlement des différends* fruit de décennies d'expérience et de pratique dans le GATT, mais aujourd'hui (pour la première fois) exposée de façon détaillée dans le texte de l'Accord sur le Règlement des Différends du nouveau traité, comme faisant partie intégrante de la charte de l'OMC.
dispute settlement procedure	*procédure de règlement des différends*
elaborately (adv) *to elaborate on, upon sth*	*de façon détaillée* *développer qch en détail*
WTO members *commit themselves* not to take unilateral action against perceived violations of the trade rules but to seek recourse in the multilateral *dispute settlement system* and to *abide by* its rules and findings. (35)	Les membres de l'OMC *s'engagent* à ne pas prendre de mesures unilatérales contre les violations constatées des règles commerciales mais à chercher un recours dans le *système* multilatéral *de règlement des différends* et de *respecter* ses règles et ses conclusions.
the WTO's dispute settlement system *the WTO's dispute settlement mechanism*	*le système de règlement des différends de l'OMC* *le mécanisme de règlement des différends de l'OMC*
to seek recourse in *to have recourse to*	*chercher un recours dans* *avoir recours à, recourir à*
to abide by WTO rulings *to comply with WTO rulings*	*respecter les décisions de l'OMC* *se conformer aux décisions de l'OMC*
Countries bring disputes to the WTO if they think their rights under the agreements are being infringed.	Les pays présentent leurs différends à l'OMC s'ils pensent que les droits que les accords leur ont impartis ne sont pas respectés.
to infringe a law *to infringe a ban* *to infringe human rights*	*enfreindre une loi* *transgresser une interdiction* *ne pas respecter les droits de l'homme*

2. The Dispute Settlement Body (DSB)

2. L'Organe de Règlement des Différends (ORD)

the DSB has the sole authority to establish *panels*, adopt panel and appelate reports, maintain surveillance of implementation of *rulings* and *recommendations* and authorize *retaliatory measures* in cases of non-implementation of recommendations. (5)

l'ORD a seul autorité pour établir des *panels*, adopter les rapports de panel et d'appel, maintenir la surveillance de l'application des *décisions* et des *recommandations* et autoriser des *mesures de rétorsion* en cas de non application des recommandations.

panel, *consisting of three experts*	*panel, groupe spécial,* *constitué de trois experts*
ruling *recommendations*	*décision, jugement* *recommandations*
appelate report	*rapport d'appel*

L'appel éventuel des décisions des panels ou groupes spéciaux est présenté à

the WTO's appeals body *the WTO's seven-strong appeals body.*	*l'organe d'appel de l'OMC* *l'organe d'appel de l'OMC constitué de sept membres.*

Principal objectif de l'ORD :

prompt settlement of disputes *to settle / to resolve disputes*	*le règlement rapide des différends* *régler des différends*

3. Main WTO trade disputes involving the European Union and the United States

3. Principaux différends commerciaux de l'OMC impliquant l'Union Européenne et les Etats-Unis

a. Banana warfare

a. La guerre de la banane

Le 14 novembre 1998, on pouvait lire dans *The Economist*,

America is threatening a *trade war* with the European Union because it does not import enough Latin American bananas. (39)

L'Amérique menace de faire une *guerre commerciale* à l'Union Européenne parce qu'elle n'importe pas assez de bananes d'Amérique Latine.

trade war
trade warfare — *guerre commerciale*

This week America threatened *to slap* 100% *duties* on a wide range of European products [...] unless the EU amends its banana rules by the end of the year. (39)

Cette semaine l'Amérique a menacé d'*infliger des droits* de 100% à une large gamme de produits européens à moins que l'UE n'amende sa règlementation sur les bananes d'ici la fin de l'année.

to slap duties on sb/st — *infliger des droits, taxes, à qun/qch*

America's tactics could easily backfire. Imposing unilateral sanctions would *breach world trade rules* and undermine the WTO. It could provoke retaliation ...(39)

La tactique de l'Amérique pourrait facilement se retourner contre elle. Imposer des sanctions unilatérales *enfreindrait les règlements commerciaux mondiaux* et amoindrirait l'OMC. Cela pourrait provoquer des représailles ...

to impose unilateral sanctions — *imposer des sanctions unilatérales*

to breach a rule
syn : to break, to infringe — *enfreindre un règlement*

Le 21 avril 2001, *The Economist* annonçait que

After nine years of *trade warfare* that blew hot and cold, America and the European Union agreed last week to a new regime for importing bananas into the EU. (40)

Après neuf ans d'une *guerre commerciale* qui a soufflé le chaud et le froid, l'Amérique et l'Union Européenne ont convenu la semaine dernière d'un nouveau régime d'importation des bananes dans l'Union Européenne.

to agree to sth — *consentir à qch, accepter qch*

The banana deal [...] will transform Europe's mix of tariffs and quotas, a system set up in 1993 to help exports from former colonies, into a *tariff-only regime* by 2006. The WTO ruled the earlier system illegal, because it discriminated against bananas from Latin America, most of which are shipped by American companies.(40)

L'accord sur la banane transformera l'alliage de tarifs douaniers et de quotas, système institué par l'Europe en 1993 pour aider les exportations des anciennes colonies, en un *régime purement tarifaire* d'ici 2006. L'OMC a déclaré illégal le précédent système parce qu'il pratiquait une discrimination contre les bananes d'Amerique Latine, dont la plupart sont transportées par des compagnies américaines.

tariff-only regime (see *trade regime* p.130)	*régime purement tarifaire*
to rule sth illegal/unlawful	*déclarer qch illégal* *décréter que qch est illégal*

b. Hormone-treated meat — **b. La viande aux hormones**

Le 17 mai 1999, on lisait dans le *Financial Times* que

The conflict between the US and the European Union over the EU's *ban on hormone-treated meat* risks becoming even more bitter than their dispute about the tropical fruit. (41)

Le conflit entre les Etats-Unis et l'Union Européenne sur l'*interdiction* par l'UE *de la viande traitée aux hormones* risque de devenir encore plus âpre que leur différend sur le fruit tropical.

to put a ban on sth	*interdire qch* (cf.127) *mettre l'embargo sur qch*
to risk doing sth	*risquer de faire qch*

On trouvera aussi des expressions comme "the disputes over bananas and beef hormones".
Pour les Etats Unis,

Obtenir la levée de cette interdiction de 11 ans léverait un obstacle qui a limité leurs exportations de boeuf vers l'UE à 20 millions de dollars par an et marquerait une énorme victoire pour leur influent *lobby agricole*.

Getting the 11-year ban lifted would remove an obstacle that has limited its beef exports to the EU to $20m a year and mark a huge victory for its influential *farm lobby*. (41)

to lift a ban	*lever une interdiction, un embargo*
farm lobby	*lobby agricole*

The two sides also face a new generation of conflicts that spring not from their efforts to protect *favoured producers*, but from more fundamental cultural and institutional differences. (42)

Les deux parties sont aussi confrontées à une nouvelle génération de conflits provenant non de leurs efforts pour protéger des *producteurs privilégiés*, mais de différences culturelles et institutionnelles plus fondamentales.

favoured producer — *producteur privilégié*

Le 27 avril 2001, le *Financial Times* analysait ce conflit entre les Etats Unis et l'Union Européenne de la façon suivante:

Their dispute over the EU's 12-year ban on *hormone-treated beef,* for instance, has been greatly complicated by consumer panic in Europe about "*mad cow*" and *foot-and-mouth disease,* which has thrown its governments on the defensive about all *food safety matters.* (42)

Leur différend au sujet de l'embargo mis depuis 12 ans sur le *boeuf aux hormones* par l'UE, par exemple, a été grandement compliqué par la panique des consommateurs en Europe au sujet de la "*vache folle*" et de la *fièvre aphteuse,* ce qui a mis ses gouvernements sur la défensive pour toutes les *questions de sécurité alimentaire.*

hormone-treated beef — *boeuf aux hormones*
mad cow disease — *la maladie de la vache folle*
foot-and-mouth disease — *la fièvre aphteuse*

food safety matters — *questions de sécurité alimentaire*

c. Foreign Sales Corporations — **c.Sociétés offshore**

Que sont les FSCs ?

FSCS are *shell companies* in *off-shore tax havens* through which American firms channel foreign income to avoid tax. (43)

Les FSC sont des *sociétés écran* dans des *paradis fiscaux délocalisés* par lesquelles les firmes américaines font passer les recettes réalisées à l'étranger pour éviter l'impôt.

a shell company — *une société écran*

a tax haven — *un paradis fiscal*

offshore — *délocalisé*

Cette situation existe du fait du

America's Foreign Sales Corporation (FSC) *tax code,* which gives exporters subsidies through *tax credits.* (44)

code fiscal FSC américain, qui donne des subventions aux exportateurs par le biais de *crédits d'impôt.*

tax credits — *crédits d'impôt*

C'est le

America's system of *tax subsidies* for its big exporters through FSCs.

système américain de *subventions sous forme de crédit d'impôt* pour ses gros exportateurs, par le biais des FSC.

tax subsidies — *subventions sous forme de crédit d'impôt*

Quelle est l'origine des FSC ?

The Foreign Sales Corporation Program or FSC for short was originally *sponsored* by the Department of Commerce (DOC) as an incentive to increase exports by US *manufacturers*. Since the DOC did not have the necessary dollars to fund the program they were forced to seek alternative financing. (45)

Le Programme Foreign Sales Corporation, ou pour simplifier le FSC, a été à l'origine *commandité* par le Ministère du Commerce pour inciter les *industriels* américains à augmenter leurs exportations. Ne disposant pas de l'argent nécessaire pour financer ce programme, le Ministère a dû chercher un autre financement.

to sponsor a new program — *commanditer un nouveau programme*

Department of Commerce (DOC) (US) — *Ministère du Commerce*

manufacturer (n) — *fabriquant, industriel*

to fund a program
to finance a program — *financer un programme*

Alternative financing soon appeared in the form of the Tax Reform Act of 1984, which provided for a reduction in income taxes on net foreign profit realized from exports, if a new structure, "Foreign Sales Corporation", was in existence. (45)

Un autre financement apparut bientôt sous la forme de la Loi de Réforme Fiscale de 1984, laquelle stipulait une réduction des impôts sur le revenu levés sur les bénéfices nets réalisés à l'étranger grâce à des exportations, s'il existait une nouvelle structure, la "Foreign Sales Corporation".

Due to GATT limitations, the subsidy program could only be implemented through a related corporation formed in a foreign country. Hence the birth of the Foreign Sales Corporation (FSC). (45)

Du fait des restrictions imposées par le GATT, le programme de subventions ne pouvait être réalisé qu'au moyen d'une filiale créée dans un pays étranger. D'où la naissance de la Foreign Sales Corporation (FSC).

related company *related corporation*	*société liée ou apparentée, filiale*
to form a subsidiary	*créer une filiale*

"related company" est un terme imprécis ; l'équivalent habituel de "filiale" est "subsidiary".

In essence, rather than tax 100% of *foreign profits* and then returning some form of *rebate*, the FSC approach generally allows exporters to simply reduce their *tax bill* on foreign profits by a minimum of 15% and up to a maximum of 30%. (45)

En substance, plutôt que de taxer à 100% les *bénéfices réalisés à l'étranger* puis rembourser un *rabais* quelconque, la démarche des FSC permet généralement aux exportateurs de réduire simplement leur *note fiscale* sur les *bénéfices réalisés à l'étranger* d'au moins 15% et au maximum de 30%.

foreign profits	*bénéfices réalisés à l'étranger*

Chronologie du différend Etats-Unis-Union Européenne :

Sir Leon (Brittan), who was Mr Lamy's predecessor, launched the WTO case against FSCs partly in relation to American pressure over bananas and beef. (43)

Sir Leon (Brittan), le prédécesseur de M. Lamy, lança les poursuites de l'OMC contre les FSC en partie en raison des pressions américaines au sujet des bananes et du boeuf.

Sir Leon Brittan était alors

EU Trade Commissioner	*Commissaire au Commerce de l'UE* *Commissaire Européen pour le Commerce*
EU Commissioner responsible for trade negotiations	*Commissaire Européen en charge des négociations commerciales*

On March 20, 2000, the WTO dispute settlement body (DSB) adopted the reports of the Panel and the Appellate Body in the dispute regarding the Foreign Sales Corporation (FSC) *provisions* of the *US Internal Revenue Code*. Those reports found the FSC provisions constitute prohibited export subsidies, and recommended that the FSC

Le 20 mars 2000, l'organe de règlement des différends (ORD) de l'OMC a adopté les rapports du Panel et de la Commission d'Appel dans le différend concernant les *clauses* de Foreign Sales Corporation du *Code des Impôts américain*. Ces rapports estimaient que les clauses FSC constituent des subventions illicites d'exportations, et

subsidies be withdrawn by October 1, 2000. (46)	recommandaient que les subventions FSC soient retirées d'ici le 1er octobre 2000.
US Internal Revenue Code	*Code des Impôts américain*
prohibited	*interdit, illicite*

Le 27 juillet 2000,

the House Ways and Means Committee	la Commission des Finances

américaine propose

a draft replacement legislation	un projet de législation de remplacement

qui est rejetée, le 31 août, par Pascal Lamy, le Commissaire européen délégué au Commerce.

En juin 2001, l'Organe de Règlement des Différends a à nouveau soutenu la plainte de l'Union Européenne selon laquelle les FSCs contreviennent à la règlementation commerciale internationale. Le 27 juin 2001, le site Internet du *Financial Times* parle de la "FSC bomb" qui

could trigger a spiral of retaliation, *poison* US-EU relations. (47)	pourrait déclencher une spirale de représailles, *empoisonner* les relations UE-Etats-Unis.

ou encore

envenom US-EU relations	*envenimer* les relations UE-Etats-Unis ;

car, si le Congrès américain refuse de modifier la loi sur les FSC une seconde fois,

the WTO could authorize EU sanctions of more than $4bn on US exports. (47)	l'OMC pourrait autoriser l'Europe à prendre des sanctions de plus de 4 milliards de dollars contre les exportations américaines.
to impose sanctions on a country	*prendre des sanctions contre un pays*

C. WTO's future	**C. L'avenir de l'OMC**
The 4th WTO Ministerial Conference was held in Doha, Qatar, 9-13 November, 2001.	La 4ème Conférence Ministérielle de l'OMC s'est tenue à Doha, au Qatar, du 9 au 13 novembre 2001.
Previous Ministerial Conferences	Les précédentes Conférences Minis-

were held in Singapore (1996), Geneva (1998) and Seattle (1999).

térielles se sont tenues à Singapour (1996), Genève (1998) et Seattle (1999).

The Ministerial Conference is *the highest-level decision-making body* of the WTO. It has to meet at least every two years, bringing together all the countries and customs unions which are members of the organization. (5)

La Conférence Ministérielle est *l'organe supérieur de prise de décisions* de l'OMC. Elle doit se réunir au moins tous les deux ans, réunissant tous les pays et unions douanières membres de l'organisation.

the highest-level decision-making body — *l'organe supérieur de prise de décisions*

to meet (i.v.) — *se réunir*

to bring together (t.ph.v.) — *réunir, rassembler, regrouper*

A la Conférence Ministérielle de Doha,

agreement was reached on 14 November.

on est parvenu à un accord le 14 novembre.

Ministers from *WTO member governments* approved a work programme - which they called "broad and balanced". (48)

Les ministres des *Etats-membres de l'OMC* ont approuvé un programme de travail, qu'ils ont dit "large et équilibré".

WTO member governments — *Etats-membres de l'OMC*

WTO member-states

The work programme spelt out in two declarations - a main declaration and one on intellectual property (TRIPS) and public health - and one decision on *implementation* - ie developing countries' difficulties in implementing current WTO agreements. (48)

Le programme de travail de l'OMC énoncé dans deux déclarations - une déclaration principale et une autre sur la propriété intellectuelle (ADPIC) et la santé publique - et une décision sur la *mise en application*, c'est-à-dire les difficultés qu'éprouvent les pays en développement pour mettre en application les accords actuels de l'OMC.

implementation of an agreement — *mise en application d'un accord*

The main ministerial declaration includes *elaboration* of objectives

La déclaration ministérielle principale inclut la *présentation dé-*

and timetables for the *current negotiations* in agriculture and services, négotiations or possible negotiations in *a range of issues* such as *industrial tariffs*, trade and investment, trade and competition policy, some aspects of trade and the environment, implementation, and so on. (48)

taillée des objectifs et des calendriers des *négociations en cours* sur l'agriculture et les services, des négociations ou possibilités de négociations sur *une gamme de questions* telles que *tarifs douaniers industriels*, commerce et investissement, commerce et politique de la concurrence, certains aspects de la relation entre commerce et environnement, la mise en application, etc.

timetable, schedule	*calendrier*
current negotiations	*négociations en cours*

Par ailleurs, il est demandé aux ministres de tenir compte de

the particular vulnerability of *least developed countries* and the special structural difficulties they face in the global economy. (48)

la vulnérabilité particulière des *pays les moins avancés* et des difficultés structurelles spéciales auxquelles ils sont confrontés dans l'économie mondiale.

least developed countries	*les pays les moins avancés* (cf. p.187)

Dans ce document final, l'Union Européenne bénéficie d'une dérogation concernant les "bananes ACP" :

Ministers agreed to grant the European Union a *waiver* from its non-discrimination obligations, in order to enable *preferential tariff concessions* to the African, Caribbean and Pacific (ACP) countries that are former colonies of its member states. (48)

Les ministres ont convenu d'accorder à l'Union Européenne une *dérogation* par rapport à ses obligations de non discrimination, afin de lui permettre d'octroyer des *concessions tarifaires préférentielles* aux pays d'Afrique, des Caraïbes et du Pacifique (ACP) qui sont d'anciennes colonies de ses Etats membres.

preferential tariff concessions	*concessions tarifaires préférentielles*
waiver	*dérogation*
obligations	*obligations, engagements*

"non-discrimination obligations" rappelle évidemment "commitments".

Enfin, des dates limites, "deadlines", sont intégrées dans le programme de travail :

Negotiations under the work programme are to be concluded not later than 1 January 2005. The only exception is the negotiation on improving and clarifying the Dispute Settlement Understanding, which is to conclude by the end of May 2003.	Les négociations dans le cadre du programme de travail doivent être conclues au plus tard au 1 janvier 2005. La seule exception est la négociation sur l'amélioration et la clarification de l'Accord de Règlement des Différends, qui doit se conclure d'ici fin mai 2003.
Other elements of the work programme are to be concluded by the end of 2002 or by the next Ministerial Conference. (48)	D'autres parties du programme de travail doivent être conclues d'ici fin 2002 ou lors de la prochaine Conférence Ministérielle.

not later than 1 January 2005	*le 1er janvier 2005 au plus tard*
by the end of May 2003	*d'ici fin mai 2003, avant fin mai 2002* *d'ici la fin du mois de mai 2003*
by the end of 2002	*d'ici fin 2002* *avant la fin de l'année 2002*

NOTES

(1) Encyclopaedia Britannica, Macropaedia, 17:1068.
(2) Y. Crozet et al., *Les grandes questions de l'économie internationale*, p.176.
(3) Cf. "les barrières à l'échange" dans Commissariat au Plan, 2001 : 80.
« Les modèles de type HOS (éventuellement complétés par une théorie de l'intégration de type Viner) laissent prévoir des effets sur le volume des échanges d'autant plus forts que les dotations relatives en facteurs sont différentes et que les barrières à l'échange sont initialement importantes.»
(4) B. Riechenstein, «With a little help from NTBs: Why Reducing Tariffs Does not Lead to Free Trade» p.49 in Metzger et al (2000).
(5) http://www.wto.org
(6) Voir aussi "commodities" in J. Percebois, *L'Anglais de la Microéconomie*, pp.3-18.
(7) Encyclopaedia Universalis, Corpus, 19:15.
(8) Voir aussi les emplois de "product" et "produce" in J. Percebois, *L'Anglais de la Microéconomie*, pp.78-79.
(9) Voir aussi in J. Percebois, *L'Anglais de la Microéconomie*, "collective bargaining", pp.270-272 et "bargaining power", pp.159, 210.
(10) Encyclopaedia Universalis, Thesaurus Index, p.679.
(11) P. Krugman & M. Obstfeld, *International Economics*, pp.237-8.
(12) P. Barbet, *Les Echanges Internationaux*, p.151
(13) P. Kenen, *The International Economy*, p.219-220
(14) P. Krugman & M. Obstfeld, *International Economics*, p.239.
(15) P. Kenen, *The International Economy*, p.239.
(16) Y. Crozet, *Les grandes questions de l'économie internationale*, p.211.
(17) P. Kenen, *The International Economy*, p.247.
(18) T. Walther, *The World Economy*, p.188.
(19) R. Gilpin, *The Challenge of Global Capitalism - The World Economy in the 21st Century*, pp.102-103.
(20) T. Walther, *The World Economy*, p. 186

(21) P. Brenton, H. Scott & P. Sinclair, *International Trade, A European Text*, p.348.
(22) P. Kenen, *The International Economy*, p.246.
(23) http://heva.wto-ministerial.org
(24) T. Walther, *The World Economy*, p.178.
(25) J. Jackson, *The Jurisprudence of GATT and the WTO - Insights on Treaty Law and Economic Relations*, p.87.
(26 T. Walther, *The World Economy*, p.179.
(27) P. Kenen, *The International Economy*, p.230.
(28) T. Walther, *The World Economy*, p.187.
(29) J. Jackson, *The Jurisprudence of GATT and the WTO - Insights on Treaty Law and Economic Relations*, p.15.
(30) P. Kenen, *The International Economy*, p.241.
(31) *The Economist* June 23rd 2001, p.51.
(32) J. Schultz, «The GATT/WTO Committee on Trade and the Environment - Toward Environmental Reform», p.423.
(33) J. Schultz, *op. cit.*, p.425.
(34) http://www.imf.org
(35) *The Economist*, October 3rd 1998, Special Report, p.1.
(36) BBC News Online : http://www.bbc
(37) D. Pantz, *Institutions et Politiques Commerciales Internationales*, p.109.
(38) J. Jackson, *The Jurisprudence of GATT and the WTO - Insights on Treaty Law and Economic Relations*, p.133.
(39) In «Monkey Business», *The Economist*, November 14th 1998.
(40) *The Economist*, April 21st 2001 p.76.
(41) *Financial Times*, Monday May 17, 1999.
(42) *Financial Times*, Friday April 27 2001 p.8.
(43) *The Economist*, March 4th 2000.
(44) *The Economist*, November 11th 2000.
(45) http://www.exportfsc.com
(46) http://www.useu.be/ISSUES/FSCback.pdf
(47) *Financial Times*, June 26 2001, sur http://www.ft.com
(48) http://www-chil.wto-ministerial.org/english/thewto_e/minist_e/min01_14nov_e.htm

Chapter 5 | Chapitre 5

Regional trade blocs

Regional trading blocs

Les blocs commerciaux régionaux

I. Introduction

L'orthographe du terme "bloc" est importante. En effet, selon le *Bloomsbury Good Word Guide*,

The noun "bloc" denotes a group of people or nations that have political aims or interests in common: the Communist bloc. It should not be confused with "block" which has a wide range of meanings and uses: a block of wood, a mental block, a block of flats. (1)

Le nom anglais "bloc" désigne une groupe de personnes ou de nations qui ont des objectifs politiques ou des intérêts en commun: le bloc communiste. Il ne faut pas le confondre avec "block" qui a une large gamme de significations et d'emplois : une bille de bois, un blocage mental, un immeuble.

Cet emploi de "bloc", le terme qui nous intéresse ici, est confirmé par l'*Oxford Advanced Learner's Dictionary*:

bloc: a group of countries or parties united by a common interest: the former Eastern bloc.OAL

bloc : groupe de pays ou membres unis par un intérêt commun: l'ancien bloc de l'Est.

et le *Longman Dictionary of Contemporary English*:

a large group of people or countries with the same political aims, working together : the former Soviet bloc LDCE

un large groupe de personnes ou de pays ayant les mêmes objectifs politiques, oeuvrant ensemble : l'ancien bloc soviétique.

Les trois citations ci-dessus mentionnent trois dénominations synonymes :

the Communist bloc	*le bloc communiste*
the former Eastern bloc	*l'ancien bloc de l'Est*
the former Soviet bloc	*l'ex-bloc soviétique*

Qu'entend-on par "regional trade blocs" ou "regional trading blocs" ?

Les économistes constatent la prolifération des "zones d'intégration régionale", également qualifiées de "blocs commerciaux".

Trade blocs are groups of countries that have established *special preferential arrangements* governing trade between members. Although in some cases the preferences - such as lower *tariff duties* or *exemptions from quantitative restrictions* - may be no greater than those available to other *trading partners*, the general purpose of such arrangements is to encourage exports by bloc members to one another - sometimes called *intratrade*. (2)

Les *blocs commerciaux* sont des groupes de pays qui ont établi des *accords préférentiels spéciaux* régissant le commerce entre leurs membres. Bien que, dans certains cas, les préférences, telles que *droits de douane* réduits ou *exemptions de restrictions quantitatives*, puissent ne pas être plus importantes que celles accordées à d'autres *partenaires commerciaux*, le but de tels accords est en général d'encourager les exportations des membres des blocs les uns aux autres, parfois appelé *commerce intra-branche*.

special preferential arrangements	*accords préférentiels spéciaux*
intratrade	*commerce intra-branche*
agreements governing trade	*les accords régissant le commerce*
tariff duties	*droits de douane*

Nous avons vu que "customs duties" équivaut à "import duties" (cf. p.). Dans l'extrait ci-dessus, avec "tariff duties" nous avons un amalgame équivalent à ces deux dénominations.

II. Forms of economic integration

II. Formes d'intégration économique

Dans son *Dictionnaire de Sciences Economiques*, J-C. Géhanne considère des "niveaux d'intégration économique". Dominick Salvatore, quant à lui, observe que

Regional trading arrangements can take a number of forms, including *preferential trading arrangements*, free-trade areas, customs unions, common markets and economic unions. (3)

Les accords commerciaux régionaux peuvent prendre un certain nombre de formes, parmi lesquelles les *accords commerciaux préférentiels*, zones de libre-échange, unions douanières, marchés communs et unions économiques.

preferential trading agreements *preferential trading arrangements*	*accords commerciaux préférentiels*

Les adaptations en français de la préposition "including" sont multiples; par exemple :

including X	*y compris X; X compris; X inclus;* *avec X; dont X; parmi lesquels X.*

Similar to the above forms of economic integration are *duty-free zones* or *free economic zones* like the pre-NAFTA Mexican Maquiladoras. (3)

Sont semblables aux formes ci-dessus d'intégration économique les *zones hors taxe* ou les *zones franches* telles que les Maquiladoras Mexicaines antérieures à l'ALENA.

duty-free zone	*zone hors taxe*
free economic zone *free zone*	*zone franche*

A. free-trade area

A. zone de libre-échange

Free-trade area. A group of countries that promote free trade between member nations, but permit each nation to maintain its own, and perhaps different, trade restrictions vis-a-vis nonmembers. For example, the North American Free Trade Agreement. (4)

Zone de libre-échange. Un groupe de pays qui promeut le libre-échange entre les Etats membres, mais permet à chaque nation de maintenir ses propres restrictions commerciales, éventuellement différentes, vis-à-vis des pays non membres. Par exemple, l'Accord de Libre-Echange Nord-Américain

Autre exemples : l'AELE de 1960, l'Association latino-américaine de libre commerce (ALALC) de 1960, l'Accord commercial de rapprochement économique entre l'Australie et la Nouvelle-Zélande (1983), l'Accord de Libre-Echange Nord-Américain (ALENA, 1992) et l'Espace Economique Européen (EEE), entré en vigueur en janvier 1994.

B. Customs union

B. Union douanière

Customs union. A group of countries that eliminates trade barriers among members, but maintains *a common external tariff* on trade with nonmember countries. (5)

Union douanière. Groupe de pays qui élimine les barrières commerciales entre ses membres, mais maintient un *tarif exterieur commun* sur le commerce avec les pays non membres de l'union.

common external tariff (CET)	*tarif extérieur commun (TEC)*

La préposition française "entre" pourra se traduire par "between" ou "among":

between two members — *entre deux membres*
among several members — *entre plusieurs membres*

(Cette différenciation théorique est souvent transgressee)

A *customs union,* like a free trade area, involves the elimination of customs duties between the *member states*. In addition, in a customs union, the members adopt a common *schedule of tariffs* and system of regulation of trade with respect to products from the territories of non-members. (6)

Une *union douanière,* comme une zone de libre-échange, implique l'élimination des droits de douane entre les *Etats-membres*. En outre, les membres d'une union douanière adoptent un *barème* commun *de tarifs douaniers* et un système de réglementation du commerce concernant les produits en provenance des territoires de nonmembres.

schedule of tariffs — *barème de tarifs douaniers*

So *external tariffs* are uniform in the customs union. More importantly, one sees them as being *set by negotiation* between the member states. (7)

Ainsi les *tarifs extérieurs* sont uniformes dans l'union douanière. Plus important encore, on considère qu'ils sont *fixés par négociation* entre les Etats membres.

set by negotiation — *fixé par négociation*

Trade creation and trade diversion

Création d'échanges et détournement d'échanges

Un économiste américain, Jacob Viner (cf pp.71-72),

identified two ways in which a customs union can affect *trade patterns* and resource allocation : *trade creation* and *trade diversion*. (8)

a identifié deux façons selon lesquelles une union douanière peut influer sur *la structure des échanges* et l'allocation des ressources : la *création d'échanges* et le *détournement d'échanges*.

trade pattern — *structure des échanges*

resource allocation — *allocation/affectation des ressources*

Jacob Viner in *The Customs Union Issue*, published in 1950, pointed out

Dans *La Question de l'Union Douanière*, publié en 1950, Jacob Viner a

that the creation of a customs union could have two effects : (a) *a trade-creating effect* and (b) a trade-diversion effect. Although the former might be a gain, greater losses might be incurred by the latter. (9)	montré que la création d'un union douanière pouvait avoir deux effets : (a) *un effet créateur d'échanges* et (b) *un effet de détournement d'échanges*. Bien que le premier puisse être bénéfique, des pertes supérieures pourraient être subies du fait du second.
a trade creating customs union (10)	*une union douanière créatrice d'échanges*
a trade diverting customs union (10)	*une union douanière détournant des échanges*
a trade-creating effect *a trade-creation effect*	*un effet créateur d'échanges*
a trade-diverting effect *a trade-diversion effect*	*un effet de détournement d'échanges*

Certains économistes, parmi lesquels J-M. Siroën (11), parlent de "création et détournement de commerce".

Trade diversion : a redirection of international trade resulting from the formation of a *customs union* or *free trade area*. (12)	*Détournement d'échanges* : une réorientation du commerce international résultant de la formation d'une *union douanière* ou d'une *zone de libre échange*.
A country that enters a FTA or CU, preserving tariffs on imports from non-members, can gain or lose. The primary source of loss is *import diversion* from cheaper non-partner to dearer partner sources of supply. (13)	Un pays qui entre dans une ZLE ou une UD, en maintenant des tarifs douaniers sur les importations des non-membres, peut y gagner ou y perdre. La première source de perte est le *détournement d'importations* de sources d'approvisionnement non partenaires moins onéreuses vers des sources partenaires plus onéreuses.
import diversion	*détournement d'importations*
sources of supply	*sources d'approvisionnement*
Although deals between small groups of countries can contribute to a climate of liberalisation by fostering trade, they can also damage it	Bien que les accords entre de petits groupes de pays puissent contribuer à un climat de libéralisation en promouvant le commerce, ils peu-

by *diverting* trade away from more efficient producers. (14)

vent aussi lui nuire en *détournant* le commerce de producteurs plus efficients.

to foster (t.v.) — *promouvoir, encourager, stimuler*

to divert sth away from so — *détourner qch de qun*

C. Common market

Common market. A customs union which also attempts to develop a common policy in matters other than international trade. For example, the European Union has initiated *communitywide* policies in agriculture, exchange rates, labor legislation, and so on. (15)

C. Marché commun

Marché commun. Union douanière qui s'efforce aussi de développer une politique commune dans des domaines autres que le commerce international. Par exemple, l'Union Européenne a instauré des politiques *communautaires* pour l'agriculture, les taux de change, la législation du travail, etc.

communitywide policies — *politiques communautaires*

Autres adjectifs, ou adverbes, construits sur le même modèle : "citywide", "nationwide", "countrywide", "worldwide". Dans la prochaine citation nous trouverons "areawide".

a nationwide strike — *une grève nationale*
a countrywide survey — *une enquête nationale, couvrant tout le pays*
worldwide consequences — *conséquences mondiales, dans le monde entier*

Par ailleurs, on trouvera souvent :

the Community's agricultural policy (= the EEC's policy) — *la politique agricole communautaire (la politique de la CEE)*

D. Economic union

Economic union. The final step toward *full economic integration.* An economic union is a common market plus. It involves the harmonization of national *tax codes,* labor standards, the creation of a common currency, and the establishment of an *areawide* central bank to conduct

D. Union économique

Union Economique. La dernière étape vers *l'intégration économique totale.* Une union économique est un marché commun amélioré. Elle implique l'harmonisation des *législations fiscales* et des normes de travail nationales, la création d'une monnaie commune, et la création

monetary policy. (16)

d'une banque centrale *couvrant l'ensemble de la zone* pour mener la politique monétaire.

full economic integration — *intégration économique totale*

tax code (UK)
internal revenue code (US) — *code des impôts, législation fiscale*

(Par ailleurs, "législation fiscale" pourrait se rendre par "tax legislation" ou "tax laws")

III.The emergence of regional trading blocs

A prominent feature of the postwar international trade environment has been the *growing tendency for countries to enter trade blocs*. This phenomenon is especially evident in Western Europe, with the gradual evolution of the fifteen country European Union from its beginnings in the 1950s. Powerful trade blocs are also arising in North America, South America, and the Far East. (17)

III. L'émergence de blocs commerciaux régionaux

La *tendance croissante des pays à s'engager dans des blocs commerciaux* a été un trait marquant de l'environnement commercial international d'après-guerre. Ce phénomène est particulièrement évident en Europe occidentale, avec l'évolution progressive de l'Union Européenne depuis ses débuts dans les années 1950 jusqu'à une union de quinze pays. De puissants blocs commerciaux apparaissent aussi en Amérique du Nord, Amérique du Sud et Extrême Orient.

Far East — *Extrême Orient*

Nous présentons ces blocs ci-dessous, classés par région.

A. Europe

A. L'Europe

1. The European Economic Community
EEC

1. La Communauté Economique Européenne
La CEE

The Six — *L'Europe des Six*

The European Economic Community was formed in 1957, with Belgium, Luxembourg, the Netherlands, Italy, France and West Germany as original members. [...]

La Communauté Economique Européenne a été formée en 1957, ses membres fondateurs étant la Belgique, le Luxembourg, les Pays-Bas, l'Italie, la France et l'Allemagne de l'Ouest.

Internal tariffs were progressively reduced and eventually eliminated, but external tariffs were fixed in common, making the EEC a CU, not an FTA. (18)

Les tarifs douaniers internes ont été progressivement réduits et ont fini par être supprimés, mais les tarifs douaniers externes ont été fixés en commun, faisant de la CEE une union douanière et non une zone de libre-échange.

a customs union (CU) — *une union douanière*

a free trade area (FTA) — *une zone de libre-échange*

The Nine (Common Market Countries) — *L'Europe des Neuf*

The Twelve — *L'Europe des Douze*

The Fifteen — *L'Europe des Quinze*

Denmark, Ireland and the UK joined the EEC (now renamed the EC) in 1973, followed by Greece in 1981, Portugal and Spain in 1986, and, in 1995, Austria, Finland, and Sweden. (18)

Le Danemark, l'Irlande et le Royaume Uni entrèrent dans la CEE (maintenant rebaptisée CE) en 1973, suivis par la Grèce en 1981, le Portugal et l'Espagne en 1986, et, en 1995, l'Autriche, la Finlande et la Suède.

European Community (EC) — *La Communauté Européenne (CE)*

The European Economic Community, the Coal and Steel Community, and the European Atomic Energy Authority are now known collectively as the European Community (EC). It is administered by a single Commission, whose members are appointed by the member governments, but most of the Commission's decisions must be approved by a Council of Ministers, representing the governments themselves. (19)

La Communauté Economique Européenne, la Communauté du Charbon et de l'Acier, et l'Euratom sont aujourd'hui connus collectivement sous le nom de Communauté Européenne (CE). Elle est administrée par une seule Commission dont les membres sont nommés par les Etats membres, mais la plupart des décisions de la Commission doivent être approuvées par un Conseil des Ministres représentant les Etats eux-mêmes.

European Coal and Steel Community — *Communauté Européenne du Charbon et de l'Acier*

European Atomic Energy Authority — *EURATOM*

European Atomic Energy Community

established to form a common — créé en vue de constituer un

market for the development of the peaceful uses of atomic energy.
The treaty establishing the community developed out of the Messina Conference of 1955 and became effective Jan. 1, 1958. The *Common Market for Trade in Nuclear Material*, which eliminated import and export duties within the community, came into existence in January 1959.

marché commun pour le développement des usages pacifiques de l'énergie atomique.
Le traité instituant la communauté est le produit de la Conférence de Messine de 1955 ; il a pris effet le 1er janvier 1955. Le *Marché Commun des Matériaux Nucléaires,* qui éliminait les taxes à l'importation et à l'exportation au sein de la communauté, a vu le jour en janvier 1959.

to develop out of	*être le produit/le fruit de*
to become effective	*entrer en vigueur, prendre effet*

In 1991, the member countries agreed to a major revision of the *Treaty of Rome*. The new document, known as *the Maastricht Treaty*, established the *European Union (EU)*, which aims at the formulation of common foreign and defense policies. (19)

En 1991, les pays membres convinrent d'une révision majeure du *Traité de Rome*. Le nouveau document, connu sous le nom de *Traité de Maastricht*, institua l'*Union Européenne (UE)*, qui a pour but l'élaboration de politiques étrangère et de défense communes.

the Treaty of Rome	*le Traité de Rome*
the Maastricht Treaty	*le Traité de Maastricht*
the European Union (EU)	*l'Union Européenne (UE)*
to aim at sth	*viser qch*
to aim at doing sth / to aim to do sth	*s'efforcer de faire qch*

It also defined the framework and timetable for moving toward *a full-fledged monetary union* - a goal achieved in 1999, when 11 European countries adopted the euro as their *common currency* and established a new institution, the *European Central Bank*, to formulate and implement monetary policy. (19)

Il définit également le cadre et le calendrier pour aller vers *une union monétaire à part entière*, un but atteint en 1999, lorsque 11 pays européens ont adopté l'euro comme *monnaie commune* et créé une nouvelle institution, la *Banque Centrale Européenne*, pour élaborer et mettre en oeuvre la politique monétaire.

common currency	*monnaie commune*
single currency	*monnaie unique*
the European Central Bank	*la Banque Centrale Européenne*
a full-fledged monetary union	*une union monétaire à part entière*
full-fledged (US)	*à part entière, diplômé, confirmé*
fully-fledged (UK)	
full-fledged doctor,	*médecin diplômé*
full-fledged lawyer	*juriste confirmé*

(Nombreux sont les emplois de cet adjectif composé utilisé au sens premier pour un oiseau "qui a toutes ses plumes")

The Union has been concerned to maintain and to promote trade relations with those developing countries with which its members have had close cultural, economic, and political links; or with countries with which it wishes to establish such links. This is reflected in the concept of "*associationism*" whereby the Union extends to the associates various privileges, particularly with respect to *access to Union markets*, but also including technical and industrial cooperation. The differing treatments accorded to various countries create what is often described as a hierarchy of privileges. (20)

L'Union s'est efforcée de maintenir et de promouvoir des relations commerciales avec les pays en développement avec lesquels ses membres ont eu d'étroits liens culturels, économiques et politiques; ou avec les pays avec lesquels elle souhaite établir de tels liens. Cela transparaît dans le concept d'"*associationnisme*" par lequel l'Union accorde aux pays associés divers privilèges, en particulier en ce qui concerne l'*accès aux marchés de l'Union*, mais y compris également la coopération technique et industrielle. Les différents traitements accordés à divers pays créent ce qui est souvent qualifié de hiérarchie de privilèges.

associationism	*associationnisme*
access to Union markets	*accès aux marchés de l'Union*
close links	*liens étroits*
to extend sth to so	*accorder qch à qun*
to extend credit to so	*accorder un crédit à qun*
described as	*qualifié de*
to describe so/sth as	*qualifier qun/qch de*

2. The European Free Trade Association (EFTA)

2. L'Association Européenne de Libre-Echange (AELE)

Aujourd'hui, l'Association Européenne de Libre-Echange

groups those Western European countries that are not members of the EU. (21)

regroupe les pays d'Europe Occidentale qui ne sont pas membres de l'UE.

A l'origine, l'AELE a été fondée par l'Accord de Stockholm, "the Stockholm agreement", de 1959.

The European Free Trade Association, EFTA, was created in 1959. It embraced Denmark, Norway, and Sweden, together with Austria and Switzerland, and Portugal, Ireland, and the UK. Iceland and Finland joined later. (18)

L'Association Européenne de Libre-Echange, AELE, a été créée en 1959. Elle comprenait le Danemark, la Norvège et la Suède, ainsi que l'Autriche et la Suisse, et le Portugal, l'Irlande, et le Royaume Uni. L'Islande et la Finlande y ont adhéré plus tard.

to embrace — *comprendre, englober*

Toutefois,

The majority of EFTA members have joined the EU and the remaining countries are linked to the EU through the *European Economic Area (EEA)*, with the exception of Switzerland. (21)

La majorité des membres de l'AELE ont adhéré à l'UE et les pays restants sont liés à l'UE par le biais de l'*Espace Economique Européen (EEE)*, à l'exception de la Suisse.

European Economic Area (EEA) — *Espace Economique Européen (EEE)*

Si la dénomination française "Espace Economique Européen" est restée inchangée depuis sa création, la dénomination anglaise a été modifiée. En effet, le *1991 Book of the Year* de l'Encyclopaedia Britannica (22) précise que

Negotiations began on the creation of a European Economic Space (EES), later renamed in English the European Economic Area (EEA), whereby the EFTA countries would accept existing EC legislation and law, as interpreted by the Court of Justice, on *free movement of persons, goods, capital, and services*. (22)

Des négociations débutèrent sur la création d'un Espace Economique Européen (European Economic Space, EES), plus tard rebaptisé en anglais "European Economic Area" (EEA), prévoyant que les pays de l'AELE accepteraient la législation et le droit communautaires existants, dans l'interprétation de la Cour de Justice, sur la *libre circulation des*

	personnes, des biens, des capitaux et des services.
free movement of persons, goods, capital, and services	*libre circulation des personnes, des biens, des capitaux et des services*

Finalement,

An agreement for the setting up of a European Economic Area (EEA) throughout the EFTA and EC countries for the *free movement of goods, services, capital and people* came into effect in 1994. (23)	Un accord pour la création d'un Espace Economique Européen (EEE), dans tous les pays de l'AELE et de l'UE, pour la *libre circulation des biens, des services, des capitaux et des personnes,* est entré en vigueur en 1994.

La lecture des deux extraits ci-dessus montre que "free movement of persons, goods, capital and services" et "free movement of goods, services, capital and people" sont équivalents, ce qui signifie que, dans ces collocations, l'ordre des compléments du nom "movement" importe peu et que "people" et "persons" sont interchangeables. Il ne s'agit donc pas d'une terminologie figée. Par ailleurs, les termes de cette collocation pourront se retrouver dans d'autres expressions, telles que :

free movement of persons and goods in EC countries *free movement of people and goods in EC countries*	*libre circulation des personnes et des biens dans les pays de la CE*
free movement of capital	*libre circulation des capitaux*

3. The former USSR and Eastern Europe	**3. L'ex-URSS et l'Europe de l'Est**
Council for Mutual Economic Assistance **CMEA or COMECON**	**Le Conseil d'Assistance Economique Mutuelle** **Le CAEM ou le COMECON**

Nous constatons ici l'existence de deux formes d'abréviation différentes : un sigle dans les 2 langues, CMEA et CAEM, et un acronyme d'origine anglaise, COMECON.

The Council for Mutual Economic Assistance (CMEA), while neither a FTA nor a CU in the normal sense, presided over rapidly expanding (if strongly regulated) trade between *the former USSR* and East Germany,	Tout en étant ni un ZLE ni une UD au sens habituel de ces termes, le Conseil d'Assistance Economique Mutuelle (CAEM), a présidé à l'expansion rapide (quoique fortement réglementée) du commerce de *l'ex-*

together with Bulgaria, Czechoslovakia, Hungary, Poland, and Romania, and broke up only with the *collapse* of communism in 1990-1. (18)

URSS et de l'ancienne Allemagne de l'Est ainsi que de la Bulgarie, la Tchécoslovaquie, la Hongrie, la Pologne et la Roumanie, et n'a disparu qu'avec l'*effondrement* du communisme en 1990-1.

FTA : Free Trade Area *CU : Customs Union*	*ZLE : Zone de Libre Echange* *UD :Union Douanière*
the former USSR *the former Belgian Congo (Zaire)*	*l'ex-URSS* *l'ex-Congo Belge (Zaïre)*
to break up (i.v.)	*cesser, se séparer; se disperser, se désagréger*
the collapse of communism	*l'effondrement du communisme*

The Council for Mutual Economic Assistance (Comecon), which involved the old communist states of Eastern Europe and the USSR. (24)

Le Conseil d'Assistance Economique Mutuelle (Comecon), qui comprenait les anciens Etats communistes de l'Europe de l'Est et l'URSS.

to involve (t.v.)	*inclure, comprendre, impliquer*

Avec l'effondrement des économies socialistes,

Comecon *was dissolved* in 1991. (24)

Le Comecon *a été dissous* en 1991.

to dissolve (t.v.)	*dissoudre*

S'il a été dissous en juin 1991, il avait en fait cessé de fonctionner à partir de janvier 1991. Cest le 21 décembre 1991 que fut créée

the Commonwealth of Independent States (CIS)	*la Communauté d'Etats Indépendants (CEI)*

issue du démantèlement de l'URSS.

B. North America

B. L'Amérique du Nord

1. North American Free Trade Association (NAFTA)

1. Association de Libre-Echange Nord-Américaine (ALENA)

NAFTA apparaît parfois avec le développement : North American Free Trade "Area".

Le premier accord a été signé en 1988 par les Etats Unis et le Canada. Puis,

In January 1994, the United States, Canada and Mexico entered into the North American Free Trade Agreement (NAFTA), creating the largest free trade area and richest market in the world. The NAFTA is the most comprehensive regional trade agreement ever negotiated by the United States and is scheduled to be fully implemented by the year 2008. (25)

En janvier 1994, les Etats-Unis, le Canada et le Mexique ont passé l'Accord de Libre-Echange Nord-Américain (ALENA), créant la plus grande zone de libre-échange et le plus riche marché du monde. L'ALENA est l'accord commercial régional le plus complet qui ait jamais été négocié par les Etats-Unis; il est programmé pour être complètement mis en application d'ici 2008.

to enter into an agreement — *passer un accord*

The North American Free Trade Agreement, which establishes free trade among Canada, the United States, and Mexico, creates a free trade area : There is no requirement in the agreement that, for example, Canada and Mexico have the same tariff rate on textiles from China. (26)

L' Accord de Libre-Echange Nord-Américain, qui institue le libre-échange entre le Canada, les Etats-Unis et le Mexique, crée une zone de libre-échange : l'accord ne prévoit pas d'exiger, par exemple, que le Canada et le Mexique appliquent le même taux de tarif douanier aux textiles venant de Chine.

requirement — *exigence, condition requise*

The agreement introduces a number of *arrangements* aimed at meeting the concerns of certain industries, as well as those of labor unions and environmentalists. (27)

L'accord présente un certain nombre de *dispositions* visant à répondre aux préoccupations de certaines industries, ainsi qu'à celles de syndicats ouvriers et d'écologistes.

labor union, labour union
trade union — *syndicat ouvrier*

an environmentalist — *un écologiste*

Parmi ces dispositions, les "rules of origin", règlementation concernant l'origine des produits :

For a TV to enter America *duty-free*, some critical components - in this case the tubes - must be made in NAFTA countries. (28)

Pour qu'un téléviseur entre en Amérique *en franchise*, certains composants importants, ici les tubes, doivent être fabriqués dans les pays de l'ALENA.

to enter duty-free	*entrer en franchise (douanière)*
made in NAFTA countries	*fabriqué dans les pays de l'ALENA*
critical = of the greatest importance	*critique, crucial, essentiel, décisif, déterminant*

Nous trouvons donc ici une nouvelle illustration de la discrimination liée à l'origine du produit (cf. p.94). De même réapparaissent les concepts de "trade creation" et "trade diversion" (cf.pp.148-150):

Thanks to free trade between Mexico and the United States, Americans now import from their southern neighbours things they used to make for themselves at greater cost. Economists call this "*trade creation*", and it is all to the good. (29)

Grâce au libre-échange entre le Mexique et les Etats-Unis, les Américains importent maintenant de leurs voisins du sud des produits qu'ils fabriquaient autrefois eux-mêmes pour un coût supérieur. Les économistes appellent cela "*création d'échanges*" et c'est salutaire.

NAFTA discriminates against non-NAFTA goods. This is called "*trade diversion*", and it is not a good thing at all. (28)

L'ALENA pratique une discrimination contre les marchandises non originaires de l'ALENA. Cela s'appelle "*détournement d'échanges*", et ce n'est pas du tout souhaitable.

non-NAFTA goods	*les marchandises non originaires (des pays) de l'ALENA*

In the early 1990s Japanese leaders, including the then prime minister Kiichi Miyazawa, began warning that NAFTA could become a "fortress North America", *diverting* trade *away from* Asia. A 1999 Asian Development Bank study concluded that those fears had come true: NAFTA was costing Asia hundreds of millions of dollars in trade with Mexico alone. (30)

Au début des années 1990, des dirigeants japonais, parmi lesquels le premier ministre d'alors Kiichi Miyazawa, commencèrent à annoncer que l'ALENA pourrait devenir une "Amérique du Nord forteresse" *détournant* des échanges *de* l'Asie. Une étude de l'Asian Development Bank de 1999 concluait que ces craintes s'étaient réalisées: l'ALENA coûtait à l'Asie des centaines de millions de dollars rien qu'en échanges avec le Mexique.

Ce propos nous amène à rappeler l'antériorité de la dénomination "fortress Europe", la forteresse Europe, ou l'Europe forteresse, expression des craintes des pays non membres avant la formation du marché unique européen.

To help businesses decipher the NAFTA code, which is the size of several big-city phone books, the state of Illinois has set up two NAFTA Opportunity Centers. (30)	Pour aider les entreprises à déchiffrer le code de l'ALENA, qui est de la taille de plusieurs annuaires téléphoniques de grandes villes, l'état d'Illinois a ouvert deux Centres d'Information sur l'ALENA.
To qualify for NAFTA *tariff breaks*, they must prove that their products are made in North America with mostly North American materials. If they use foreign materials - say, German steel for a wheelbarrow - they must prove they put in enough work to justify calling the wheelbarrow North American, according to a complex formula that varies for every product. (30)	Pour avoir droit aux *réductions tarifaires* de l'ALENA, elles doivent prouver que leurs produits sont fabriqués en Amérique du Nord avec essentiellement des matériaux nord-américains. Si elles utilisent des matériaux étrangers, par exemple de l'acier allemand pour une brouette, elles doivent prouver qu'elles ont apporté assez de travail pour justifier la qualification de nord-américaine pour la brouette, en fonction d'une formule complexe qui varie avec chaque produit.
tariff breaks	*réductions tarifaires*
materials *raw materials*	*matériaux* *matières premières*
to qualify for sth	*avoir droit à qch; remplir les conditions requises pour obtenir qch*
Since Mexico joined NAFTA, its exports to the United States *have more than tripled* to $275 billion, making it the export star of Latin America. (30)	Depuis que le Mexique a adhéré à l'ALENA, ses exportations vers les Etats-Unis *ont plus que triplé* pour atteindre 275 milliards de dollars, ce qui fait de ce pays le roi des exportations de l'Amérique Latine.

2. Free Trade Area of the Americas FTAA — **2. La Zone de Libre-Echange des Amériques La ZLEA**

En 1994, au Sommet des Amériques, à Miami, a été lancé le projet de

creation of a giant Free Trade Area of the Americas by 2005, *encompassing* 800 million people and econo-	création d'une immense Zone de Libre-Echange des Amériques d'ici 2005, *regroupant* 800 millions de

mies worth a collective $11 trillion. (31)

personnes et des économies évaluées au total à 11 billions de dollars.

to encompass (people, territories)

englober, regrouper (des personnes, des territoires)

Stretching from the Bering Strait to Cape Horn, with a population of 800 million and a *combined gross domestic product* of more than $11 trillion, the FTAA would be the largest free-trade zone on the planet - a vast market marked by nonexistent or very low tariffs, *streamlined* customs regulations, and the gradual disappearance of quotas, subsidies, and other *impediments to trade*. (32)

S'étendant du Détroit de Bering au Cap Horn, avec une population de 800 millions de personnes et un *produit intérieur brut combiné* de plus de 11 billions de dollars, la ZLEA serait la plus grande zone de libre-échange de la planète, un vaste marché caractérisé par des tarifs douaniers inexistants ou très bas, des réglementations douanières *rationalisées*, et la disparition progressive des quotas, subventions et autres *entraves au commerce*.

impediments to trade — *entraves au commerce*

"impediments" appartient aussi à la terminologie de la concurrence imparfaite ou du monopole :

impediments to entry = *barriers to entry* — *barrières à l'entrée* (33).

combined Gross Domestic Product — *Produit Intérieur Brut combiné*

Nous allons maintenant aborder des

South-South preferential trade agreements.

accords commerciaux préférentiels Sud-Sud.

C. Latin America

C. L'Amérique Latine

1. Central American Common Market CACM

1. Le Marché Commun d'Amérique Centrale Le Marché Commun Centraméricain

set up in 1960 to reduce trade barriers, stimulate exports, and encourage industrialization.

créé en 1960 pour réduire les barrières tarifaires, stimuler les exportations et encourager l'industrialisation.

Latin American international association formed to facilitate regional economic development through free *intraregional trade* and economic integration. It came into existence through the General Treaty on Central American Economic Integration signed by Guatemala, Honduras, El Salvador, and Nicaragua in December 1960; Costa Rica joined in July 1962. (34)

Association internationale d'Amérique Latine formée pour faciliter le développement économique régional par de libres *échanges intrarégionaux* et par intégration économique. Elle est née du Traité Général d'Intégration Economique d'Amérique Centrale signé par le Guatemala, le Honduras, le Salvador et le Nicaragua en décembre 1960. Le Costa Rica y a adhéré en juillet 1962.

intra-regional trade	*commerce intra-régional, échanges intra-régionaux*
intra-NAFTA trade	*les échanges entre les pays de l'ALENA*
intra-EU trade	*les échanges entre les pays de l'UE*
intra-Asian trade	*le commerce entre les pays Asiatiques*

In 1966 discussions were held on a plan for the establishment of a free-trade area with CARICOM. (35)

En 1996 eurent lieu des discussions sur un projet de création d'une zone de libre-échange avec le CARICOM.

(CARICOM : La Communauté des Caraïbes, cf. p.166)

Les membres du Marché Commun d'Amérique Centrale sont :

Costa Rica, El Salvador, Guatemala, Honduras, and Nicaragua.

le Costa Rica, le Salvador, le Guatemala, le Honduras et le Nicaragua.

2. Latin American Free Trade Association LAFTA

2. L'Association Latino-Américaine de Libre-Echange L'ALALE

Formée en 1960,

Latin American Integration Association (LAIA)

l'Association Latino-Américaine d'Intégration (ALADI)

devient, en 1980, Association Latino-Américaine de Libre-Echange (ALALE).

It aims at lowering trade barriers between South-American countries

Son objectif est l'abaissement des barrières commerciales entre les

and Mexico.

pays d'Amérique du Sud et le Mexique(36).

to lower trade barriers — *abaisser/réduire les barrières commerciales*

Les pays membres sont :

Argentina, Bolivia, Brazil, Chile, Colombia, Ecuador, Mexico, Paraguay, Peru, Uruguay, and Republica Bolivariana de Venezuela.

l'Argentine, la Bolivie, le Brésil, le Chili, la Colombie, l'Equateur, le Mexique, le Paraguay, le Pérou, l'Uruguay et la République Bolivarienne deVénézuela.

3. The Andean Community or Andean Pact

3. La Communauté Andine ou Pacte Andin

On observe de nombreuses variations synchroniques et diachroniques des locutions employées pour qualifier ce pacte. Le Pacte Andin a été créé par l'accord de Carthagène en 1969; il a pris le nom de Communauté Andine en avril 1996. Au départ, c'est une

A customs union agreed at Cartagena in 1969 between Chile, Peru, Colombia, Bolivia, and Ecuador. Venezuela joined the Pact in 1973, but Chile terminated her agreement in 1976. Free trade was established between the *member states*, although it was not until 1994 that a *Common External Tariff* regime was agreed. In 1996 the Act of Trujillo committed the member states to the setting up of an Economic Community by 2001. (37)

Union douanière entérinée à Carthagène en 1969 entre le Chili, le Pérou, la Colombie, la Bolivie et l'Equateur. Le Vénézuela a adhéré au Pacte en1973, mais le Chili a mis fin à son accord en 1976. Le libre-échange a été institué entre les Etats-membres, mais un régime de *Tarif Extérieur Commun* n'a pas été convenu avant 1994. En 1996, par le Traité de Trujillo, les Etats-membres s'engageaient à établir une CommunautéEconomique d'ici 2001.

agreed — *convenu /fixé d'un commun accord*
agreed price — *prix convenu*

Common External Tariff — *Tarif Extérieur Commun (TEC)*

L'adjectif possessif féminin ("her agreement") est employé ci-dessus pour un pays. Selon Michael Swan, le neutre est plus courant aujourd'hui :

We can use *she* for countries, but *it* is more common in modern English. (38)

On peut utiliser "she" pour les pays, mais "it" est plus communen anglais moderne.

J-P. Deler précise que «Ce projet fut partiellement réactivé en Communauté Andine des Nations (CAN) en 1988.» (36). En 2000, Peter Kenen (39) emploie l'acronyme ANCOM, pour "Andean Common Market", Marché Commun Andin. Enfin, l'expression "Andean Group" est également employée pour faire référence aux signataires du Pacte Andin.

The signatories of the Andean Pact are Bolivia, Colombia, Ecuador, Peru, and Republica Bolivariana de Venezuela.

Les signataires du Pacte Andin sont la Bolivie, la Colombie, l'Equateur, le Pérou et la République Bolivarienne du Vénézuela.

L'entrée en vigueur du MERCOSUR le 1er janvier 1995 constitue un tournant important.

4. Common Market of the Southern Cone
Southern Cone Common Market
Southern Common Market
MERCOSUR

4. Le Marché Commun d'Amérique du Sud
Le Marché Commun du Cône Sud
Le MERCOSUR

dont les membres sont :

Argentina, Brazil, Paraguay, and Uruguay.

l'Argentine, le Brésil, le Paraguay et l'Uruguay.

"MERCOSUR" est un acronyme formé à partir des termes espagnols "Mercado Comun de America del Sur", c'est-à-dire Marché Commun de l'Amérique du Sud. Le terme "MERCOSUR" est totalement intégré au discours français concernant ce bloc commercial régional. Toutefois la dénomination "MERCOSUD" est parfois employée en français. Les pays concernés sont également qualifiés de "pays du Cône Sud".

Le 23 avril 2001, on pouvait lire dans *Newsweek*,

Inspired by the European Union, Brazil in the early 1990s *rallied* Argentina, Uruguay and Paraguay to join in the bloc now known as Mercosur. Led by the sociologist turned president Fernando Henrique Cardoso, a famous critic of Latin *dependencia* on the United States, Brazil sees itself as the natural leader of South America. At a Buenos Aires meeting to prepare for Quebec earlier this month, Brazil put off US pressure to create the Americas trade zone by 2003, two years ahead

Inspiré par l'Union Européenne, au début des années 1990 le Brésil *a rallié* l'Argentine, l'Uruguay et le Paraguay pour former le bloc connu aujourd'hui sous le nom de Mercosur. Dirigé par le sociologue devenu président Fernando Henrique Cardoso, célèbre critique de la dépendance de l'Amérique Latine par rapport aux Etats-Unis, le Brésil se considère comme le leader légitime de l'Amérique du Sud. Lors d'une réunion à Buenos Aires pour préparer celle qui vient d'avoir lieu au

of schedule. "The FTAA is an option", Cardoso often says. "But Mercosur is our destiny." (40)

Québec ce mois-ci, le Brésil a repoussé les pressions américaines pour créer la zone commerciale des Amériques d'ici 2003, deux ans plus tôt que prévu. "La ZLEA est une option", dit souvent Cardoso. "Mais le Mercosur est notre destin."

La réunion de Québec citée ci-dessus est

the third Summit of the Americas held in Quebec City on April 20-22, 2001.

le troisième Sommet des Amériques organisé dans la ville de Québec du 20 au 22 avril 2001.

Mercosur represents more than a *trading zone* to South America's largest nation. It is a sphere of influence and a counterbalance to North-American *geopolitical clout*. With a *combined trade volume* of $18 billion a year, Mersosur has become *the world's third largest market* - a distant third - after the European Union and NAFTA. (41)

Mercosur représente plus qu'une *zone de commerce* pour la plus grande nation d'Amérique du Sud. C'est une sphère d'influence et un contrepoids à l'*influence géopolitique* Nord-Américaine. Avec un *volume d'échanges combiné* de 18 milliards de dollars par an, le Mercosur est devenu *le troisième plus grand marché du monde*, un troisième loin derrière l'Union Européenne et l'ALENA.

trading zone	*zone de commerce*
combined trade volume	*volume d'échanges combiné*
the world's third largest market	*le troisième plus grand marché du monde*
geopolitical clout	*influence géopolitique*

5. Caribbean Community CARICOM

5. La Communauté des Caraïbes Le Caricom

"CARICOM" est l'acronyme de "Caribbean Community and Common Market". Le Caricom ou Communauté des Caraïbes, regroupe les anciennes colonies britanniques.

Formed in 1973, the Caribbean Community has fourteen member states : Belize, Guyana and Surinam on the American mainland and An-

Formée en 1973, la Communauté des Caraïbes a quatorze Etats-membres : Bélise, la Guyane et le Surinam sur le continent américain; Antigua, la

tigua, Barbados, Dominica, Grenada, Jamaica, Montserrat, St Christopher-Nevis-Anguilla, St Lucia, St Vincent and Trinidad and Tobago in the Caribbean. The Bahamas is also a member of the Community, although not of the Common Market. (42)	Barbade, la Dominique, la Grenade, la Jamaïque, Monserrat, St Christophe-Nevis et Anguilla, Ste Lucie, St Vincent et Trinité-et-Tobago dans les Caraïbes. Les Bahamas sont aussi membres de la Communauté, mais non du Marché Commun.

Dans les deux langues, St Kitts pourra remplacer St Christopher ou St Christophe.

A *Common External Tariff* has been set up and restrictions on foreign exchange and *the free movement of skilled workers* have been eased. The aim is the eventual establishment of a common market with monetary union. (42)	Un *Tarif Extérieur Commun* a été instauré; les restrictions sur les changes ont été réduites et *la libre circulation des travailleurs qualifiés* a été facilitée. L'objectif est de finir par instituer un marché commun avec union monétaire.
to ease restrictions	*diminuer/alléger des restrictions*
to ease the free movement of skilled workers	*faciliter la libre circulation des travailleurs qualifiés*
CARICOM's objective was to foster economic integration and integrate the economies of the participating states through the *removal of trade barriers*. (43)	L'objectif du CARICOM était de promouvoir l'intégration économique et d'intégrer les économies des Etats participants par le biais de la *suppression des barrières douanières*.
to foster economic integration	*promouvoir l'inégration économique*
removal of trade barriers	*suppression/elimination des barrières tarifaires*
to remove trade barriers	*supprimer/éliminer les barrières tarifaires*

Notons également l'emploi de "participating states" pour qualifier les pays qui participent au processus d'intégration.

D. Sub-Saharan Africa	**D. L'Afrique Sub-Saharienne**
Regional trade blocs have emerged in many other areas in the world. Some early ones *foundered* : economic unions in East Africa (Kenya,	Des blocs commerciaux régionaux sont apparus dans de nombreuses autres régions du monde. Certains des premiers blocs *ont échoué* : des

Uganda, and Tanzania) and Central Africa (Malawi, Zambia, and Zimbabwe, under their previous, pre-independence names) were to collapse in the 1960s. (44)

unions économiques d'Afrique orientale (le Kenya, l'Ouganda et la Tanzanie) et d'Afrique centrale (le Malawi, la Zambie et le Zimbabwe, sous les noms antérieurs à leur indépendance) devaient échouer dans les années 1960.

East Africa	*Afrique de l'Est/Afrique Orientale*
Central Africa	*Afrique Centrale*
to founder (i.v.)	*échouer, couler, péricliter*
to collapse (i.v.)	*s'effondrer, échouer*

Si certaines tentatives d'intégration régionale ont été éphémères,

[Other regional trade blocs], such as the *South African customs union* linking Bostwana, Lesotho, Namibia, and Swaziland to South Africa, were *to thrive* and survive major political changes. (18)

D'autres blocs commerciaux régionaux, tels que l'*union douanière Sud Africaine* liant le Bostwana, le Lesotho, la Namibie et le Swaziland à l'Afrique du Sud, devaient *prospérer* et survivre à des changements politiques majeurs.

South Africa	*l'Afrique du Sud*
South African customs union	*union douanière Sud-Africaine*
to thrive (i.v.)	*prospérer*

1. Common Market for Eastern and Southern Africa COMESA

1. Le Marché Commun de l'Afrique Australe et Orientale COMESA

Eastern Africa	*Afrique Orientale*
Southern Africa	*Afrique Australe*

Le COMESA s'est substitué en 1994 à la

Preferential Trade Area (PTA)	Zone d'Echanges Préférentiels (ZEP)

créée en 1981. Le COMESA comprend 21 pays :

Angola, Burundi, Comoros, the Democratic Republic of the Congo, Djibouti, the Arab Republic of Egypt, Eritrea, Ethiopia, Kenya, Madagascar, Malawi, Mauritius,

l'Angola, le Burundi, les Comores, la République Démocratique du Congo, Djibouti, la République Arabe d'Egypte, l'Erythrée, l'Ethiopie, le Kenya, Madagascar,

Namibia, Rwanda, Seychelles, Sudan, Swaziland, Uganda, Tanzania, Zambia, and Zimbabwe.

le Malawi, Maurice, la Namibie, le Rwanda, les Seychelles, le Soudan, le Swaziland, l'Ouganda, la Tanzanie, la Zambie, et le Zimbabwe.

En octobre 2000,

World Trade Organization Director-General Mike Moore hailed the establishment by nine African countries of a free-trade area covering 170 million people. (45)

Mike Moore, le Directeur Général de l'OMC, a salué la création par neuf pays africains d'une zone de libre-échange couvrant 170 millions de personnes.

Il s'agissait de neuf membres du COMESA.

The nine governments (Djibouti, Egypt, Kenya, Madagascar, Malawi, Mauritius, Sudan, Zambia and Zimbabwe) *have pledged* to integrate their economies further by permitting the *free movement of skilled labour* by 2004, the *free movement of people* by 2014 and a currency union by 2025. (45)

Les neuf Etats (Djibouti, l'Egypte, le Kenya, Madagascar, l'île Maurice, le Soudan, la Zambie et le Zimbabwe) *se sont engagés* à poursuivre l'intégration de leurs économies en permettant la *libre circulation de la main-d'oeuvre qualifiée* d'ici 2004, la *libre circulation des personnes* d'ici 2014 et une union monétaire d'ici 2025.

to permit the free movement of skilled labour — *permettre la libre circulation de la main-d'oeuvre qualifiée*

free movement of people — *libre circulation des personnes* (cf. p.156)

2. Economic Community of West African States

2. La Communauté Economique des Etats de l'Afrique de l'Ouest

ECOWAS

La CEDEAO

The sixteen members of ECOWAS agreed, by the Treaty of Lagos in 1975, to develop a customs union, and in 1981, at Freetown, Sierra Leone, concluded a plan for the elimination of trade restrictions. The Treaty was revised in 1993. The aim is for the *gradual elimination* of all *barriers to trade* in goods and services, the free movement of people

En 1975, par le Traité de Lagos, les seize membres de la CEDEAO ont convenu de créer une union douanière, et en 1981, à Freetown, en Sierra Leone, ont conclu un plan d'élimination des restrictions commerciales. Le Traité a été révisé en 1993. L'objectif est l'*élimination progressive* de toutes les *barrières commerciales* concernant les biens et

between member states and the improvement in inter-regional transport and telecommunications. (46)

les services, la libre circulation des individus entre les Etats membres et l'amélioration des télécommunications et du transport inter-régionaux.

gradual elimination — *élimination progressive*

the free movement of goods — *la libre circulation des marchandises* (cf. p.156)

West Africa — *l'Afrique de l'Ouest*, *l'Afrique Occidentale*

Les membres de la CEDEAO sont :

Benin, Burkina Faso, Cape Verde, Côte d'Ivoire, the Gambia, Ghana, Guinea, Guinea-Bissau, Liberia, Mali, Mauritania, Niger, Nigeria, Senegal, Sierra Leone, and Togo.

le Bénin, le Burkina Faso, le Cap-Vert, la Côte-d'Ivoire, la Gambie, le Ghana, la Guinée, la Guinée-Bissau, le Libéria, le Mali, la Mauritanie, le Niger, le Nigéria, le Sénégal, la Sierra Léone, et le Togo.

3. West African Economic and Monetary Union UEMOA

3. L'Union Economique et Monétaire Ouest-Africaine L'UEMOA

a remplacé en 1994 la Communauté Economique de l'Afrique de l'Ouest (CEAO) fondée en 1973. Elle comprend :

Benin, Burkina Faso, Côte d'Ivoire, Guinea-Bissau, Mali, Niger and Senegal.

le Bénin, le Burkina Faso, la Côte-d'Ivoire, la Guinée-Bissau, le Mali, le Niger et le Sénégal.

CEAO's objective was to create a customs union among the partners and to promote "equitable and balanced" economic growth of all its members. To achieve the latter objective, CEAO Treaty envisaged a made-to-measure structure of tariff and tax preferences on intra-CEAO trade in industrial products to suit the "protection needs" of various member states. (43)

L'objectif de la CEAO était de créer une union douanière entre les partenaires et de promouvoir une croissance économique "équitable et équilibrée" pour tous ses membres. Pour atteindre ce dernier objectif, le Traité de la CEAO envisageait une structure sur mesure de préférences tarifaires et fiscales pour le commerce des produits industriels intra-CEAO afin de répondre aux "besoins de protection" de divers Etats membres.

tariff preferences	*préférences tarifaires* *droits de douane préférentiels*
intra-CEAO trade	*commerce/échanges intra-CEDEAO* *commerce/échanges entre les pays de la CEAO*

"tariff and tax preferences" fait référence aux droits de douane et régimes fiscaux préférentiels accordés aux membres de la CEAO.

This created a distorted structure of effective protection that did not conform to any economic criterion and prevented effective market integration to take root. (43)

Ceci engendra un protectionnisme effectif à la structure dénaturée n'obéissant à aucun critère économique et s'opposant à l'ancrage d'une réelle intégration des marchés.

effective *effective demand*	*effectif, réel; efficace* *demande effective*

Dans l'expression "effective market integration", "effective" est un adjectif qualifiant "integration". Par ailleurs, on trouvera :

effective market	*marché réel*

c'est-à-dire l'ensemble des consommateurs d'un produit ou d'un service.

The new initiative, UEMOA, is supposed to set the pace for a new form of integration that is outward-oriented, does away with the past deficiencies and *import-substituting* philosophy of CEAO, and prods the member countries towards the adoption of more liberal and less distorted trade and tax regimes. (43)

La nouvelle initiative, l'UEMOA, censée donner le ton pour une nouvelle forme d'intégration ouverte vers l'extérieur, se défait des faiblesses et de la philosophie de *substitution à l'importation* marquant autrefois la CEAO, et pousse les pays membres à l'adoption de régimes fiscaux et commerciaux plus libéraux et moins dénaturés.

import-substituting philosophy	*philosophie de substitution à l'importation* (cf. p.74)

Dans "The new initiative", "initiative" prend le sens de "projet, plan, programme" et rappelle le programme américain de recherches nommé

Strategic Defense Initiative	*Initiative de Défense Strategique* (1983)

couramment appelé "guerre des étoiles".

4. Economic Community of Central African States

4. La Communauté Economique des Etats d'Afrique Centrale

CEEAC

La CEEAC

La CEEAC a été créée en 1983; ses membres sont

Angola, Burundi, Cameroon, the Central African Republic, Chad, the Democratic Republic of the Congo, the Republic of the Congo, Equatorial Guinea, Gabon, Rwanda, and Sao Tomé and Principe.

l'Angola, le Burundi, le Cameroun, la République Centrafricaine, le Tchad, la République Démocratique du Congo, la République du Congo, la Guinée Equatoriale, le Gabon, le Rwanda, et Sao Tomé-et-Principe.

Central African states

Etats d'Afrique Centrale

Notons que le sigle français "CEEAC" est également utilisé en anglais. D'autre part, en français, la République Démocratique du Congo, ex-République du Zaïre, est dite également Congo-Kinshasa tandis que la République du Congo est également dite Congo-Brazzaville, Kinshasa et Brazzaville étant les noms des deux capitales.

5. Economic and Monetary Community of Central Africa EMCCA

5. La Communauté Economique et Monétaire en Afrique Centrale La CEMAC

a succédé en 1998 à l'Union Douanière et Economique de l'Afrique Centrale (UDEAC). Elle comprend :

Cameroon, the Central African Republic, Chad, the Republic of Congo, Equatorial Guinea, Gabon.

le Cameroun, la République Centrafricaine, le Tchad, la République du Congo, la Guinée Equatoriale, le Gabon.

Central Africa
The Central African Republic

Afrique Centrale
La République Centrafricaine, le Centrafrique

6. Southern African Development Community

6. La Communauté de Développement de l'Afrique Australe

SADC

La CDAA

a remplacé en 1992 la Southern African Development Coordination Conference (SADCC) créée en 1979. Elle comprend quatorze membres :

Angola, Botswana, Lesotho, Malawi, Mauritius, Mozambique, Nami-

l'Angola, le Botswana, le Lésotho, le Malawi, Maurice, le Mozambi-

bia, the Republic of the Congo, Seychelles, Swaziland, South Africa, Tanzania, Zambia, and Zimbabwe.

que, la Namibie, la République du Congo, les Seychelles, le Swaziland, l'Afrique du Sud, la Tanzanie, la Zambie, et le Zimbabwé.

South Africa — *Afrique du Sud, Afrique Australe*

E. Asia and the Pacific Rim

E. L'Asie et la Bordure Pacifique

There are numerous regional trading blocs in Asia and the Pacific Rim. (18)

Il existe de nombreux blocs commerciaux régionaux en Asie et sur la bordure Pacifique.

Pacific Rim countries — *Pays de la Bordure Pacifique*

parmi lesquels nous évoquerons :

1. Association of SouthEast Asian Nations
ASEAN

1. L'Association des Nations du Sud Est Asiatique
L'ANSEA
L'ASEAN

L'acronyme ASEAN est le plus souvent conservé en français. Si l'acronyme ANASE, pour "Association des Nations d'Asie du Sud-Est", est rarement utilisé, par manque d'euphonie, on pourra trouver l'acronyme ANSEA, pour "Association des Nations du Sud Est Asiatique", dans certains ouvrages, parmi lesquels *L'état du monde, Annuaire économique géopolitique mondial 2001*.

The ASEAN Free Trade Area in South East Asia

La zone de libre-échange de l'ASEAN en Asie du Sud-Est

An association set up in 1967 by five countries in South-East Asia: Indonesia, Malaysia, the Philippines, Singapore and Thailand. In 1976, the Association agreed to a list of industrial projects covering petrochemicals, fertilizers, steel, soda ash, newsprint and rubber, on which the group would cooperate in the construction of major plants. (47)

Association créée en 1967 par cinq pays d'Asie du Sud-Est: l'Indonésie, la Malaisie, les Philippines, Singapour et la Thaïlande. En 1976, l'Association approuva une liste de projets couvrant produits pétrochimiques, engrais, acier, carbonate de soude, papier journal et caoutchouc, auxquels le groupe était disposé à coopérer pour la construction d'importantes unités de production.

to agree to a project — *donner son adhésion à un projet*

petrochemicals — *produits pétrochimiques*

plant — *unité de production, installations*

Brunei joined the Association in 1984, Vietnam in 1995 and Burma and Laos in 1997. In 1994 it was agreed that import tariffs on intra-ASEAN trade should be reduced to a maximum of 5 per cent by 2003, subject to the right to exclude some sensitive traded goods or services. (47)

Brunéi a adhéré à l'Association en 1984, le Vietnam en 1995, la Birmanie et le Laos en 1997. En 1994, il fut convenu que les taxes à l'importation sur le commerce intra-ASEAN devraient être réduites à 5 pour cent maximum avant 2003, sous réserve du droit d'exclure certains biens ou services sensibles faisant l'objet d'échanges.

intra-ASEAN trade — *commerce/échanges intra-ASEAN*, *commerce/échanges entre les pays de l'ASEAN*

Burma — *la Birmanie*

est aujourd'hui appelée Myanmar, en anglais comme en français.

Les membres actuels de l'ASEAN sont :

Brunei Darussalam, Burma, Indonesia, the Lao People's Democratic Republic, Malaysia, Myanmar, the Philippines, Singapore, Thailand, and Vietnam.

Brunéi, la Birmanie, l'Indonésie, la République Démocratique du Peuple Laotien, la Malaisie, Myanmar, les Philippines, Singapour, la Thaïlande, et le Vietnam.

En Français, Brunei Darussalam, Brunéi "havre de paix", devient simplement Brunéi, Brunei ou Bruneï.

2. Asia-Pacific Economic Co-operation APEC

or

Asia-Pacific Economic Co-operation Forum

2. La Coopération Economique en Asie-Pacifique L'APEC

ou

Forum de Coopération Economique en Asie-Pacifique

L'acronyme "APEC" est conservé en français ; on dit : les pays de l'APEC. C'est une forme d'intégration régionale intermédiaire, regroupant pays développés et pays en développement.
C'est en 1989, à la Conférence de Canberra, en Australie, qu'a été instituée la Coopération économique en Asie-Pacifique. Sezer et Kilmister écrivent en 1999 :

The Asia-Pacific Economic Co-operation was founded in 1989. It *currently* has 18 members: the six ASEAN countries of Brunei, Indonesia, Malaysia, the Philippines,

La Coopération Economique en Asie-Pacifique a été fondée en 1989. Elle a *actuellement* 18 membres : les six pays de l'ASEAN : Brunéi, l'Indonésie, la Malaisie, les Philippines,

Singapore and Thailand; the three NAFTA countries; Australia, New Zealand, Papua New Guinea, Chile, Japan, Taiwan, South Korea, China and the autonomous region of Hong Kong, which maintains a separate membership of APEC. *Negotiations under way* for Vietnam, Cambodia and Burma to join ASEAN may well add more members to APEC as well. (48)

Singapour et la Thaïlande; les trois pays de l'ALENA; l'Australie, la Nouvelle-Zélande, la Nouvelle-Guinée-Papouasie, le Chili, la Japon, Taïwan, la Corée du Sud, la Chine et la région autonome de Hong-Kong, qui conserve une adhésion séparée à l'APEC. *Les négociations en cours* pour l'adhésion du Vietnam, du Cambodge et de la Birmanie à l'ASEAN pourraient bien ajouter aussi de nouveaux membres à l'APEC.

APEC membership	*nombre de membres de l'APEC* *adhésion à l'APEC*
to maintain a separate membership of APEC	*maintenir une adhésion séparée à l'APEC*
negotiations under way *ongoing negotiations*	*négociations en cours*

Asia-Pacific Economic Cooperation (APEC) was established in 1989 in response to the growing interdependence among Asia-Pacific economies. Begun as an informal dialogue group, APEC has since become the primary regional vehicle for promoting *open trade* and practical economic cooperation. Its goal is *to advance* Asia-Pacific economic dynamism and *sense of community*. Today, APEC's 21 member economies have a combined Gross Domestic Product of over US$18 trillion in 1999 and 48.35 percent of global trade. (49)

La Coopération Economique en Asie-Pacifique (APEC) a été créée en 1989 en réponse à l'interdépendance croissante entre les économies d'Asie-Pacifique. Au départ groupe informel de dialogue, l'APEC est depuis devenu le principal vecteur régional de la promotion d'un *commerce ouvert* et d'une coopération économique concrète. Son but est de *faire progresser* le dynamisme économique et le *sentiment communautaire* de la région Asie-Pacifique. Aujourd'hui, les 21 économies membres de l'APEC ont un Produit Intérieur Brut combiné de plus de 18 billions de dollars en 1999 et 48,35 pour cent du commerce mondial.

open trade	*commerce ouvert*
trade as a vehicle for development	*le commerce comme vecteur de développement*

trillion (US)	*billion (1000 milliards)*
trillion (Brit.)	*trillion (1 000 000 milliards)*

Seizer et Kilmister écrivent :

APEC is clearly a much larger grouping, both in terms of population and numbers of countries, than NAFTA or Mercosur, or even the EU. Consequently, it is *more loosely structured* than these groupings. While it is concerned with *intra-regional issues*, APEC also attempts to act as a pressure group in *global trade negotiations*. (48)

Tant en termes de population que de nombre de pays membres, l'APEC est à l'évidence un groupement beaucoup plus important que l'ALENA ou le Mercosur, ou même l'UE. En conséquence, il est *structuré de façon plus souple* que ces groupements. Tout en s'occupant de *questions intra-régionales*, l'APEC s'efforce aussi d'agir comme groupe de pression dans les *négociations commerciales mondiales*.

intra-regional issues	*questions intra-régionales*
global trade negotiations	*négociations commerciales mondiales*

En 2001, les membres de l'APEC sont

Australia, Brunei Darussalam, Canada, Chile, People's Republic of China, Hong Kong (China), Indonesia, Japan, The Republic of Korea*, Malaysia, Mexico, New Zealand, Papua New Guinea, Peru, the Philippines, the Russian federation, Singapore, Taiwan (China), Thailand, the United States, and Vietnam.

l'Australie, Brunéi Darussalam, le Canada, le Chili, la République Populaire de Chine, Hong-Kong (Chine), l'Indonésie, le Japon, la République de Corée, la Malaisie, le Mexique, la Nouvelle-Zélande, la Papouasie-Nouvelle-Guinée, le Pérou, les Philippines, la Fédération de Russie, Singapour, Taiwan (Chine), la Thaïlande, les Etats-Unis et le Vietnam.

**the Republic of Korea = South Korea*	*la République de Corée = la Corée du Sud*

Mexico is going to host the 14th APEC Ministerial Meeting and the Tenth APEC Economic Leaders Meeting in 2002. (49)

Le Mexique va accueillir la 14ème Réunion Ministérielle de l'APEC et la 10ème Réunion des Leaders Economiques de l'APEC en 2002.

Les 18 membres de l'APEC ont décidé la création d'une zone de libre-échange d'ici 2020.

3. Australia New Zealand Closer Economic Relations Trade Agreement ANZCERTA

3. L'Accord de Rapprochement Economique entre l'Australie et la Nouvelle-Zélande L'ACRANZ

L'acronyme NAFTA existait bien avant la création de l'ALENA. En effet, dès 1965, l'Australie et la Nouvelle Zélande avaient signé l'

New Zealand Australia Free Trade Agreement (NAFTA)

Accord de Libre-Echange Australie-Nouvelle-Zélande

pour promouvoir le libre-échange. A la suite des négociations menées par les deux gouvernements en 1980-82, cet accord fut remplacé par l'Accord de Rapprochement Economique entre l'Australie et la Nouvelle-Zélande (ACRANZ) (50) connu sous le sigle CER (Closer Economic Relations). Là où l'anglais emploie l'acronyme CER, le français dit "les CER" ou "le CER".

On 1 January 1983 the *Closer Economic Relations Agreement* between Australia and New Zealand (CER) replaced the 1966 New Zealand Australian Free Trade Area. CER was planned to bring about a complete free trade area by 1995 - that is, all *border restrictions* were to be ended within 12 years. (51)

Le 1er janvier 1983, l'*Accord de rapprochement économique* entre l'Australie et la Nouvelle-Zélande (CER) a remplacé la Zone de Libre-Echange Australie-Nouvelle-Zélande créée en 1966. Les CER devaient faire place à une zone de libre-échange total dès 1995, c'est-à-dire qu'en 12 ans toutes les *restrictions frontalières* devaient être éliminées.

border restrictions

restrictions frontalières
entraves à la libre circulation transfrontalière

Tariffs were to be *phased out* by 1988, performance-based *export incentives* by 1987, and *quantitative import restrictions* and tariff quotas by 1995. In fact, this target for the ending of these forms of assistance was achieved on 1 July 1990, some five years ahead of the schedule. In addition, anti-dumping actions against the trans-Tasman partner ceased from the same date. (51)

Les tarifs douaniers devaient être *supprimés progressivement* avant 1988, les *primes à l'exportation* liées au rendement avant 1987, et les *restrictions quantitatives des importations* et les quotas tarifaires avant 1995. En fait, cet objectif de suppression de ces formes d'assistance fut atteint le 1er juillet 1990, quelque cinq ans plus tôt que prévu. En outre, les mesures anti-dumping contre le partenaire trans-Tasmanien ont cessé à partir de la même date.

export incentives	*primes à l'exportation*
quantitative import restrictions	*restrictions quantitatives des importations*
tariff phase-outs	*élimination progressive des tarifs douaniers*

La dénomination "trans-Tasman partner" s'explique par le fait que l'Australie et la Nouvelle Zélande sont deux pays séparés par la mer de Tasman.

IV. The dangers of regional blocs : a regional drift, slowly but clearly dividing the trading world, bloc by bloc

IV. Les dangers des blocs régionaux : une dérive régionale, divisant lentement mais clairement le monde commercial, bloc après bloc

drift	*dérive*

Emplois spécifiques :

wage drift	*dérive des salaires*
drift of population from the country into the town	*exode rural*

The dangers of regional blocs have been debated at least since Churchill promoted the idea of *balancing powers* in Europe, Asia and the Americas. (40)

Les dangers des blocs régionaux sont discutés au moins depuis que Churchill a lancé l'idée d'*équilibrer les pouvoirs* en Europe, en Asie et aux Amériques.

balance of power	*équilibre des forces*

The problem: every free-trade zone is double-edged, because lowering barriers to members effectively raises the bar for outsiders. (40)

Le problème: chaque zone de libre-échange est ambivalente, car abaisser les barrières pour les membres relève de fait l'obstacle pour les non-membres.

double-edged	*à double tranchant, ambigu, ambivalent* *qui peut avoir deux effets opposés*

Les dangers sont multiples. Jagdish Bhagwati, économiste spécialiste du commerce international,

has compared the current race *to cut*

a comparé la course actuelle pour

"discriminatory" free trade *deals* to the disastrous *tariff wars* of the early 1930s. (40)

passer des accords de libre-échange "discriminatoires" aux désastreuses *guerres tarifaires* du début des années 1930.

to cut a deal	*passer un accord*
tariff wars	*guerres tarifaires*

Pour lui, ces "bilaterals" sont

A costly pursuit of free trade"

Une recherche coûteuse du libre-échange.

pursuit	*poursuite, recherche, quête*

C'est ainsi qu'il intitule son article du *Financial Times* du 6 mars 2001, insistant en sous-titre sur le fait que

The *advances* achieved by the World Trade Organization are threatened by a tide of bilateral agreements. (52)

Les *avancées* obtenues par l'Organisation Mondiale du Commerce sont menacées par une vague d'accords bilatéraux.

bilateral agreements	*accords bilatéraux*
bilaterals	

Jagdish Bagwati dénonce

an ever-expanding number of bilateral and near-bilateral preferential trade agreements (PTAs), mainly free trade agreements. (52)

un nombre toujours croissant d'accords commerciaux préférentiels bilatéraux ou quasi-bilatéraux, principalement des accords de libre-échange.

Six years ago, there were only about 100 preferential bilateral agreements. Today they have multiplied fourfold. (52)

Il y a six ans, il n'y avait qu'une centaine d'accords bilatéraux préférentiels. Aujourd'hui ils ont quadruplé.

to multiply fourfold	*quadrupler*

Bilaterals are creating systemic confusion. We face a veritable *maze of trade barriers* that vary for every *importing country*: the required *rules of origin* vary by sectors and country for each bilateral signed. (52)

Les accords bilatéraux créent une confusion généralisée. Nous sommes confrontés à un véritable *dédale de barrières commerciales* qui varient pour chaque *pays importateur*: les *règles d'origine* requises varient selon les secteurs et le pays pour chaque accord bilatéral signé.

maze *a maze of trade barriers*	*dédale, labyrinthe, enchevêtrement* *un dédale de barrières commerciales*
importing country	*pays importateur*
rules of origin	*règles d'origine* (cf. pp.94-5, 158)
systemic	*général, généralisé*

Le 27 avril 2001, on pouvait lire dans le *Financial Times* que

Growing competition to negotiate *preferential trade deals* with developing countries has also widened transatlantic differences. Mr Bush has thrown his weight behind plans for a Free Trade Agreement of the Americas (FTAA). The EU *has encroached on* the US backyard by concluding a deal with Mexico and starting negotiations with the Mercosur trade bloc, while both big powers *are holding talks* with Chile. (53)	La concurrence croissante pour négocier des *accords commerciaux préférentiels* avec les pays en développement a également élargi les divergences transatlantiques. M. Bush a soutenu sans réserve les plans d'Accord de Libre-Echange des Amériques (ALEA). L'UE *a empiété sur* le domaine des Etats-Unis en concluant un accord avec le Mexique et en ouvrant des négociations avec le bloc commercial du Mercosur, tandis que les deux grandes puissances *ont des pourparlers* avec le Chili.

preferential trade deals/agreements *preferential trading agreements* (26)	*accords commerciaux préférentiels*
to hold talks with	*avoir/tenir/organiser des pourparlers/des négociations avec*
to encroach on sth *to encroach on so's backyard*	*empiéter sur qch* *empiéter sur le domaine de qun*

L'utilisation de "backyard" est symbolique : " in one's (own) backyard" signifie

close to where one lives; within one's own area of operation (OAL)	près de chez soi, dans sa sphère d'activité

Rappelons l'acronyme NIMBY pour "not in my backyard" qui a été totalement lexicalisé; par exemple "a nimby attitude" signifiera "une attitude égoïste".

Le 23 avril 2001, *Newsweek* comptabilise ces accords :

The European Union has a growing *roster* of *preferential trade agreements* with 27 countries, the United States with only three (Mexico, Canada and Israel). To catch up, the Bush trade agenda includes building the trade zone of the Americas, and new deals with Chile, Jordan and Singapore, as well as the Andean and Balkan nations. (40)

Si l'Union Européenne voit augmenter sa liste d'*accords commerciaux préférentiels* avec 27 pays, les Etats-Unis n'en ont qu'avec trois pays (Mexique, Canada et Israël). Pour rattraper ce retard, *le programme de négociations commerciales* de Bush comprend la constitution de la zone commerciale des Amériques, et de nouveaux accords avec le Chili, la Jordanie et Singapour, ainsi que les nations des Andes et des Balkans.

roster	*liste, tableau (de service)*
agenda	*ordre du jour, programme*
trade agenda	*ordre du jour des négociations commerciales* *programme de négociations commerciales*

A l'expression "trade agenda", le Site Internet de l'OMC donne pour équivalent "activités multilatérales concernant le commerce".

Pour Fred Bergsten, Directeur de l'Institute of International Economics de Washington,

Washington's focus on the Americas will stir up "economic conflict on two fronts", by provoking Europe and Asia *to tighten their own alliances*. (40)

la focalisation de Washington sur les Amériques suscitera "un conflit économique sur deux fronts", en poussant l'Europe et l'Asie à *resserrer leurs propres alliances*.

to tighten one's alliances	*resserrer ses alliances*
to stir up (ph.v.)	*provoquer, éveiller, susciter*

NOTES

(1) http://www.xrefer.com
(2) http://www.worldbank.org/data/wdi2000/pdfs/tab6_5.pdf
(3) D. Salvatore, *International Economics*, Study Guide, p.59.
(4) T. Walther, *The World Economy*, p.399.
(5) T. Walther, *op. cit.*, p.395.
(6) J. Jackson, *The Jurisprudence of GATT and the WTO - Insights on Treaty Law and Economic Relations*, p.64.
(7) P. Brenton, H. Scott & P. Sinclair, *International Trade, A European Text*, p.269.
(8) P. Kenen, *The International Economy*, p.250.
(9) G. Bannock, E. Baxter & E. Davis, *The Penguin Dictionary of Economics*, p.91.
(10) D. Salvatore, *International Economics, Study Guide*, p.61.
(11) J-M. Siroën, *La régionalisation de l'économie mondiale*, p.106.
(12) Collins *Dictionary of Economics*, p.536.
(13) P. Brenton, H. Scott & P. Sinclair, *International Trade, A European Text*, p.273.
(14) *The Economist*, November 11th, 2000, p.110.
(15) T. Walther, *The World Economy*, p.393.
(16) T. Walther, *op. cit.*, p.396.
(17) P. Brenton, H. Scott & P. Sinclair, *International Trade, A European Text*, p.12.
(18) P. Brenton, H. Scott & P. Sinclair, *op. cit.*, p.271.
(19) P. Kenen, *The International Economy*, p.218.
(20) P. Brenton, H. Scott & P. Sinclair, *International Trade, A European Text*, p.325.
(21) P. Brenton, H. Scott & P. Sinclair, *op. cit.*, p.117.
(22) Encyclopaedia Britannica, Book of the Year 1991, p.233.
(23) G. Bannock, E. Baxter & E. Davis, *The Penguin Dictionary of Economics*, p.136.
(24) H. Seizer & A. Kilmister, «Economic integration», p.117 in J. Piggott & M. Cook (eds).
(25) http://www.nafta.org
(26) P. Krugman & M. Obstfeld, *International Economics*, p.242.
(27) P. Kenen, *The International Economy*, p.258.
(28) *The Economist*, October 3rd 1998, Special Report.
(29) Collins *Dictionary of Economics*, p.535.
(30) *Newsweek*, April 23rd 2001, p.42.
(31) *Time*, April 16, 2001, p.16.
(32) *Business Week* April 23, 2001, p.32.
(33) Cf. "barriers to entry" in J. Percebois, *L'Anglais de la Microéconomie*, pp.159-162.
(34) Encyclopaedia Britannica, Micropaedia II p.682.
(35) G. Bannock, E. Baxter & E. Davis *The Penguin Dictionary of Economics*, p.55
(36) J-P. Deler, «L'Amérique latine, miroir de la mondialisation», p.12.
(37) G. Bannock, E. Baxter & E. Davis, *The Penguin Dictionary of Economics*, p.7.
(38) M. Swan, *Practical English Usage*, p.227.
(39) P. Kenen, *The International Economy*, p.249.
(40) *Newsweek*, April 23rd, 2001, p.41.
(41) *Time*, April 16, 2001, p.20.
(42) G. Bannock, *The Penguin Dictionary of Economics*, p.53.
(43) http://www.worldbank.org/wbiep/trade/RI_map.html
(44) P. Brenton, H. Scott & P. Sinclair, *International Trade, A European Text*, p.270.
(45) http://www.wto.org
(46) G. Bannock, *The Penguin Dictionary of Economics*, p.117.
(47) G. Bannock, *The Penguin Dictionary of Economics*, p.11.
(48) H. Seizer & A. Kilmister, «Economic integration», p.121 in J. Piggott & M. Cook (eds).
(49) http://www.apecsec.org.sg
(50) L'acronyme "Acranz" (accord sur la zone de rapprochement économique Australie et Nouvelle-Zélande) est employé, par exemple, par Annie Krieger-Krynicki dans *L'Organisation Mondiale du Commerce - Structures juridiques et politiques de négociation*, p.135.
(51) P.Lloyd, *International Trade Opening and the Formation of the Global Economy*, p.154.
(52) *Financial Times*, Tuesday March 6th, 2001, p.15.
(53) *Financial Times* Friday April 27th, 2001, p.8.

Chapter 6

Chapitre 6

North-South trade

Le commerce Nord-Sud

I. Introduction

I. Introduction

Le commerce entre les pays industrialisés et les pays en développement est

often referred to as "*North-South trade*" because most *advanced nations* are still in the temperate zone of the Northern hemisphere. (1)

souvent qualifié de *commerce Nord-Sud* parce que la plupart des *nations avancées* sont toujours dans la zone tempérée de l'hémisphère Nord.

advanced nations — *nations avancées*
industrialized countries — *pays industrialisés*
developed countries — *pays développés*

Pour qualifier ce niveau de développement, Joseph Stiglitz parle également de "industrialized or more developed countries (MDCs), Japan, the United States."(2)

more developed countries (MDCs) — *pays les plus avancés.*

En novembre 1999, Stiglitz déclare ainsi :

To many in the developing world, trade policy in the *more developed countries* seems more a matter of self-interest than of general principle.
(2)

Pour beaucoup de gens dans le monde en développement, la politique commerciale des *pays les plus avancés* semble davantage une question d'intérêt personnel qu'une question de principe.

Les acceptions des termes "hémisphère" en français et "hemisphere" en anglais font apparaître une différence culturelle. Comparons la définition du *Petit Robert* : «Chacune des deux moitiés du globe limitée par l'équateur. Hémisphère nord ou boréal, sud ou austral» et celle de l'*Oxford Advanced Learner's Dictionary* :

hemisphere: 2. a half of the earth, esp as divided by the equator (the Northern/Southern hemisphere) or by a line passing through the poles (the Eastern hemisphere, ie Europe, Africa, Asia, Australia, and the

hémisphère: 2. une moitié de la terre, en part. telle qu'elle est divisée par l'équateur (l'hémis-phère Nord/Sud) ou par une ligne passant par les pôles (l'hémisphère oriental, cad l'Europe, l'Afrique, l'Asie,

Western hemisphere, ie North and South America. OAL

l'Australie, et l'hémisphère occidental, cad l'Amérique du Nord et du Sud.

the Northern hemisphere — *l'hémisphère Nord*
the Southern hemisphere — *l'hémisphère Sud*

Les expressions "hémisphère oriental" et "hémisphère occidental", formulées pour les besoins de l'adaptation française du texte anglais ci-dessus, ne sont pas usitées en français.

II. A development-based classification

II. Classement en fonction du développement

On constate une évolution de la terminologie dans le temps. En français, "pays sous-développé", en anglais, "under-developed country", tendent à être évités, dans ce que l'on qualifiera de démarche d'euphémisation, "hedging", ou de recherche d'une langue dite "politiquement correcte".

Krugman et Obstfeld (1997) signalent ce type de démarche :

Developing country is a term used by international organizations that has now become standard, even though some "developing" countries have had declining living standards for a decade or more. A more descriptive but less polite term is *less-developed countries* (LDCs). (3)

Pays en développement est un terme utilisé par les organisations internationales qui est aujourd'hui devenu courant, même si certains pays "en développement" connaissent une baisse de niveau de vie depuis une décennie ou davantage. Un terme plus descriptif mais moins poli est *pays moins développés* (PMD).

Nous traduisons ici "less developed countries" par "pays moins développés" qui correspond bien à la présentation qu'en font ci-dessus Krugman et Obstfeld. Toutefois, "pays moins développés" est assez rarement employé, les adaptations en français les plus courantes de "less developed countries" sont "pays en développement" ou "pays en voie de développement

developing countries — *pays en développement, PED*
less developed countries, LDCs — *pays en voie de développement, PVD*
pays moins développés (PMD)

En français, l'usage de la dénomination "pays en voie de développement (PVD) tend à diminuer au profit de "pays en développement".

Au début des années 1950, le démographe français Alfred Sauvy a créé l'expression "Tiers Monde", traduite en anglais par "Third World". Inspirée du "Tiers-Etat",

l'expression "Tiers Monde" entendait désigner les pays n'appartenant ni au monde capitaliste, ni au monde socialiste.
Transposant la fameuse phrase de Sieyes sur le Tiers-Etat pendant la Révolution française, Sauvy terminait ainsi son article : «Car enfin ce Tiers Monde ignoré, exploité, méprisé comme le Tiers-Etat, veut, lui aussi, être quelque chose». (4)
Ce mépris que pouvait impliquer la dénomination "under-developed countries", constat sec d'un état inférieur de développement, s'estompe avec la référence aux "less developed countries" qui ne signale qu'un état moindre de développement; tandis que le terme de "developing countries" témoigne de l'espoir en l'avenir. De même, des "transition economies" ou "emerging economies" aux "newly industrializing countries", la terminologie témoigne d'un certain optimisme.

A. Developing countries

Until the 1970s trade between advanced industrial nations and less-developed economies [...] *consisted* overwhelmingly of an exchange *of Northern manufactures* for Southern raw materials and agricultural goods, such as oil and coffee. From 1970 onward, however, former *raw material exporters* increasingly began to sell manu-factured goods to *high-wage countries* like the United States. (1)

A. Les pays en développement

Jusqu'aux années 1970, le commerce entre les nations industrielles avancées et les économies en développement *consistait* essentiellement *en* un échange de *produits manufacturés du Nord* contre des matières premières et des produits agricoles du Sud, tels que le pétrole et le café. A partir de 1970, toutefois, les anciens *exportateurs de matières premières* se sont mis progressivement à vendre des produits manufacturés à des *pays à forts salaires* comme les Etats-Unis.

Northern manufactures	*les produits manufacturés du Nord*
manufactures *manufactured goods* *manufactured products*	*produits manufacturés*
Southern raw materials *raw material exporters*	*les matières premières du Sud* *exportateurs de matières premières*
to consist of sth *to consist in doing sth*	*consister en qch* *consister à faire qch*
an exchange of A for B *to exchange A for B*	*un échange de A contre B* *échanger A contre B*

Dans les pays en développement, deux grandes catégories vont apparaître. Selon Robert M. Dunn Jr et James C. Ingram (1996),

it is now possible to think of deve-

on peut aujourd'hui penser que les

loping countries as falling into two broad categories (5) :

pays en développement se divisent en deux grandes catégories :

to fall into a category — *faire partie d'une catégorie*

to fall into two categories — *se diviser en deux catégories*

Le "past trading pattern" correspond aux pays les moins avancés (PMA) tandis que le "new trading pattern" correspond aux nouveaux pays industrialisés (NPI).

Les pays qui s'identifient à l'

past trading pattern : — *ancienne structure des échanges :*

sont

Those countries that are still in the historic developing country pattern of exporting primary products and importing manufactured goods, and that therefore depend vitally on the ratio of prices of *primary products* to prices of manufactured goods. (5)

Les pays qui ont encore la structure historique des pays en développement exportant des produits primaires et important des produits manufacturés, et qui dépendent donc de façon vitale du rapport des prix des *produits de base* aux prix des produits manufacturés.

primary products (6) — *produits de base* (cf.pp.196-200)

The terms of trade of these countries peaked in the 1970s and are now well below levels that prevailed then. (5)

Les termes de l'échange de ces pays ont plafonné dans les années 1970 et sont aujourd'hui bien inférieurs aux niveaux existant alors.

to peak (i.v.) — *plafonner, culminer*

This category includes almost all of *the OPEC members*, all of *Sub-Saharan Africa* except South Africa, and countries such as Ecuador and Bolivia in Latin America. (5)

Cette catégorie comprend presque tous *les membres de l'OPEP*, l'ensemble de l'*Afrique Sub-Saharienne* à l'exception de l'Afrique du Sud et des pays tels que l'Equateur et la Bolivie en Amérique Latine.

OPEC members — *les membres de l'OPEP*

Sub-Saharan Africa — *Afrique Sub-Saharienne*

A few *Asian countries* such as Cambodia and Myanmar (Burma) remain in this category, but most of Asia has shifted from this category to the [next] one within the last two

Un petit nombre de *pays asiatiques* tels que le Cambodge et Myanmar (la Birmanie) restent dans cette catégorie, mais la majeure partie de l'Asie est passée de cette catégorie à

decades. (5) | la [suivante] au cours des deux dernières décennies.

Least developed countries, LLDCs | *Les pays les moins avancés, PMA*

Cette dénomination a été créée en 1964 par la Conférence des Nations Unies pour le Commerce et le Développement (CNUCED). Ce sont les pays les plus pauvres au monde, dont la majeure partie se situe sur le continent africain. Les critères retenus pour cette classification sont :

per capita gross domestic product	*le produit intérieur brut par tête/par habitant*
average per capita income	*le revenu moyen par tête*
literacy rate	*le taux d'alphabétisation*
life expectancy	*l'espérance de vie*

Ces pays

depend heavily on *primary agricultural products* such as cotton, tea and coffee and are, therefore, vulnerable to falling commodity prices. (8)

sont fortement dépendants de *produits agricoles primaires* tels que le coton, le thé et le café et sont donc vulnérables à la baisse des prix des produits primaires.

primary agricultural products | *produits agricoles primaires*

(Nous avons observé chez certains auteurs et en particulier sur l'Internet la tendance à assimiler sous le sigle "LDCs" aussi bien les "least developed countries" que les "less developed countries", ce qui tendrait à opérer un nivellement non conforme à la réalité.)

En juillet 2001, on pouvait lire dans *Problèmes Economiques* : «La Conférence des Nations Unies qui s'est tenue du 14 au 20 mai à Bruxelles a fait ce constat : de 25 il y a dix ans, les PMA sont passés aujourd'hui au nombre de 49, et représentent plus de 600 millions d'habitants» (9). (Il s'agissait de la Troisième Conférence des Nations Unies sur les Pays les Moins Avancés, cf.p.161)

The gap/divide | *Le fossé*

avec les pays industrialisés ne cesse de se creuser. Les PMA se marginalisent de plus en plus. «La création de petites unités de production opérant sur des marchés de niche constitue une alternative réaliste à la faiblesse des investissements et à l'absence de compétitivité des PMA» (9). La dénomination "marché de niche" est la traduction mot à mot de l'expression anglaise "market niche". Faisant référence à ce type de contexte, certains auteurs francophones utiliseront l'expression "stratégie de créneau", le terme "créneau" étant une équivalence habituelle du terme anglais "niche".

La volatilité de leurs recettes d'exportation est une raison des difficultés de cette catégorie de pays qui

typically export large amounts of a small number of products, which makes their export revenues *quite volatile*. (10)	exportent de façon caractéristique de grandes quantités d'un petit nombre de produits, ce qui rend *très volatiles* leurs recettes d'exportation.
export revenues	*recettes d'exportation*
Primary product prices have been *considerably more volatile* than manufactured goods prices during every decade of this century. (10)	Les prix des produits de base ont été *beaucoup plus volatils* que ceux des produits manufacturés dans chaque décennie de ce siècle.
price volatility	*volatilité des prix*
Why are primary products prices so volatile ?	Pourquoi les prix des produits de base sont-ils si volatils ?

Deux explications sont possibles, selon Dunn et Ingram :

One reason may be that the prices of such products are determined in highly competitive auction markets, such as the London Metal Exchange, whereas manufactured goods prices are determined in more oligopolistic markets. (10)	Une raison peut être que les prix de tels produits sont déterminés par enchères sur des marchés très concurrentiels, tels que le London Metal Exchange (LME), tandis que les prix des produits manufacturés sont déterminés sur des marchés plus oligopolistiques.
auction/auction sale *auction market*	*vente aux enchères, vente publique, adjudication*
competitive markets	*marchés concurrentiels*
oligopolistic markets	*marchés oligopolistiques* (11)
Another explanation is that elasticities of supply and demand are lower for primary products than for manufactured goods. (12)	Une autre explication est que les élasticités de l'offre et de la demande sont plus faibles pour les produits de base que pour les produits manufacturés.
demand elasticity *supply elasticity*	*élasticité de la demande* *élasticité de l'offre*

Diverses solutions sont proposées, parmi lesquelles,

Commodity futures markets may	Les *marchés à terme des matières*

hold more promise for reducing export revenue volatility. *Futures markets* allow the sale of a commodity at a price that is now for delivery at a fixed date in the future. (13)

premières peuvent être porteurs de davantage d'espoir de réduction de la volatilité des recettes d'exportation. Les *marchés à terme* permettent la vente d'une matière première au prix actuel pour une livraison à une date ultérieure déterminée.

futures markets — *marchés à terme*
commodity futures markets — *marchés à terme des matières premières*

The long-term answer to the problem of *revenue volatility* is product diversification. (13)

Sur le long terme, la réponse au problème de *la volatilité des recettes* est la diversification des produits.

to diversify into new technologies — *se diversifier dans les nouvelles technologies*
product diversification — *diversification des produits*

Deteriorating terms of trade
Deterioration in terms of trade
Deterioration of terms of trade

Détérioration des termes de l'échange Dégradation des termes de l'échange

The larger problem for *primary product exporters* has been not price volatility, but price declines. [...] The *terms of trade* of primary product exporters peaked in the early 1970s and then declined by almost 50 percent in the next two decades. (13)

Pour les *exportateurs de produits primaires*, le plus gros problème a été non pas la volatilité des prix, mais la baisse des prix. Les *termes de l'échange* des exportateurs de produits primaires ont plafonné au début des années 1970, puis ont décliné de presque 50 pour cent au cours des deux décennies suivantes.

primary product exporters — *exportateurs de produits primaires/produits de base*

Selon Dunn et Ingram, les gouvernements de nombreux pays en développement ont constaté récemment que

reliance on growing exports of primary products was not a promising development strategy. (14)

dépendre de la croissance des exportations de produits de base n'était pas une stratégie de développement prometteuse.

reliance on sb/sth — *dépendance vis-à-vis de qun/qch*
confiance en qun/qch

reliance on trade (they should minimize their reliance on trade)	*dépendance vis-à-vis du commerce* (ils devraient réduire leur dépendance vis-à-vis du commerce)

This realization led to a search for alternatives. (14)	Cette prise de conscience a entraîné la recherche de nouvelles stratégies.
alternative (n)	*alternative, solution de rechange* (cf

B. Newly Industrializing Countries (NICs)	**B. Nouveaux Pays Industrialisés (NPI)**

On pourra définir les

newly industrializing countries, NICs *newly industrialized countries, NICs*	*nouveaux pays industrialisés, NPI*

comme des

less developed countries (LDCs) with particularly rapid industrial development.	pays en développement (PED) ayant un développement industriel particulièrement rapide.

Dominique Pantz (15) emploie l'expression "nouveaux pays en voie d'industrialisation" qui rend l'idée d'un processus en cours incluse dans "industrializing". On trouvera également la dénomination :

newly industrializing economies, NIEs	*nouvelles économies industrialisées, NEI.*

Ces pays présentent

a new trading pattern :	*une nouvelle structure des échanges* *un nouveau modèle de commerce* :

Those countries that have partially or totally broken away from the past trading pattern, and that now export a range of manufactured goods, most of which are *labor-intensive*. (5)	Les pays qui se sont partiellement ou totalement détachés de l'ancien modèle commercial, et qui exportent aujourd'hui une gamme de produits manufacturés, dont la plupart sont *à forte intensité de main-d'oeuvre.*
to break away from	*se détacher de, rompre avec*
labor-intensive	*à forte intensité de main-d'oeuvre*

Parmi ces pays, la terminologie française considère les Nouveaux Pays Industrialisés d'Asie (NPIA). La Banque Mondiale, quant à elle, définit les "high performance Asian economies" correspondant à l'expression "économies dynamiques d'Asie" que l'on pourra retrouver par exemple dans *Problèmes Economiques* (16).

The World Bank definition of *HPAEs (high performance Asian economies)* contains three groups of countries, whose miracle began at different times. First in Japan, which began *rapid economic growth* soon after World War II and now has *per capita income* comparable to the United States and Western Europe.(17)

La définition de la Banque Mondiale des *économies dynamiques d'Asie* comprend trois groupes de pays, dont le miracle a commencé à différentes époques. D'abord au Japon, qui s'est lancé dans une *croissance économique rapide* peu après la 2ème guerre mondiale et a maintenant un *revenu par tête* comparable à celui des Etats-Unis et de l'Europe Occidentale.

high performance Asian economies (HPAEs)
variante :
high performing Asian economies

économies dynamiques d'Asie (EDA)

Ensuite,

In the 1960s rapid economic growth began in four smaller Asian economies, often known as the four "tigers" : Hong-Kong, Taiwan, South Korea, and Singapore. (17)

Dans les années 1960, une période de croissance économique rapide a débuté dans quatre petits pays d'Asie, souvent connus sous le nom des Quatre Dragons : Hong-Kong, Taiwan, la Corée du Sud et Singapour.

Les auteurs français signalent parmi les caractéristiques des NPI, les nouveaux pays industrialisés, "un rythme de croissance économique très rapide" qui correspond à l'expression "rapid economic growth" que nous trouvons dans les deux extraits ci-dessus.

Adaptation d'un texte source en anglais, la version française doit être fidèle à la terminologie française authentique. Or, les pays mentionnés ci-dessus et qualifiés de "Tigers" en anglais, sont, en français, des "Dragons".

The original "Gang of Four" - Taiwan, South Korea, Hong-Kong, and Singapore - began this process, but they have recently been joined by a second wave of *Newly Industrialized Countries* (NICs), including

La "Bande des Quatre" Dragons d'origine, Taïwan, Corée du Sud, Hong-Kong et Singapour, a lancé ce processus, mais ces pays ont été récemment rejoints par une seconde vague de *Nouveaux Pays Industria-*

Thailand, Indonesia, Malaysia, and, of course, China. (5)	*lisés* (NPI), comprenant la Thaïlande, l'Indonésie, la Malaysie et, bien sûr, la Chine (les Tigres).

Situant précisément cette vague de Nouveaux Pays Industrialisés dans le temps, Krugman et Obstfeld écrivent :

Finally, in the late 1970s and the 1980s *rapid growth* began in Malaysia, Thailand, Indonesia, and, most spectacularly, in China. (5)	Enfin, à la fin des années 1970 et dans les années 1980, une phase de *croissance rapide* débuta en Malaisie, Thaïlande, Indonésie et, de la façon la plus spectaculaire, en Chine.

Logiquement, ces pays qualifiés en anglais de "Dragons" seront appelés "Tigres" en français .
Il s'agissait alors de

East Asian countries	*pays d'Asie de l'Est*

Mais d'autres pays entrent dans la même catégorie :

Although it still lags behind its East Asian neighbors, India has started *to experience* rapid growth of exports of manufactured goods and greater economic growth than was the case earlier. (5)	Bien qu'elle soit encore en retard sur ses voisins d'Asie de l'Est, l'Inde a commencé à *connaître* une croissance rapide de ses exportations de produits manufacturés et une croissance économique plus forte que précédemment.
to lag behind so	*être en retard sur qun*
India still lags behind its East Asian neighbors	*l'Inde est encore en retard sur ses voisins d'Asie de l'Est*
the country is experiencing rapid growth	*le pays connaît une croissance rapide*
In the Western Hemisphere, Mexico belongs on the list, with NAFTA as a major impetus to its growth, along with Chile and perhaps Brazil. (5)	Dans l'"Hémisphère Occidental", le Mexique a sa place sur cette liste, l'ALENA étant un des principaux moteurs de sa croissance, avec le Chili et peut-être le Brésil.

Opposer :

to belong on, in à	*faire partie de, aller, être à sa place (sur, dans)*
to belong to sb/sth	*appartenir à qun/qch.*

Nous conclurons cette étude par un tableau récapitulatif des équivalences :

Tigers	Dragons
4 Asian Tigers : South Korea, Taiwan, Singapore and Hong-Kong;	Les Quatre Dragons d'Asie : Corée du Sud, Taiwan, Singapour et Hong-Kong;
Dragons	**(bébés) Tigres**
4 Asian Dragons : Malaysia, Thailand, Indonesia, Philippines	Les quatre Tigres asiatiques : Malaisie, Thaïlande, Indonésie, Philippines

C. Transition economies
Economies in transition
ou
Eastern *emerging economies*

C. Les économies en transition

Economies émergentes de l'Est.

The formerly *centrally planned economies* are generally referred to as the transition economies - that is they are in the process of transition to a *market system*. (18)

Les anciennes *économies à planification centralisée* sont généralement qualifiées d'économies en transition, c'est-à-dire qu'elles sont en cours de transition vers un *système de marché*.

central planning — *planification centralisée*
centrally planned economy — *économie à planification centralisée*

market system — *système de marché*

Countries in transition from a *planned economy* to a *free-market economy*. Specifically refers to Russia and the members of the former Soviet Union and other Communist states in Eastern and Central Europe. (19)

Pays en transition d'une *économie planifiée* à une *économie de marché libre*. Fait en particulier référence à la Russie et aux membres de l'ex-Union Soviétique et à d'autres Etats communistes d'Europe de l'Est et d'Europe Centrale.

planned economy — *économie planifiée*

free-market economy — *économie de marché libre*
market economy — *économie de marché*

Ces pays sont représentés par les sigles (OCDE) :

CEEC, Central and Eastern European Countries

PECO, Pays d'Europe Centrale et Orientale

The process began in October 1989 with the opening of the Berlin Wall between East and West Germany. (19)	Le processus a commencé en octobre 1989 avec la chute du Mur de Berlin entre l'Allemagne de l'Est et de l'Ouest.
with the opening of the Berlin Wall	*avec la chute du Mur de Berlin*
after the Berlin Wall was opened	*après la chute du Mur de Berlin*
German reunification	*réunification de l'Allemagne*
after German reunification	*après la réunification de l'Allemagne*
The countries in transition, unlike developing countries, have highly educated populations, substantial, though generally run-down, infrastructure and large *manufacturing sectors*. The economies are dominated by *heavily indebted state enterprises* with low productivity and generally uncompetitive products and services. Most are characterized by high inflation and unemployment and balance of payments deficits. (19)	A la différence des pays en développement, les pays en transition ont des populations d'un bon niveau d'éducation, des infrastructures conséquentes bien que généralement délabrées et de grands *secteurs industriels*. Les économies sont dominées par des *entreprises publiques lourdement endettées*, à faible productivité et aux produits et services généralement non compétitifs. La plupart se caractérisent par une inflation et un chômage élevés et des déficits de la balance des paiements.
manufacturing sector	*secteur industriel*
manufacturing industries	*industries manufacturières, industries de transformation*
state enterprises	*entreprises publiques*
balance of payments deficit =/= balance of payments surplus	*déficit de la balance des paiements =/= excédent de la balance des paiements*
uncompetitive product	*produit noncompétitif*
The countries most advanced in the process of transition include Poland, Hungary and the Czech and Slovak Republics, which have negotiated	Les pays les plus avancés dans le processus de transition sont la Pologne, la Hongrie et les Républiques Tchèque et Slovaque, qui ont négocié

special relationships with the European Union and aspire to membership. (19)

des relations particulières avec l'Union Européenne et aspirent à y adhérer.

But while there were high hopes for economic performance in the long run, the immediate effects of *the break up of the economic system centered on the Soviet Union* were far less positive. (20)

Mais s'il existait de grands espoirs quant aux résultats économiques à long terme, les effets immédiats de *la dissolution du système économique centré sur l'Union Soviétique* furent beaucoup moins positifs.

break up, breakup	*rupture, dislocation, dissolution, dispersion, démembrement*
performance	*résultats, fonctionnement, rendement*

Remarque concernant l'emploi de "performance". Si le mot a été assimilé en français, et d'abord dans le contexte du sport, avec un sens nécessairement positif, ce n'est pas le cas des acceptions du terme en anglais. Citons pour le confirmer

the poor/disappointing performance of the new machine	*le rendement médiocre/ décevant de la nouvelle machine*
/o/ fine/satisfactory performance	*/o/ bon rendement/ rendement satisfaisant*

Dans les cas de "bad performance", le français pourra avoir recours au terme de "contre-performance".

Why has transition been so difficult? [...] Economic analysis can shed some light on the problem, particularly on the special role played by international trade and finance. (20)

Pourquoi la transition a-t-elle été si difficile ? L'analyse économique peut éclaircir quelque peu ce problème, en particulier le rôle spécial joué par les finances et les échanges internationaux.

to shed light on sth	*éclairer, éclaircir, clarifier qch*

1. Trade in Eastern Europe before 1989.
CMEA trade under communism.

1. Le commerce en Europe de l'Est avant 1989.
Le commerce du CAEM sous le communisme.

Avant 1989,

Trade among *Soviet-bloc nations* was supposed to be *governed* by a

Le commerce entre *les nations du bloc Soviétique* était censé être *régi* par

body known as the Council for Mutual Economic Assistance; the Soviet-centered economic zone is therefore often referred to as the CMEA. (21)	un organisme connu sous le nom de Conseil d'Aide Economique Mutuelle; c'est pourquoi la zone économique formée autour de l'Union Soviétique est souvent qualifiée de CAEM.
Soviet-bloc nations	*les nations du bloc Soviétique*
body	*organisme; organe*
The CMEA was largely shut off from *external trade*.	Le CAEM était en grande partie fermé au *commerce extérieur*.
external trade	*commerce extérieur*
The CMEA nations tried to make for themselves anything they could, and their low-quality manufactured goods had little market in the Western world; thus their trade *consisted* largely *of* an exchange of raw materials, especially Soviet oil, for sophisticated Western products that they were unable to produce. (21)	Les nations du CAEM essayaient de fabriquer elles-mêmes tout ce qu'elles pouvaient, et leurs produits manufacturés de faible qualité avaient peu de débouchés dans le monde occidental; de ce fait, leur commerce *consistait* pour l'essentiel *en* échange de matières premières, en particulier du pétrole soviétique, contre des produits occidentaux sophistiqués qu'elles étaient incapables de produire.
market	*marché, débouché, clientèle*
While the CMEA nations traded little with *the outside world*, however, they traded extensively with each other. *Soviet central planners* and their Eastern European students believed strongly in the advantages of specialization, especially to achieve economies of scale. (21)	Si les nations du CAEM avaient peu d'échanges avec *le monde extérieur*, en revanche elles en avaient beaucoup entre elles. Les *responsables de la planification centrale soviétique* et leurs émules d'Europe de l'Est croyaient fortement aux avantages de la spécialisation, en particulier pour obtenir des économies d'échelle.
to trade with a country	*avoir des échanges avec un pays*
the outside world	*le monde extérieur*
planner (n)	*planificateur*

(Remarque : Nous venons de voir, dans ces derniers extraits, deux adaptations en anglais de l'adjectif français "extérieur" dans "external trade" et "outside world".)

The overall picture of CMEA trade before 1989, then, is one of nations that *had closed themselves off from trade* with the outside world while becoming highly dependent on each other. (21)

L'image globale du commerce du CAEM avant 1989 est donc celle de nations qui *s'étaient fermées au commerce* avec le monde extérieur tout en devenant fortement dépendantes les unes des autres.

to close oneself off from trade — *se fermer au commerce*

to depend on each other / on one another
to be dependent on each other / on one another — *dépendre les uns des autres*

They tended to favor geographical concentration of many kinds of industrial production, often building huge plants to supply goods to enormous *market areas*. (21)

Elles tendaient à privilégier la concentration géographique de nombreux types de production industrielle, construisant souvent d'énormes unités de production pour fournir des biens à d'immenses *zones marchandes*.

market area — *zone marchande*

Even in 1991, a single plant in Belarus (the world's largest) produced 90 percent of the Soviet Union's polyester and a single plant in Russia produced 58 percent of the Union's automobiles. (21)

En 1991 encore, une seule unité de production en Biélorussie (la plus grande du monde) produisait 90 pour cent du polyester de l'Union Soviétique et une seule unité de production en Russie produisait 58 pour cent des automobiles de l'Union.

In the larger CMEA area, trade is best seen as a process of *barter deals* negotiated among national governments. (21)

Dans la grande zone du CAEM, le mieux est de considérer les échanges comme un système d'*opérations de troc* négociées entre gouvernements nationaux.

barter — *troc*

barter deal
barter transaction — *opération de troc*

Within the Soviet Union, economic management was conducted on an annual basis by the preparation of *central economic plans* that specified production levels for most commodities. (22)	Au sein de l'Union Soviétique, la gestion économique s'effectuait à l'année avec la préparation de *plans économiques centralisés* qui spécifiaient les niveaux de production pour la plupart des biens et services.
central economic plans *five-year plans* *a five-year plan*	*plans économiques centralisés* *plans quinquennaux* *un plan quinquennal*
on an annual basis	*à l'année*
In practice, the system was far messier. Targets were often unrealistic and would either not be met or would be met by producing goods of inferior quality. At each level of the process, administrators would realize they could not count on receiving the *supplies* promised by the plan, and as a result there was a drive for *self-sufficiency*. (22)	En pratique, le système était beaucoup plus anarchique. Les objec-tifs étaient souvent irréalistes; soit ils ne pouvaient être atteints, soit ils pouvaient l'être en produisant des biens de qualité inférieure. A chaque stade du processus, les administrateurs réalisaient qu'ils ne pouvaient compter recevoir les *fournitures* promises par le plan, et en conséquence recherchaient l'*auto-suffisance*.
to meet a target/an objective	*atteindre une cible/un objectif*
supplies	*fournitures, approvisionnement*
the drive for (national independence) autre sens: *drive* = *campaign* eg. *political drive*	*la recherche de (l'indépendance nationale)* *campagne* ex: *campagne politique*
self-sufficiency *autarky*	*auto-suffisance, indépendance économique* *autarcie*
The combination of a lack of clear standards for, and the *politicization* of, trade prices meant that trade between CMEA nations took place at prices that were very different from world market prices. In	Du fait du manque de normes précises pour la fixation des prix du marché associé à la *politisation* de ces prix, les échanges entre nations du CAEM s'effectuaient à des prix très éloignés des prix du marché mon-

particular, manufactured goods were generally *overvalued* given their poor quality, while raw materials - especially oil - were priced well below world levels. In effect, *raw materials exporters* - which included, above all, the Soviet Union itself - were subsidizing the *exporters of manufactured goods*. (23)

dial. En particulier, les produits manufacturés étaient généralement *surévalués* vu leur médiocre qualité, tandis que l'on attribuait aux matières premières, notamment au pétrole, des prix bien inférieurs aux niveaux mondiaux. En fait, *les exportateurs de matières premières*, parmi lesquels en premier lieu l'Union Soviétique elle-même, subventionnaient les *exportateurs de produits manufacturés*.

trade prices (syn. : *market prices*)	*prix du marché*
raw materials exporters	*les exportateurs de matières premières*
commodity market	*le marché des matière premières*
politicization	*politisation*
overvalued / undervalued	*surévalué / sousévalué*

Les pays de la zone du CAEM constituaient évidemment des

captive markets	*marchés captifs.*

2. Trade in Eastern Europe after 1989.

2. Le commerce en Europe de l'Est après 1989

Après les révolutions d'Europe de l'Est en 1989, et

the breakup of CMEA in 1991,	la dissolution du CAEM en 1991,

on observa

a decline in intra-CMEA exports	une baisse des exportations intra-CAEM

After the fall of communism, this trade fell sharply, as former CMEA economies shifted to imports from the West. This *shift* exerted a *contractionary* impact on the transition economies. Other factors, notably a sharp drop in investment and the end of massive military spending,

Après la chute du communisme, ce commerce baissa fortement, les anciennes économies du CAEM s'orientant vers des importations de l'Ouest. Ce *changement* provoqua une poussée *récessionniste* dans les économies en transition. D'autres facteurs, notamment une forte baisse

also led to large declines in output. The result was a severe recession throughout the region. (24)

de l'investissement et l'arrêt des dépenses militaires massives, entraînèrent aussi de fortes baisses de production. Le résultat fut une récession sévère à travers toute la région.

contractionary — *récessionniste*
contraction = recession (25)

to exert (influence, pressure) on so/sth — *exercer (une influence, une pression) sur qun/qch*

While the decline of trade was probably a major factor in output decline, an even more important factor in the *slump* was the collapse of two related components of the communist system : massive *military expenditures* and massive investment in *heavy industry*. (26)

Si la diminution des échanges fut probablement un facteur majeur de la baisse de production, un facteur encore plus important du *marasme* fut l'effondrement de deux composants liés du système communiste : des *dépenses militaires* considérables et un investissement massif dans l'*industrie lourde*.

military expenditures — *dépenses militaires*
defense spending

heavy industry — *l'industrie lourde*
/o/ light industry — *l'industrie légère*

related components — *composants liés/connexes*

The economic policies being pursued by countries in transition vary and are controversial. These policies have been influenced by the international institutions and *Organization for Economic Cooperation and Development* member states which are providing them with financial aid and technical assistance. (19)

Les politiques économiques poursuivies par les pays en transition varient et sont sujettes à controverse. Ces politiques ont été influencées par les institutions internationales et les Etats membres de l'*Organisation de Coopération et de Développement Economique* qui leur fournissent aide financière et assistance technique.

to pursue an economic policy — *poursuivre une politique économique*

OECD member countries — *les pays membres de l'OCDE*
Organization for Economic Cooperation and Development (OECD) — *Organisation de Coopération et de Développement Economique (OCDE)*

III. Should LDCs get a more favourable treatment ?

III. Les PED devraient-ils avoir un traitement de faveur ?

An important issue in *international trade policy* ever since the GATT came into being has been whether developing countries should be granted different and more favourable treatment on account of their special position. (27)

Depuis que le GATT a vu le jour, une grande question de *politique des échanges internationaux* a été de savoir s'il fallait accorder un traitement différent et plus favorable aux pays en développement en raison de leur position particulière.

international trade policy — *politique des échanges internationaux/du commerce international*

Firstly, there is the essentially normative argument that equal treatment of unequals results in *unfairness* because developing countries are starting from a disadvantageous position. (27)

D'abord, il y a l'argument essentiellement normatif selon lequel le traitement égal d'inégaux entraîne une *injustice* car les pays en développement partent d'une posi-tion défavorable.

normative/o/positive — *normatif/o/positif*
normative economics (28) — *économie normative*
positive economics — *économie positive*

unfairness (see pp.9-10) — *injustice*

Secondly, there is the argument that the needs of economic development in developing countries necessitates their pursuit of different trade policies to those of developed countries. One example of this is the well-known *infant-industry* argument often put forward to justify developing countries' protection of newly established industries either by high tariffs or by subsidies to *domestic producers*. (27)

Deuxièmement, il y a l'argument selon lequel, dans les pays en développement, les besoins de développement économique exigent qu'ils poursuivent des politiques commerciales différentes de celles des pays développés. Un exemple en est l'argument célèbre des *industries naissantes* souvent avancé pour justifier la protection assurée par les pays en développement aux industries récemment créées soit par des tarifs douaniers élevés, soit par des subventions aux *producteurs locaux*.

the pursuit of a policy — *la poursuite d'une politique*
the pursuit of power — *la recherche du pouvoir*

domestic producers — *producteurs locaux/du pays*

A. The infant industry argument

A. L'argument des industries naissantes

Selon cet argument déjà abordé au chapitre 3 (cf.pp.73-4),

new industries need protection until the domestic market expands sufficiently so that domestic firms can *take advantage of economies of scale* and *become competitive* both at home and abroad. (29)

les industries nouvelles ont besoin de protection jusqu'à ce que le marché intérieur se développe suffisamment pour que les firmes nationales puissent *bénéficier d'économies d'échelle* et *devenir compétitives* tant à l'intérieur qu'à l'extérieur.

to take advantage of economies of scale	*bénéficier d'économies d'échelle* (30)
competitive *to become competitive*	*compétitif, concurrentiel* *devenir compétitif*

Pour Peter Kenen,

There are two versions of the infant-industry argument. The first claims that young industries will *achieve economies of scale* when they are given *preferential access* to the domestic market. (31)

Il existe deux versions de l'argument des industries naissantes. Selon la première, les jeunes industries *font des économies d'échelle* lorsqu'on leur accorde un *accès privilégié* au marché intérieur.

to achieve economies of scale	*faire /réaliser des économies d'échelle*
preferential access *preferential treatment* *preferential rate*	*accès privilégié* *traitement de faveur* *tarif préférentiel*

The second claims that young industries will achieve economies of experience when they are given time for *learning by doing*. Both versions were advanced by Alexander Hamilton in his *Report on Manufactures*, urging industrial development in the US and the use of tariffs to promote it, and his arguments acquired enormous influence. (31)

Selon la seconde, les jeunes industries font des économies d'expérience lorsqu'on leur donne le temps de *perfectionner leurs savoir-faire*. Les deux versions ont été avancées par Alexander Hamilton dans son *Rapport sur les Produits Manufacturés*, incitant les Etats-Unis au développement industriel et au recours aux tarifs douaniers pour le promouvoir, et ses arguments acquirent une influence considérable.

economies of experience — *économies d'expérience*

learning by doing — *apprentissage par la pratique*
learning by experience — *perfectionnement des savoir-faire*

Report on Manufactures (Alexander Hamilton) — *Rapport sur les Produits Manufacturés*

According to the theory of *the learning curve*, industries learn by doing and, as a result, production costs decline over time. (29)

Selon la théorie de *la courbe d'apprentissage*, les industries se forment par la pratique et, en conséquence, les coûts de production baissent progressivement.

the learning curve — *la courbe d'apprentissage*
or experience curve — *ou courbe d'expérience*

Similarly, granting special *incentives* to exporters is a policy which might be justified in a developing country in order to direct the economy along a *virtuous path* of *export-led growth*. (32)

De même, accorder des *incitations* spéciales aux exportateurs est une politique qui pourrait se justifier dans un pays en développement afin de conduire l'économie sur un *sentier vertueux* de *croissance tirée par les exportations*.

incentives — *incitations*
tax incentives — *incitations fiscales*
incentive wages — *salaires au rendement* (33)

virtuous path — *sentier vertueux*

export-led growth — *croissance tirée par les exportations*

Ces incitations spéciales sont des

export incentives — *incitations à l'exportation*
primes à l'exportation

B. United Nations Conference on Trade and Development

UNCTAD

B. La Conférence des Nations Unies sur le Commerce et le Développement

La CNUCED

The United Nations Conference on Trade and Development (UNCTAD) was formed in 1964 and is a *permanent agency* of the United

La Conférence des Nations Unies pour le Commerce et le Développement (CNUCED) a été créée en 1964; c'est un *organe permanent* de l'As-

Nations' General Assembly. It is generally regarded as an advocate for developing countries. (34)

semblée Générale des Nations Unies. Elle est généralement considérée comme un défenseur des pays en développement.

La CNUCED est également présentée comme

- a permanent intergovernmental body,
- the principal organ of the United Nations General Assembly in the field of trade and development

- organe intergouvernemental permanent,
- le principal organe de l'Assemblée Générale des Nations Unies dans le domaine du commerce et du développement.

permanent agency/body — *organe permanent*

En novembre 2001, la CNUCED comprend

191 member states — 191 Etats membres.

Ses principaux objectifs sont :

Maximize the trade, investment and development opportunities of developing countries and help them face challenges arising from *globalization* and integrate into the world economy, on an equitable basis. (35)

Maximiser les possibilités de développement, d'investissement et de commerce des pays en développement et les aider à faire face aux défis résultant de la *mondialisation* et à s'intégrer dans l'économie mondiale, dans des conditions équitables.

globalization — *mondialisation*

Many supporters of the developing countries argued for a radical transformation of the trading system under the rubric of the *New International Economic Order Agenda*, with the United Nations Conference on Trade and Development (UNCTAD) being the primary forum for the advancement of these ideas during the 1970s. (36)

De nombreux partisans des pays en développement ont plaidé en faveur d'une transformation radicale du système d'échanges dans le cadre du *Programme pour un Nouvel Ordre Economique International*, la Conférence des Nations Unies sur le Commerce et le Développement (CNUCED) étant le principal forum pour la promotion de ces idées au cours des années 1970.

New International Economic Order Agenda — *Programme pour un Nouvel Ordre Economique International*

New International Economic Order	*Nouvel Ordre Economique International (NOEI)*
to argue for sb/sth	*plaider en faveur de qun/qch*
advancement	*avancement, progrès, promotion*

Dunn et Ingram écrivent en 1996 :

Two decades later very little is heard of this agenda, although the *Generalized System of Preferences* did emerge from its goals. (36)

Deux décennies plus tard, on entend très peu parler de ce programme, bien que le *Système des Préférences Généralisées* soit bien né de ses objectifs.

La dixième Conférence de la CNUCED, UNCTAD X, a eu lieu en 2000 à Bangkok. EN 2001 s'est tenu à Bruxelles "UNLDC III", la

Third United Nations Conference on the Least Developed Countries, 14-20 May 2001

Troisième Conférence des Nations Unies sur les Pays les Moins Avancés, 14-20 Mai 2001

L'article 6 de la Déclaration de Bruxelles clôturant cet évènement stipule :

We aim at improving preferential access for all LDC's products in the market of developed counties. (35)

Notre objectif est d'améliorer l'accès préférentiel de tous les produits des PED aux marchés des pays développés.

C. Generalized System of Preferences (GSP)

C. Système des Préférences Généralisées (SPG)

Ce système est apparu au cours des années 1960 :

At the first session of the United Nations Conference on Trade and Development (UNCTAD) in 1964, the developing countries called for a *generalized system of preferences (GSP)* to be granted by the industrialized countries to all developing countries, partly to replace the mélange of then existing *preferential agreements* based primarily on colonial ties. Discussions on the nature of GSP took place in the late 1960s in the contexts of UNCTAD and the Organization for Economic Cooperation and Development (OECD). (37)

Lors de la première session de la Conférence des Nations Unies sur le Commerce et le Développement (CNUCED) en 1964, les pays en développement ont demandé qu'un *système de préférences généralisées (SPG)* soit accordé par les pays industrialisés à tous les pays en développement, en partie pour remplacer le mélange d'*accords préférentiels* existant alors, fondés essentiellement sur des liens coloniaux. Des discussions sur la nature du SPG eurent lieu à la fin des années 1960 dans le cadre de la CNUCED et de l'Organisation de Coopération et de Développement Economique (OCDE).

preferential agreements — *accords préférentiels*

Under the *generalized system of preferences (GSP)*, industrialized countries permit the exports of less developed countries to enter their country at a lower than normal tariff rate. (38)

En vertu du *système des préférences généralisées (SPG)*, les pays industrialisés permettent aux exportations des pays en développement d'entrer chez eux avec un taux de droits de douane inférieur à la normale.

a lower than normal rate — *un taux inférieur à la normale*

In fact, under the generalized system of preferences (GSP), some LDC exports were afforded preferential treatment in world markets. An LDC export to, say, Europe, might have faced *a zero tariff* while a similar US export might have confronted a 10 per cent tariff at the European border. The GSP, however, has become less important as *tariff rates* have been cut across the board. (38)

En fait, dans le cadre du système des préférences généralisées (SPG), un traitement préférentiel a été accordé à certaines exportations des PED sur les marchés mondiaux. Une exportation de PED vers l'Europe, par exemple, aurait pu encourir un tarif douanier nul tandis qu'une exportation semblable des Etats-Unis aurait pu être confrontée à un droit de 10% à la frontière de l'Europe. Le SPG a toutefois perdu de son importance dès lors que les *taux de droits de douane* ont été systématiquement réduits.

tariff rates — *taux de droits de douane*

across the board — *systématiquement, à tous les niveaux*

(SPG : voir aussi p.98)

D. Lomé Convention

D. La Convention de Lomé

A convention signed in 1975 at Lomé, the capital of Togo, by the members of the then European Economic Community (EEC) and forty-six developing countries in Africa, the Caribbean and the Pacific (ACP

Convention signée en 1975 à Lomé, capitale du Togo, par les membres de ce qui était alors la Communauté Economique Européenne (CEE) et quarante-six pays en développement d'Afrique, Caraïbes et Pacifi-

states). [...] Under the Lomé Convention all ACP industrial exports, and most agricultural exports, to the EC are *free of duty*. (39)	que (Etats ACP). Aux termes de la Convention de Lomé, toutes les exportations industrielles, et la plupart des exportations agricoles, des ACP vers la CE sont *exemptées de droits*.

free of duty, duty free	*exempté de droits*
ACP industrial exports	*les exportations industrielles des ACP*
ACP agricultural exports	*les exportations agricoles des ACP*

Nous noterons l'emploi du sigle ACP, en anglais comme en français, avec le sens de "ACP states".

In 1979 a second agreement was signed, a third in 1984 and the fourth in 1990. (39)	Un second accord a été signé en 1979, un troisième en 1984 et le quatrième en 1990.

De ce fait on parle aussi de "Conventions de Lomé" au pluriel.

The Lomé convention [...] provides *preferential access* to the markets of the EU. Tropical products and many manufactured products can be *imported into the Union duty-free*; and restrictions on the imports of more sensitive products tend to be more relaxed. Some of these preferences are formulated in special protocols such as those for sugar and for bananas. (40)	La convention de Lomé prévoit un *accès privilégié* aux marchés de l'UE. Des produits tropicaux et beaucoup de produits manufacturés peuvent être *importés dans l'Union hors taxe*; et les restrictions sur les importations de produits plus sensibles tendent à être plus souples. Certaines de ces préférences sont énoncées dans des protocoles spécifiques tels que ceux sur le sucre et sur les bananes.

these products can be imported into the EU duty-free	*ces produits peuvent être importés dans l'UE hors taxe*

"The Lomé Convention provides" peut être comparé à "the law provides" : la loi stipule/prévoit". En revanche, on dira

to grant preferential access to	*accorder un accès privilégié à*

Observons quelques caractéristiques de la Convention de Lomé concernant ses adhérents, la non réciprocité, le système de stabilisation des revenus à l'exportation, le STABEX, pour les exportations de produits agricoles, et sa contrepartie pour les minerais, le SYSMIN, enfin les protocoles sur le sucre et les bananes.

1. Membership

Most of the Lomé countries (with the exception of Nigeria) tend to be small. They also tend to be at low levels of industrial development, and do not pose much threat to Union *manufacturing industries*. (40)

1. Les adhérents

La plupart des pays adhérents à la Convention de Lomé (à l'exception du Nigéria) sont plutôt petits. En général, ils ont aussi un faible niveau de développement industriel, et ne présentent pas de grande menace pour les *industries manufacturières* de l'Union (Européenne).

manufacturing industries — *industries manufacturières*

the Lomé countries (see p.211 *the Lomé associates*) — *les pays adhérents à la Convention de Lomé*; *les pays signataires de la Convention de Lomé*

Là où l'anglais emploie les expressions "Lomé countries", "Lomé associates", le français parle des "pays adhérents à la Convention de Lomé", "pays signataires de la Convention de Lomé" et des "différents partenaires associés" dans la Convention de Lomé.

2. Non-reciprocity

The Lomé convention, in contrast to the Yaoundé conventions that preceded it, is non-reciprocal in the sense that the Union does not receive preferential access to the markets of *the developing country members*. (41)

2. La non-réciprocité

A la différence des Conventions de Yaoundé qui l'ont précédé, la Convention de Lomé n'est pas réciproque dans le sens où l'Union (Européenne) ne bénéficie pas d'un accès privilégié aux marchés des *pays en développement adhérents*.

non-reciprocal — *non réciproque*

developing country members — *pays en développement adhérents*

The issue of reciprocity had been a serious source of conflict between the EU and the United States, which perceived the preferential access that the EU received as being *breach of the* fundamental *non-discrimination principle* of GATT. (41)

La question de la réciprocité a été une sérieuse source de conflit entre l'UE et les Etats-Unis, lesquels percevaient l'accès privilégié accordé à l'UE comme une *atteinte au principe* fondamental *de non-discrimination* du GATT.

breach	*rupture, atteinte*
breach of contract	*rupture de contrat*
breach of non discrimination principle	*atteinte au principe de non-discrimination*

3. STABEX
System for the Stabilization of Export Earnings

3. Le STABEX
Système de Stabilisation des Recettes d'Exportations

export earnings	*recettes d'exportations* *recettes à l'exportation*

Dans la convention signée en 1975,

Financial and technical aid - including an *export income stabilization scheme*, called Stabex, for agricultural exports - was also agreed upon, and the European Development Fund was set up by the EC to administer and channel aid funds to the Lomé countries. (39)

On convint également d'une aide financière et technique - avec un *système de stabilisation des revenus à l'exportation*, appelé Stabex, pour les exportations de produits agricoles - et le Fonds Européen de Développement fut institué par la CE pour administrer et acheminer l'aide humanitaire destinée aux "pays de Lomé".

export income stabilization scheme	*système de stabilisation des revenus à l'exportation*
aid funds = relief funds	*aide humanitaire*
aid agency / aid organization	*organisation humanitaire*

This is financed by the EU, and provides grants or loans, under quite generous terms, to the developing-country participants whose *export-revenue earnings* on any commodity fall below some norm. This *commodity-earnings stabilization scheme* also meets one of the central demands formulated by the developing countries as part of their search for a new international economic order. (41)

Ce système est financé par l'UE, et offre des dons ou des prêts, à des conditions assez généreuses, aux pays en développement participants dont les *gains en recettes d'exportation* sur tout produit de base baissent au-dessous d'une certaine norme. Ce *système de stabilisation des recettes sur les produits de base* satisfait également l'une des principales demandes formulées par les pays en développement dans le cadre de leur recherche d'un nouvel ordre économique international.

commodity-earnings stabilization scheme	*système de stabilisation des recettes sur les produits de base*
to meet a demand	*satisfaire une demande*
export-revenue earnings	*gains en recettes d'exportation*

Si l'on rencontre fréquemment "export revenue" ou "export earnings", l'expression "export revenue earnings" citée dans l'extrait ci-dessus paraît quelque peu redondante.

4. SYSMIN
System for Mineral Products

Established under Articles 214-219 of the Lomé Convention, SYSMIN is the counterpart of STABEX. SYSMIN protects the *export earnings* of the ACP countries from the effect of fluctuations in the market or the vicissitudes of production. SYSMIN does not affect prices but compensates for *losses of earnings*. Under SYSMIN aid is granted to restore and maintain the viability of the mining sector. (42)

4. Le SYSMIN
Système pour les Minerais

Instauré dans le cadre des Articles 214-219 de la Convention de Lomé, le SYSMIN est la contrepartie du STABEX. Le SYSMIN protège les *recettes d'exportation* des pays ACP de l'effet de fluctuations du marché ou des vicissitudes de la production. Le SYSMIN n'a pas d'effet sur les prix mais compense les *pertes de recettes*. Dans le cadre du SYSMIN, il est accordé une aide pour le rétablissement et le maintien de la viabilité du secteur minier.

loss of earnings	*perte de recettes* *perte de revenus*

5. Sugar and bananas

a. The Sugar Protocol

The Sugar Protocol [...] is a rare example where the EU has been prepared to give *duty-free access* to an agricultural product that competes with domestic production. (41)

5. Sucre et bananes

a. Le Protocole Sucre

Le Protocole Sucre est un rare exemple où l'UE a été disposée à donner un *accès exempt de droits de douane* à un produit agricole concurrent de la production nationale.

duty-free access	*accès exempt de droits de douane/en franchise de douane*

It allows [...] *the Lomé associates* and India to export agreed amounts of sugar to the Union at prices determined by the Common Agricultu-

Il permet aux *partenaires associés de Lomé* et à l'Inde d'exporter des quantités convenues de sucre vers l'Union à des prix déterminés par la

ral Policy. (41)

Politique Agricole Commune.

the Lomé associates
(cf. *the Lomé countries,* p.210)

les pays associés dans la convention de Lomé
les partenaires associés de Lomé

b. ACP or Dollar bananas

B. Bananes ACP ou bananes Dollar

In addition to some production in Crete (Greece), bananas are supplied to the EU from three sources: *former ACP colonies* under the Lomé convention; *overseas territories* - Departements d'Outre-Mer (DOM) of EU states including the Canary Islands (Spain); and third-country, mainly Latin American producers, known as *"Dollar Area" suppliers.* (43)

Outre une faible production en Crète (Grèce), l'UE a trois sources d'approvisionnement en bananes: *les anciennes colonies ACP* en vertu de la convention de Lomé; les *territoires d'outre-mer* (TOM) - Départements d'Outre-Mer (DOM) d'Etats de l'UE comprenant les Iles Canaries (Espagne); et des pays tiers producteurs, principalement Latino-Américains, connus sous le nom de *fournisseurs de la " Zone Dollar".*

former ACP colonies — *les anciennes colonies ACP*

overseas territories — *Territoires d'Outre-Mer (TOM)*

Dollar Area suppliers — *fournisseurs de la Zone Dollar*

Aussi parle-t-on de
Dollar bananas — *bananes Dollar*
par opposition aux
ACP bananas — *bananes ACP.*

The regime which came into force on 1 July 1993 as part of the implementation of the SEM is complicated. (43)

Le régime qui est entré en vigueur le 1er juillet 1993 dans le cadre de la mise en oeuvre du Marché Unique Européen est complexe.

Single European Market (SEM) — *Marché Unique Européen (MUE)*

The EU producers, including the DOMs, have individual specific annual quotas which are eligible for *deficiency payments* under the Common Agricultural Policy. (43)

Les producteurs de l'UE, DOM compris, ont chacun des quotas annuels spécifiques qui peuvent obtenir des *paiements différentiels* en vertu de la Politique Agricole Commune.

deficiency payments — *paiements différentiels* (cf.p.219)

paid by governments to producers of certain commodities and based on the difference between a *target price* and the domestic market price or *loan rate*, whichever is the less. (44)

versés par l'Etat aux producteurs de certains produits de base et fondés sur la différence entre, d'une part, un *prix cible* et, d'autre part, soit le prix du marché intérieur, soit le *taux de crédit*, selon celui des deux qui est le plus faible.

target price (EC) — *prix cible* (cf.p.219)
(autres contextes) — *prix de référence, prix indicatif*

loan rate/lending rate — *taux de crédit*

eligible for — *qui a droit à*

The ACP countries have specific quotas for "traditional" imports, based on pre-1991 levels of imports, which *enter duty-free*. In addition there is a global quota for non-traditional imports from *the Dollar-Area suppliers* and the ACP. (45)

Les pays ACP ont des quotas spécifiques pour les importations "traditionnelles", fondés sur des volumes d'importations antérieurs à 1991, qui *entrent en franchise de droits de douane*. En outre, il existe un quota global pour les importations non traditionnelles en provenance de *fournisseurs de la Zone Dollar* et des ACP.

Brenton et al. écrivent en 1997 que

Up to the limit of this global quota, ACP bananas enter duty free, while Dollar-Area bananas are *subject to* a tariff of 100 ecus per tonne (equivalent to an *ad valorem* tariff of 20.8 per cent in 1991). Imports above the quota are subject to very high *levies* of 750 ecus per tonne of ACP supplies, and 850 ecus per tonne for the Dollar-Area supplies. (45)

Dans la limite de ce quota global, les bananes ACP entrent en franchise, tandis que les bananes de la Zone Dollar sont *assujetties à* un droit de 100 écus la tonne (équivalent à un droit *ad valorem* de 20,8 pour cent en 1991). Les importations dépassant ce quota sont soumises à des *prélèvements* très élevés de 750 écus par tonne de produits ACP, et 850 écus la tonne pour les produits de la Zone Dollar.

to be subject to taxation — *être soumis, assujetti, à l'imposition*

(Tiré d'un ouvrage publié en 1997, cet extrait est évidemment "daté" par l'abandon de l'écu comme unité de compte.)

En outre, ce régime inclut l'aide apportée aux pays ACP pour améliorer la productivité, la qualité et la diversification.

In addition, the régime includes provision of aid to the ACP countries to improve productivity, quality, and diversification. (45)

provision of aid — *fourniture/offre d'aide / d'assistance*

In 1997 South Africa was negotiating admission as the convention's eighty-sixth member. (39)

En 1997, l'Afrique du Sud négociait son admission comme quatre-vingt-sixième membre de la Convention.

E. Import substitution :

E. La substitution aux importations
La substitution à l'importation

On observe, en français, l'emploi de diverses variantes de l'expression "import substitution" dont nous mentionnons en titre les deux plus fréquentes. Toutefois, on notera parfois "la substitution des importations" et "la substitution d'importations".
D'autre part, en anglais, certaines collocations pourront admettre une équivalence entre "import substitution" et "import substituting", d'autres non. Ainsi par exemple, trouvera-t-on :

import substitution industrialization (ISI), *import-substituting industrialization (ISI)*	*industrialisation par substitution aux importations (ISI)*
import substitution stategies *import-substituting strategies*	*stratégies de substitution aux importations*
import substitution policies	*politiques de substitution aux importations*
import substitution possibilities	*possibilités de substitution aux importations*

Une seule et même forme d'adaptation en français de "import substitution" est citée dans les exemples ci-dessus mais elle pourrait être remplacée par toutes celles qui sont mentionnées en titre.

Qu'entend-on par "substitution à l'importation" ?

If substitutes for most imports could be produced, declining primary pro-

Si l'on pouvait produire des substituts à la plupart des importations,

duct prices would be less threatening because large *export revenues* were no longer needed to pay for imports. (14)

la baisse des prix des produits de base serait moins inquiétante car de fortes *reçettes à l'exportation* ne seraient plus nécessaires pour payer les importations.

From World War II until the 1970s many developing countries attempted to accelerate their development by limiting *imports of manufactured goods* in order to foster a manufacturing sector serving the domestic market. (46)

De la 2e guerre mondiale jusqu'aux années 1970 de nombreux pays en développement ont essayé d'accélérer leur développement en limitant les *importations de produits manufacturés* afin de promouvoir un secteur industriel alimentant le marché intérieur.

imports of manufactured goods — *importations de produits manufacturés*

Au sujet de l'emploi de "serving", nous rappellerons :

private non-profit institutions serving households — *Institutions Sans But Lucratif au Service des Ménages (ISBLSM)*

Après la réforme de la Comptabilité Nationale de 1999, une nouvelle dénomination française de ce secteur : "Institutions Sans But Lucratif au Service des Ménages" (ISBLSM) a remplacé l'ancienne dénomination : "administrations privées" (47), la dénomination anglaise restant inchangée.

Dans ce contexte, Fereydoun Khavand précise qu'il entend par «L'industrialisation par la promotion des exportations : le remplacement des exportations de produits primaires par des exportations de produits manufacturés et semi-facturés ou des produits primaires élaborés.» (48). On pourra utiliser la collocation :

export-led growth . — *croissance tirée par les exportations.*

En effet, selon Dunn et Ingram,

Despite the success of some temporary import substitution policies in carefully chosen *infant industries*, economists have reached a consensus that *the export-led approach to trade policy* is the most desirable. (49)

En dépit du succès de certaines politiques temporaires de substitution aux importations dans des *industries naissantes* soigneusement choisies, les économistes sont parvenus à un consensus selon lequel *le type de politique commerciale tiré par les exportations* est le plus souhaitable.

Par mimétisme avec la langue anglaise, l'adjectif français "désirable" est parfois employé au sens du terme "souhaitable" par les chercheurs et spécialistes français du domaine de référence. On pourra alors trouver des expressions comme "les objectifs de développement socialement désirables".

Autre emploi de "export-led" :

export-led development strategies — *stratégies de développement par les exportations*

C'est le constat qui a été fait pour les Dragons Asiatiques :

The original Four Tigers (Hong Kong, Taiwan, Singapore and South Korea) were the subjects of most of this early research, but the second wave of Asian NICs (Indonesia, Thailand, Malaysia, and China) has also been very successful in pursuing export markets. (49)

Les Quatre Dragons d'origine (Hong Kong, Taiwan, Singapour et la Corée du Sud) ont fait l'objet de l'essentiel de ces premières recherches, mais la seconde vague de NPI asiatiques (Indonésie, Thaïlande, Malaisie et Chine) a connu également beaucoup de succès dans la recherche de marchés à l'exportation.

the second wave of Asian NICs = Asian Dragons — *la seconde vague de NPI asiatiques = les Tigres asiatiques*

Conclusion

As 2001 draws to a close, the global economy is slipping precariously toward recession. Developing countries have seen their economic growth rates plunge. (50)

Alors que 2001 tire à sa fin, l'économie mondiale glisse dangereusement vers la récession. Les pays en développement ont vu chuter leurs taux de croissance économique.

economic growth rates plunged as a result of global recession — *les taux de croissance économique ont chuté du fait de la récession mondiale*

Growth in trade has undergone one of the most severe decelerations in modern times - from over 13 percent in 2000 to 1 percent in 2001. Developing countries are confronting a 10 percentage point drop in the growth of demand for their exports

La *croissance du commerce* a subi l'une des plus sévères décélérations de l'époque récente, passant de plus de 13 pour cent en 2000 à 1 pour cent en 2001. Les pays en développement connaissent une baisse de 10 points de pourcentage de la croissance de la demande de leurs exportations.

growth in trade

la croissance du commerce
la croissance des échanges

Selon le rapport de la Banque Mondiale intitulé «Global Economic Prospects and the Developing Countries 2002», publié à l'occasion de la Conférence Ministérielle de Doha en novembre 2001, les perspectives de la communauté internationale et des pays en développement en particulier devraient être les suivantes :

1.Using the WTO ministerial to launch a new development round of trade negotiations that would reduce trade barriers.

1. Utiliser la Conférence Ministérielle de l'OMC pour lancer un nouveau cycle de négociations commerciales sur le développement qui réduirait les barrières commerciales.

2. Engaging in global collective action to promote trade outside the negotiating framework of the WTO.

2. S'engager dans une action collective mondiale pour promouvoir le commerce en dehors du cadre de négociations du GATT.

3. Adopting *pro-trade development policies* of high-income countries unilaterally.

3. Adopter unilatéralement les *politiques de développement pro-commerciales* des pays à forts revenus.

pro-trade development policies

politiques de développement pro-commerciales

4. Enacting new trade reform in developing countries. (50)

4. Promulguer une nouvelle réforme des échanges dans les pays en développement.

NOTES

(1) P. Krugman & M. Obstfeld, *International Economics*, p.80
(2) J. Stiglitz, «Trade and the Developing world: A New Agenda», p.390.
(3) P. Krugman & M. Obstfeld, *International Economics*, p.253.
(4) L'article d'Alfred Sauvy : «Trois mondes, une planète», est paru dans *L'Observateur* du 14 août 1952, n°118 p.14. Ce magazine devait devenir *Le Nouvel Observateur*.
(5) R. Dunn & J. Ingram, *International Economics*, p.220.
(6) Voir aussi "luxuries" et "necessities" in J. Percebois, *L'Anglais de la Microéconomie*, pp.52-3.
(7) Voir aussi "to prevail" et "prevailing" in J. Percebois, *L'Anglais de la Microéconomie*, p.144 et dans *L'Anglais de la Macroéconomie*, *pp.*34, 134.
(8) G. Bannock, E. Baxter & E.Davis, *The Penguin Dictionary of Economics*, p.242.
(9) B'CHIR, Fathi., «La marginalisation des pays les moins avancés, vingt ans après», in *Problèmes Economiques* n°2720, 4 juillet 2001, p.31.
(10) R. Dunn & J. Ingram, *International Economics*, p.221.
(11) Voir aussi "Oligopoly" in J. Percebois, *L'Anglais de la Microéconomie*, pp.181-205.
(12) R. Dunn & J. Ingram, *International Economics*, p.222.
(13) R. Dunn & J. Ingram, *op. cit.*, p.224.

(14) R. Dunn & J. Ingram, *op. cit.*, p.227.
(15) D. Pantz, *Institutions et Politiques Commerciales Internationales*, p.32.
(16) "économies dynamiques d'Asie", dénomination employée dans *Problèmes Economiques* n°
(17) P. Krugman & M. Obstfeld, *International Economics*, p.266.
(18) P. Krugman & M. Obstfeld, *op. cit.*, p.719.
(19) G. Bannock, E. Baxter & E. Davis, *The Penguin Dictionary of Economics*, p.414.
(20) P. Krugman & M. Obstfeld, *International Economics*, p.720.
(21) P. Krugman & M. Obstfeld, *op. cit.*, p.721.
(22) P. Krugman & M. Obstfeld, *op. cit.*, p.724.
(23) P. Krugman & M. Obstfeld, *op. cit.*, p.726.
(24) P. Krugman & M. Obstfeld, *op. cit.*, p.736.
(25) Voir aussi "contraction or recession" in J. Percebois, *L'Anglais de la Macroéconomie*, p.117.
(26) P. Krugman & M. Obstfeld, *International Economics*, p.728.
(27) N. Grimwade, *International Trade Policy, A Contemporary Analysis*, p.150.
(28) Précisions données par Shim et Siegel, dans leur *Dictionary of Economics*, p.254 :

normative economics : That branch of economic inquiry which provides statements about "what ought to be" - value judgments, or goals of economic policy [...]. It is contrasted with *positive economics* which is the analysis of facts and data: "the way things are".

économie normative : la branche de l'analyse économique qui expose "ce qui devrait être" - jugements de valeur ou objectifs de politique économique. Elle s'oppose à l'*économie positive* qui est l'analyse des faits et des données: "ce qui est réellement".

inquiry	*investigation, analyse, recherche*

(29) T. Walther, *The World Economy*, p.195
(30) Voir aussi "economies of scale" in J. Percebois, *L'Anglais de la Microéconomie*, pp.132-4, 158.
(31) P. Kenen, *The International Economy*, p.209.
(32) N. Grimwade, *International Trade Policy, A Contemporary Analysis*, pp.150-151.
(33) Voir aussi "incentive wages" in J. Percebois, *L'Anglais de la Microéconomie*, p.256.
(34) T. Walther, *The World Economy*, p.197.
(35) http://www.unctad.org
(36) R. Dunn & J. Ingram, *International Economics*, p.219.
(37) J. Jackson, *The Jurisprudence of GATT and the WTO - Insights on Treaty Law and Economic Relations*, p.65.
(38) T. Walther, *The World Economy*, p.184.
(39) G. Bannock, E. Baxter & E. Davis, *The Penguin Dictionary of Economics*, p.250.
(40) P. Brenton, H. Scott & P. Sinclair, *International Trade, A European Text*, p.325.
(41) P. Brenton, H. Scott & P. Sinclair, *op. cit.*, p.326.
(42) http://www.ecu-notes.org/atoz997/sysmin.html
(43) P. Brenton, H. Scott & P. Sinclair, *op. cit.*, p.327.
(44) http://www.wto.org/english/thewto_e/minist_e/min96_e/glossary.htm
(45) P. Brenton, H. Scott & P. Sinclair, *op. cit.*, p.328.
(46) P. Krugman & M. Obstfeld, *International Economics*, p.254.
(47) Voir aussi "private non profit institutions serving households" in J. Percebois, *L'Anglais de la Macroéconomie*, pp.19-20.
(48) F. Khavand, *Le Nouvel Ordre Commercial Mondial - du GATT à l'OMC*, p.134.
(49) R. Dunn & J. Ingram, *International Economics*, p.229.
(50) http://www.worldbank.org/prospects/gep2002/

Chapitre 7

Agriculture, trade and the environment

Chapitre 7

Agriculture, commerce et environnement

I. Liberalizing agricultural trade

I. La libéralisation du commerce agricole

A. Agricultural protectionism

A. Le protectionnisme agricole

Historically, the special treatment of agriculture in the GATT was greatly assisted by a decision in 1955 to grant the United States a *waiver* not to apply the GATT rules to a substantial part of its agricultural imports. (1)

Historiquement, le traitement spécial de l'agriculture dans le GATT fut grandement facilité par la décision prise en 1955 d'accorder aux Etats-Unis une *dérogation* pour ne pas appliquer les règles du GATT à une partie substantielle de ses importations agricoles.

waiver
waiver clause

dérogation
clause dérogatoire

The problem arose because the US wished to retain import quotas on certain products despite having a *favourable overall trade balance* in agricultural goods. (1)

Le problème apparut parce que les Etats-Unis souhaitaient conserver des quotas d'importation sur certains produits bien qu'ils aient une *balance commerciale globale excédentaire* pour les produits agricoles.

favourable trade balance
/o/ unfavourable trade balance

balance commerciale excédentaire
/o/ balance commerciale déficitaire

The conflict over agricultural trade was *deep-seated*, because it arose from fundamental differences between *farm policies* in the United States and Europe. (2)

Le conflit sur le commerce agricole était *profondément ancré*, car il provenait de différences fondamentales entre les *politiques agricoles* des Etats-Unis et de l'Europe.

farm policies
agricultural policies

politiques agricoles

Both used "*target prices*" to determine the amounts by which they would support their farmers' incomes, but they supported them differently. (2)

Les deux pays utilisaient des "*prix cibles*" pour déterminer le niveau de l'aide aux revenus de leurs agriculteurs, mais ils les aidaient différemment.

target price	*prix cible* (cf.p.212)
a farmer	*un agriculteur, un exploitant agricole*
support (n) *agricultural support policy*	*aide, subvention* (US) *politique de soutien de l'agriculture*
to support farm prices *to support farmer's incomes*	*soutenir les prix agricoles* *accorder une aide aux revenus des exploitants agricoles*

En français, on trouve souvent la référence aux "programmes d'aide aux revenus des exploitants agricoles".

In the United States, farmers received *deficiency payments* whenever the market prices for wheat and other grains fell below their target prices. (3)

Aux Etats-Unis, les agriculteurs recevaient des *paiements différentiels* chaque fois que les prix du marché du blé et autres céréales passaient au-dessous de leurs prix cibles.

deficiency payments	*paiements différentiels* (cf.p.212) *subventions agricoles* (US)

B. The Uruguay Round and agriculture

B. L'Uruguay Round et l'agriculture

It began at the seaside resort of Punta del Este in Uruguay in October 1986 when the signatories, some 109 countries at that time, to the General Agreement on Tariffs and Trade decided not only that there would be a new round of trade talks (...) but also that this round would concentrate heavily on the issue of *agricultural trade*. (4)

Tout commença dans la station balnéaire de Punta del Este en Uruguay en octobre 1986 lorsque les signataires, quelque 109 pays à ce moment-là, du GATT, décidèrent non seulement qu'il y aurait un nouveau cycle de négociations commerciales mais aussi que ce cycle se concentrerait fortement sur la question du *commerce agricole*.

agricultural trade *farm trade*	*commerce agricole*

It was largely as a result of *the Cairns Group*'s efforts that a framework for reform in agricultural trade was established in the Uruguay Round.	C'est en grande partie grâce aux efforts du *Groupe de Cairns* qu'il a été élaboré dans l'Uruguay Round un cadre de réforme du commerce agricole.

Le groupe a pris le nom de la ville d'Australie où a eu lieu sa première réunion. Il comprend

18 *agricultural exporting countries* who account for one third of the world's agricultural exports.	18 *pays exportateurs de produits agricoles* qui représentent un tiers des exportations agricoles mondiales
agricultural exporting countries	*pays exportateurs de produits agricoles*
The Cairns Group was formed in 1986 to lobby at the last round of world trade talks *to free up trade in agricultural products.*	Le Groupe de Cairns a été formé en 1986 pour faire pression sur le dernier cycle de négociations commerciales mondiales *afin de libéraliser le commerce des produits agricoles.*

The Administration of the then-President Ronald Reagan was being heavily pressured into demanding the total abolition - within ten years - of not only export subsidies on*agricultural commodities* but also any form of protecting and *subsidizing* of farmers. This so-called trade negotiating "zero option" aimed for the complete *dismantling* of agricultural protection by the year 2000. (4)	L'Administration du Président d'alors, Ronald Reagan, était fortement incitée à demander la suppression totale - avant dix ans - non seulement des subventions aux exportations de *produits de base agricoles* mais aussi de toute forme de protection et de *subvention-nement* des agriculteurs. Cette forme de négociation commerciale dite "option zéro" avait pour but le *démantèlement* complet du protec-tionnisme agricole avant l'an 2000.
agricultural commodities *agricultural goods*	*produits de base agricoles* *produits agricoles*
dismantling *to dismantle* (t.v.)	*démantèlement* *démanteler*

Dans ces circonstances, l'objectif du Secrétaire Général du GATT, Arthur Denkel,

was to persuade the Americans to abandon the zero option. (4)	était de persuader les Américains d'abandonner l'option zéro.

Les négociations se poursuivirent pour aboutir à la rencontre de Blair House.

1. Blair House's deal on agricultural trade	**1. L'accord de Blair House sur le commerce agricole**
In November 1992, in Blair House, just across the road from the White House in Washington, DC, the European Union and the Americans concluded a deal on *agricultural trade* with the most far-reaching implications for the world's *farm trade* ever to be reached. It was the culmination of six years of on-off negotiations, argument and *haggling* principally between the European Union and the Americans. (4)	En novembre 1992, à Blair House, de l'autre côté de la route face à la Maison Blanche à Washington, l'Union Européenne et les Américains ont conclu un accord sur le *commerce agricole* ayant les implications les plus conséquentes pour le *commerce agricole* mondial jamais atteintes. C'était le point culminant de six années de négociations, discussions et *marchandages* sans cesse déclenchés puis arrêtés, principalement entre l'Union Européenne et les Américains.
argument *to have an argument*	*dispute, discussion* *se disputer*
haggling	*marchandage*
A breakthrough came on 20 November 1992 with what came to be known as *the Blair House Accord*. It had two aspects. Firstly, a settlement of the *oilseeds dispute*. (5)	Un pas décisif fut fait le 20 novembre 1992 avec ce qui devait être connu comme *l'Accord de Blair House*. Il avait deux aspects. D'abord, il règlait le *différend sur les oléagineux*.
the Blair House Accord	*l'Accord de Blair House*
the oilseeds dispute	*le différend sur les oléagineux*
A major preoccupation of the USDA at that time was the increasing expansion of EU *oilseed production*, which had not only displaced US *soyabean* and other oilseed exports to the European Union domestic market but was beginning, as in other products, to become a poten-	Une préoccupation majeure de l'USDA à cette époque était l'expansion croissante de la *production* européenne *d'oléagineux*, qui avait non seulement remplacé les exportations américaines de *soja* et autres oléagineux vers le marché intérieur de l'Union Européenne mais commen-

tial threat to American exports elsewhere in the world. (6)

çait, comme pour d'autres produits, à devenir une menace potentielle pour les exportations américaines ailleurs dans le monde.

USDA, United States Department of Agriculture — *Ministère de l'Agriculture des Etats-Unis*

oilseed production — *production d'oléagineux*

2. Export subsidies and farm support

2. Subventions à l'exportation et aides agricoles

Le deuxième aspect de l'Accord de Blair House concernait les négociations sur les subventions à l'exportation et les aides agricoles.

a. Export subsidies

a. Les subventions à l'exportation

[The Americans] therefore bartered a cut in *subsidized agricultural exports* of only 21 per cent (in place of Denkel's original 24 per cent) and a more liberal view on *the dismantling of support for farmers*, for a European Union agreement to limit its oilseed production to the 1989-90 level of output and to subject oilseeds to the same *set-aside requirement* as were already envisaged by the Union for its cereal crops. (6)

Les Américains troquèrent donc une réduction des *exportations agricoles subventionnées* de seulement 21 pour cent (au lieu des 24 pour cent demandés à l'origine par Denkel) ainsi qu'une conception plus libérale du *démantèlement des aides agricoles*, contre l'acceptation par l'Union Européenne de limiter sa production d'oléagineux au niveau de production de 1989-90 et de soumettre les oléagineux à la même *exigence de gel des terres* que ce qui était déjà envisagé par l'Union pour ses cultures de céréales.

barter — *troc*
to barter X for Y — *troquer* X contre Y

subsidized agricultural exports — *exportations agricoles subventionnées*

the dismantling of support for farmers
the dismantling of farm support — *le démantèlement des aides agricoles*

cereal crops — *cultures de céréales*

The system of paying farmers to withdraw land from agricultural production; land withdrawn in this way. OAL

Le système consistant à payer les agriculteurs pour qu'ils retirent leurs terres de la production agricole; les terres retirées ainsi.

b. Farm support

b. Les aides agricoles

Most *farm support* falls into one of two categories : price-related subsidies and direct payment to farmers. The former tends to be *counter-cyclical*, rising when market prices fall. That makes them *distort* markets even more, since domestic producers' competitiveness with the world's exporters is artificially enhanced. (7)

La plupart des *aides agricoles* entrent dans une ou l'autre de deux catégories : subventions liées aux prix et versement direct aux agriculteurs. Les premières tendent à être *contracycliques*, augmentant quand les prix du marché baissent. De ce fait elles *introduisent* sur les marchés *une distorsion* encore plus forte, puisque la compétitivité des producteurs nationaux par rapport aux exportateurs du monde entier est artificiellement augmentée.

counter-cyclical
/o/ pro-cyclical

contracyclique
/o/procyclique

to distort sth
to distort the market

fausser, dénaturer qch
fausser le marché, introduire une distorsion sur le marché

Direct payments, by contrast, do not change relative prices instantaneously. But they can still distort markets in the long term. Farmers who receive *lump sums* use some of the money to invest in capital, which enhances their *productive capacity* and pushes down the prices at which they can sell in the future. (7)

Par contre, les versements directs ne modifient pas instantanément les prix relatifs. Mais ils peuvent toujours fausser les marchés sur le long terme. Les agriculteurs qui reçoivent des *aides forfaitaires* utilisent une partie de cet argent pour investir dans de l'équipement, ce qui augmente leur *capacité de production* et fait baisser les prix auxquels ils peuvent vendre à l'avenir.

a lump sum

un versement forfaitaire, une somme forfaitaire (*aide forfaitaire* dans ce contexte particulier)

productive capacity *production capacity* *manufacturing capacity*	*capacité de production* (8)
capital investment *to invest in capital* *capital goods*	*investissement en capital* *investir dans de l'équipement* *biens d'équipement* (9)

C. The European Union's Common Agricultural Policy (CAP)

C. La Politique Agricole Commune de l'Union Européenne (PAC)

The EEC adopted a Common Agricultural Policy (CAP) in 1968, setting uniform prices for *farm products* and imposing variable levies on imports from the outside world, so as to keep world prices from undercutting higher *support prices* in the EEC. (10)

La CEE a adopté une Politique Agricole Commune (PAC) en 1968, fixant des prix uniformes pour les *produits agricoles* et appliquant des prélèvements variables aux importations en provenance de l'extérieur, afin d'empêcher que les prix mondiaux ne concurrencent les *prix de soutien* plus élevés dans la CEE.

support prices (EU)	*prix de soutien (UE)*
farm products *agricultural products*	*produits agricoles*
to keep so/sth from doing sth	*empêcher qun/qch de faire qch*

1. The CAP's two fundamental roles

1. Les deux rôles fondamentaux de la PAC

Selon la présentation qu'en font Brenton et al., en 1997, dans *International Trade - A European Text*, la PAC a en effet deux rôles fondamentaux.

One is to stabilize *consumer and producer prices* for most locally grown *foodstuffs* within the Union, in the face of both internal and external disturbances, which would otherwise have made prices volatile. (11)

L'un est de stabiliser *les prix à la consommation et à la production* de la plupart des *produits alimentaires* cultivés localement au sein de l'Union, en dépit de perturbations intérieures et extérieures, qui auraient sans cela rendu les prix volatils.

consumer prices *producer prices*	*prix à la consommation* *prix à la production*

The other is, on average, to raise these prices above levels *prevailing* in the rest of the world. Very occasionally EU prices, for *key commodities* such as wheat, are close to or even below world levels: this was observed briefly in 1973-4, and again in 1995 for some products. But much more often EU internal prices are far above world levels. (11)

L'autre est, en moyenne, de faire passer ces prix au-dessus des niveaux *existant* dans le reste du monde. Très rarement, pour des *produits de base essentiels* comme le blé, les prix de l'UE sont proches des niveaux mondiaux ou même inférieurs: cela a été observé brièvement en 1973-4 et à nouveau en 1995 pour certains produits. Mais beaucoup plus souvent les prix intérieurs de l'UE sont bien supérieurs aux niveaux mondiaux.

High prices for farm products created huge *surpluses* in Europe, and the EU used export subsidies *to sell off* the surpluses. (12)

Les prix élevés des produits agricoles ont créé d'énormes *excédents* en Europe, et l'UE a utilisé des subventions à l'exportation pour *liquider* ces excédents.

a surplus, surpluses	*un excédent, des excédents*
to sell sth off	*liquider qch ; solder qch*
to sell off stocks	*liquider des stocks*
to clear stocks	

2. The impact of the CAP on the rest of the world

2. Incidence de la PAC sur le reste du monde

Dans leur ouvrage *International Business Economic - A European Perspective*, paru en 1999, Piggott et Cook constate au sujet de la PAC :

It has *depressed* the prices of agricultural products in general. This has important implications for the LDCs. (13)

Elle a *fait baisser* les prix des produits agricoles en général. Cela a de sérieuses incidences pour les PED.

to depress prices	*faire baisser les prix*

Par ailleurs,

The CAP has accelerated the race in agricultural protection. The losers in this race are the poorer farmers in the LDCs, where the government cannot afford to support them. (14)

La PAC a accéléré la course au protectionnisme agricole. Dans cette course, les perdants sont les agriculteurs pauvres des PED, que le gouvernement n'a pas les moyens d'aider.

The combination of (misguided) domestic policies which support the industrial sector and the protectionist policies of the EU and other industrialised countries resulted in lower agricultural productivity in many African countries and led to reliance on *food imports* and, for the very poor countries, on *food aid*. (15)

La combinaison de politiques nationales (peu judicieuses) qui viennent en aide au secteur industriel et des politiques protectionnistes de l'UE et d'autres pays industrialisés a entraîné une baisse de la productivité agricole dans de nombreux pays africains et les a amenés à dépendre des *importations de produits alimentaires* et, pour les pays très pauvres, de l'*aide alimentaire*.

food imports — *importations de produits alimentaires*

food aid — *aide alimentaire*

reliance on sb — *confiance en qun*
reliance on sth — *dépendance vis-à-vis de qch*
to rely on sb's help — *dépendre de l'aide de qun*

misguided management — *gestion peu judicieuse*

The LDCs became *net food importers* in the mid-1970s from a position of *net food exporters* in the previous two decades, and the deficit has been increasing. (15)

Les PED sont devenus *importateurs nets de produits alimentaires* au milieu des années 1970 après avoir été *exportateurs nets de produits alimentaires* pendant les deux décennies précédentes, et le déficit s'est aggravé depuis.

net food importers — *importateurs nets de produits alimentaires*

net food exporters — *exportateurs nets de produits alimentaires*

The CAP was clearly trade diverting and harmful to the outside world, because it raised the level of agricultural protection and thus reduced imports from low-cost producers such as the United States. (16)

A l'évidence, la PAC induisait des détournements d'échanges et nuisait au monde extérieur, car elle renforçait le protectionnisme agricole et réduisait ainsi les importations en provenance de producteurs aux faibles coûts tels que les Etats-Unis.

trade-diverting policy — *politique induisant des détournements d'échanges*

II. Trade and the environment / II. Commerce et environnement

Pour qualifier les relations entre commerce et environnement, le site web de l'OCDE, par exemple, a recours à deux expressions interchangeables, "cross-linkages" et "inter-linkages", observant d'une part

many *cross-linkages* between two important policy fields,

de nombreuses *relations croisées* entre deux importants domaines de politique économique,

cross-linkages — *relations croisées*

et précisant d'autre part que

Since 1991, the OECD has been producing in-depth analysis of issues raised by the *inter-linkages* of trade and environment. This has been done under the auspices of the Party on Trade and Environment (JWPTE). (17Joint Working)

Depuis 1991, l'OCDE s'est livré à une analyse en profondeur des questions soulevées par les *inter-relations* entre commerce et environnement. Cela s'est fait sous les auspices du Groupe de Travail Mixte sur le Commerce et l'Environnement.

inter-linkages — *inter-relations*

joint working party — *groupe de travail mixte/paritaire*

joint committee — *commission paritaire, commission mixte*

A. Introduction / A. Introduction

Countries will differ in their environmental policies because of differences in *environmental endowments* and in preferences towards the environment. (18)

Les pays diffèrent dans leurs politiques environnementales du fait de différences de *dotations environnementales* et de préférences concernant l'environnement.

environmental endowments — *dotations environnementales*

C'est ce qui explique les différences entre les pays du Nord et du Sud.

The fact that poorer countries tend to export *the more pollution-intensive goods* can be interpreted as these countries exploiting a *comparative advantage* in these goods. Policies in the rich countries which distort trade by placing countervailing import taxes on *pollution-*

Le fait que les pays pauvres exportent généralement *les biens les plus polluants* peut être interprété comme l'exploitation par ces pays d'un *avantage comparatif* lié à ces biens. Les politiques des pays riches qui faussent le commerce en frappant de taxes d'importation compensatri-

intensive goods from the poor countries will produce an inefficient outcome and constrain the incomes of the poorest countries. (18)	ces les *produits fortement polluants* en provenance des pays pauvres ont des résultats inefficients et restreignent les revenus des pays les plus pauvres.
pollution-intensive goods	*les produits fortement polluants*
to place a tax on sth *to put a tax on sth*	*frapper qch d'une taxe/d'un impôt; taxer/imposer qch*
to levy a tax on sth	*lever, prélever, un impôt sur qch*

La libéralisation du commerce peut-elle apporter quelque changement à cette situation ? En particulier, selon la question posée par Judith M. Dean (U.S. International Trade Commission) dans l'*International Economic Review* d'août-septembre 2000 :

Will freer trade lead to concentrations of *pollution-intensive industries* in developing countries - turning them into "pollution havens" ? (19)	La libéralisation du commerce conduira-t-elle à des concentrations d'*industries très polluantes* dans les pays en développement, les transformant en "havres de pollution" ?
pollution-intensive industries	*industries très polluantes*
haven *pollution havens*	*refuge, havre* *havres de pollution*

"Pollution haven" est construit sur le modèle de "taxation haven" ou "tax haven": paradis fiscal.

Robert Repetto, *senior economist* et président du World Resources Institute, perçoit la relation entre libéralisation du commerce et protection de l'environnement de la façon suivante :

Trade liberalization allows countries to specialize in producing goods and services in which they have the comparative advantage, allowing consumers to purchase goods and services from countries that produce them most efficiently. Environmental protection ensures the full incremental costs of production and consumption are reflected in the decisions that producers and consumers face. The goal is to combine both trade liberalization and environmental protection to promote	La libéralisation du commerce permet aux pays de se spécialiser dans la production de biens et services pour laquelle ils ont un avantage comparatif, en permettant aux consommateurs d'acheter des biens et services aux pays qui les produisent de la façon la plus efficiente. La protection de l'environnement fait en sorte que l'intégralité des coûts incrémentaux de production et de consommation se répercute sur les décisions auxquelles sont confrontés producteurs et consommateurs. L'ob-

sustainable development. (20)

jectif est de combiner à la fois libéralisation du commerce et protection de l'environnement pour promouvoir le *développement durable*.

incremental cost — *coût incrémental*

sustainable development — *développement durable*

International trade is not a root cause (direct cause) of *environmental damage*. [...] If chemicals were no longer traded internationally, and only sold locally, their production would still generate *water pollution*. Similarly, if trade in cars were eliminated, and cars were only sold locally, they would still generate *air pollution* when driven. (21)

Le commerce international n'est pas une cause première (cause directe) de *dégradation de l'environnement*. Si les produits chimiques ne faisaient plus l'objet d'un commerce international, mais se vendaient seulement localement, leur production causerait toujours une *pollution aquatique*. De même, si le commerce des voitures était supprimé et les voitures n'étaient vendues que localement, elles provoqueraient toujours de la *pollution atmosphérique* lorsqu'on les conduirait.

environmental damage — *dégradation de l'environnement*
préjudices environnementaux

water pollution — *pollution aquatique*
air pollution — *pollution atmosphérique*

However, *freer trade* can affect the environment indirectly because it influences overall levels of production and consumption, as well as their composition. (21)

Toutefois, *la libéralisation du commerce* peut avoir un effet indirect sur l'environnement car elle influe sur le volume total de la production et de la consommation, ainsi que sur leur composition.

to affect the environment — *avoir un effet/une incidence sur l'environnement*

Will these indirect effects be *beneficial* or *detrimental* in terms of environmental quality or society's well-being?

Ces effets indirects sont-ils *bénéfiques* ou *préjudiciables* en termes de qualité de l'environnement ou de bien-être de la société ?

beneficial to so/sth — *bénéfique pour qun/qch*
/o/ detrimental to so/sth (=harmful) — */o/ préjudiciable à qun/qch*

to have a detrimental effect on so/sth — *nuire à qun/qch*

Selon Judith M. Dean (2000), tout dépend du type de politique environnementale choisi :

If optimal environmental policies have been adopted, the costs of *environmental damage* have been directly incorporated into production and consumption decisions. Correct *incentives* have been put in place, and excessive degradation eliminated. Under these circumstances, trade liberalization should raise society's well-being. (21)

Si l'on a adopté une politique environnementale optimale, le coût de la *dégradation de l'environnement* a été directement intégré dans les décisions de production et de consommation. Les bonnes *incitations* ont été instituées et toute dégradation excessive écartée. Dans ces conditions, la libéralisation du commerce devrait augmenter le bien-être de la société.

Les incitations évoquées ci-dessus pourraient être des

pollution taxes, — *taxes sur la pollution,*

ou des

pollution permits — *permis de polluer*

tels que des

marketable permits — *permis négociables*
tradable permits

ou une autre forme d'

incentive to innovation in pollution control technology — *incitation à l'innovation en matière de technologies de contrôle de la pollution*

An optimal policy will reduce *environmental damage* to the point where the additional benefits from further *abatement* just equal the additional cost of further abatement. (19)

Une politique optimale réduit les *préjudices environnementaux* jusqu'à ce que les avantages marginaux dûs à une *réduction* plus poussée soient exactement égaux au coût marginal de cette réduction.

pollution abatement — *réduction de la pollution*

However, if optimal environmental policies have not been implemented - eg *environmental damage costs* have been underestimated (overestimated) or policies have not been implemented efficiently - then the correct production and consumption

Toutefois, si l'on n'a pas mis en oeuvre une politique environnementale optimale - par exemple le *coût des dommages environnementaux* a été sous-estimé (surestimé) ou la politique n'a pas été mise en oeuvre de façon efficiente - alors les bonnes

decisions have not been achieved. In that case, freer trade could indirectly *aggravate* (or *mitigate*) environmental problems, and thereby potentially reduce (or increase) society's well-being. (21)

décisions de production et de consommation n'ont pas été prises. Dans ce cas, la libéralisation du commerce pourrait indirectement *aggraver* (ou *atténuer*) les problèmes environnementaux, et, par là, potentiellement réduire (ou augmenter) le bien-être de la société.

environmental damage cost	*le coût des dommages environnementaux*
to aggravate a problem	*aggraver un problème*
to mitigate a problem	*atténuer un problème*

Nous allons aborder les relations entre commerce et environnement en évoquant d'abord plusieurs points de repère historiques, puis quelques effets du commerce sur l'environnement et enfin certaines conséquences des règlementations environnementales pour les échanges. En effet, si

Trade and trade policies (eg. trade liberalisation) clearly have an impact on natural resources and the environment. Conversely, environmental policies can affect international trade directly (eg. via *product standards* or multilateral environmental agreements) or indirectly (eg. by altering costs of production). (22)

Le commerce et les politiques des échanges (par exemple, la libéralisation du commerce) ont à l'évidence un effet sur les ressources naturelles et l'environnement. Réciproquement, les politiques environnementales peuvent influer sur le commerce international directement (par ex., par le biais de *normes de produits* ou d'accords environnementaux multilatéraux) ou indirectement (par exemple, en modifiant les coûts de production).

product standards	*normes de produits*
products must comply with EC standards	*les produits doivent être conformes aux normes de la CE*

B. A few landmarks in the relationship between international trade and environmental protection

B. Quelques étapes importantes dans la relation entre commerce international et protection de l'environnement

landmark	*point de repère, étape importante*

The link between trade and environmental protection - both the

Le lien entre commerce et protection de l'environnement - l'impact des

impact of environmental policies on trade, and the impact of trade on the environment - was recognized as early as 1970. (23)

politiques environnementales sur le commerce aussi bien que l'impact du commerce sur l'environnement - a été reconnu dès 1970.

1. GATT's EMIT group

1. Le groupe EMIT du GATT

Le groupe EMIT a été créé par le GATT en novembre 1971.

In November 1971, the GATT Council of Representatives agreed to set up a Group on Environmental Measures and International Trade (also known as *the "EMIT" group*). (23)

En novembre 1971, le Conseil des Représentants du GATT décida de former un Groupe sur les Mesures Environnementales et le Commerce International (connu aussi sous le nom de groupe *"EMIT"*).

It was twenty years before the EMIT group met because, until 1991, noone asked for it to meet. In 1991, members of the European Free Trade Association (EFTA) (at the time, Austria, Finland, Iceland, Liechtentein, Norway, Sweden and Switzerland) did ask the GATT Director General to convene the EMIT Group as soon as possible. (23)

Vingt ans s'écoulèrent avant que le groupe EMIT ne se réunisse car, jusqu'en 1991, personne ne demanda qu'il le fasse. En 1991, des membres de l'Association Européenne de Libre Echange (AELE) (à l'époque, l'Autriche, la Finlande, l'Islande, le Liechtenstein, la Norvège, la Suède et la Suisse) demandèrent effectivement au Directeur Général du GATT de réunir le Groupe EMIT dès que possible.

to convene (t.v.)	*convoquer, réunir*
to convene EFTA members	*réunir les membres de l'AELE*
to convene a meeting/a conference	*organiser une réunion/un congrès*
to convene (i.v.)	*se réunir*
the EMIT Group convened in 1991	*le Groupe EMIT s'est réuni en 1991*
EFTA members convened in Brussels	*les membres de l'AELE se sont réunis à Bruxelles*

"To convene", verbe transitif ou intransitif, est d'un emploi plus formel que "to meet" et "to bring together".

Remarque sur le groupe nominal "director general". En anglais moderne, il est rare de placer l'adjectif après le nom qu'il qualifie. Cela se produit, entre autres cas, dans quelques expressions figées d'origine française. Citons, pour les contextes d'anglais des affaires :

attorney general — *garde des sceaux, ministre de la justice (US)*

president elect — *président élu*

secretary general — *secrétaire général*

2. 1972 GATT contribution to the United Nations Conference in Stockholm :

2. Contribution du GATT à la Conférence des Nations Unies de Stockholm :

a study on industrial pollution control and international trade.

une étude sur la lutte contre la pollution industrielle et les échanges internationaux.

Dès 1972, l'Organisation des Nations Unies sollicitait les instances du GATT pour une contribution à la Conférence sur l'Environnement de l'Homme de Stockholm :

In 1972, the United Nations held a *Conference on the Human Environment* in Stockholm. During the preparations in 1971, the Secretariat of the GATT was asked to make a contribution. (23)

En 1972, les Nations Unies ont tenu une *Conférence sur l'Environnement de l'Homme* à Stockholm. En 1971, pendant les préparatifs, il a été demandé au Secrétariat du GATT d'apporter sa contribution.

Conference on the Human Environment — *Conférence sur l'Environnement de l'Homme*

contribution — *contribution, article, communication*

Entitled "Industrial Pollution Control and International Trade", the study focussed on the implications of *environmental protection policies* on international trade. It reflected the concern of *trade officials* at the time, that such policies could become *obstacles to trade* as well as constitute a new form of protectionism (ie "green protectionism"). (23)

Intitulée "Lutte contre la Pollution Industrielle et Commerce International", cette étude se concentrait sur les incidences des *politiques de protection de l'environnement* pour le commerce international. Elle exprimait la crainte des *délégués au commerce* du moment, que de telles politiques puissent devenir des *obstacles au commerce* ainsi que constituer une nouvelle forme de protectionnisme (c'est-à-dire un "protectionnisme vert").

environmental protection policy — *politique de protection de l'environnement*

trade officials — *délégués au commerce*

obstacles to trade — *obstacles au commerce*

green protectionism — *protectionnisme vert*

3. 1983 : the Brundtland Commission

3. 1983 : la Commission Brundtland

Grö Harlem Bruntland, ancien ministre de la santé (1965), de l'environnement (1974), et ancien Premier Ministre de Norvège (1981), allait jouer un rôle essentiel.

In 1983 the then United Nations Secretary-General invited her to establish and chair the World Commission on Environment and Development. The Commission, which is best known for developing the broad political concept of *sustainable development,* published its report "Our Common Future" in April 1987. (24)

En 1983, le Secrétaire Général des Nations Unies de l'époque l'invita à former et présider la Commission Mondiale sur l'Environnement et le Développement. Connue surtout pour avoir créé le vaste concept politique de *développement durable,* la Commission a publié son rapport "Notre avenir à tous" en avril 1987.

sustainable development — *développement durable*

Un débat existe toujours quant à l'adaptation en français de "sustainable development". Le français courant emploie généralement "développement durable", l'adjectif français "soutenable" n'ayant pas initialement le sens que nous allons définir pour "sustainable". L'adjectif français "soutenable" est peu usité ; il implique la référence à "insoutenable", d'usage plus courant, et s'oppose donc à "intolérable" ou "indéfendable".
Toutefois, certains spécialistes préfèrent l'emploi de "soutenable" solidaire du contexte précis où cette expression a été crée. Ainsi Michel Damian et Jean-Christophe Graz publient-ils en 2001 un livre intitulé : *Commerce International et développement soutenable*. Cet ouvrage cite l'équivalence "développement durable" avant de privilégier définitivement "développement soutenable".

The term sustainable development was brought into common use by the World Commission on Environment and Development (the Brundtland Commission) in its 1987's report "Our Common Future". (25)

Le terme «développement durable» a été vulgarisé par la Commission Mondiale sur l'Environnement et le Développement (la Commission Brundtland) dans son rapport de 1987 "Notre avenir à tous".

La Commission Brundtland définit ce terme comme

meeting the needs of the present generation without compromising the needs of future generations. (25)

satisfaire les besoins de la génération actuelle sans compromettre les besoins des générations futures.

The Commission's *recommendations* led to the *Earth Summit* - the United Nations Conference on Environment and Development (UNCED) in Rio de Janeiro in 1992. (24)

Les *recommandations* de la Commission aboutirent au *Sommet de la Terre* - la Conférence des Nations Unies sur l'Environnement et le Développement (CNUED) à Rio de Janeiro, en 1992.

(Nous aborderons cette question dans la section 5 de cette partie, p.237.)

4. The 1990 Bergen Ministerial Declaration on Sustainable Development

4. La Déclaration Ministérielle de Bergen sur le Développement Durable en 1990

En 1990, la Déclaration Ministérielle de Bergen sur le Développement Durable souligne la relation entre économie et environnement mondial.

In recent years, it has become increasingly apparent that the world economy and the global environment are connected. The 1990 Bergen Ministerial Declaration on Sustainable Development pointed out the "symbiotic nature of economy and the environment". (26)

Ces dernières années, il est devenu de plus en plus clair que l'économie mondiale et l'environnement mondial sont liés. En 1990, la Déclaration Ministérielle de Bergen sur le Développement Durable a signalé la "nature symbiotique de l'économie et de l'environnement".

to point sth out — *montrer, signaler, faire remarquer qch*

Le constat de cette relation étroite va conduire Steve Charnovitz, policy director du US Competitiveness Policy Council à Washington, à créer un nouveau mot. Ainsi déclare-t-il,

The world economy and the global environment are [...] two sides of the same coin. I have termed this planetary coin, the *ecolonomy*. (27)

L'économie mondiale et l'environnement mondial sont deux aspects d'une même question. Et cette question planétaire, je l'ai appelé *écolonomie*.

they are the two sides of the same coin — *ce sont les deux facettes d'un même problème*

global (adj) — *universel, mondial; global*
world economy — *économie mondiale*

Nous noterons la recherche dont témoigne le choix des termes employés comme qualificatifs dans la citation ci-dessus : "world", "global" et "planetary".

Autres exemples d'utilisation du nom "world" dans des mots composés avec le sens de "mondial", "à l'échelle du globe" :

The Second World War, World War Two, World War II	*La deuxième guerre mondiale*
worldwide dispatch	*envoi/expédition dans le monde entier*

5. Rio 1992 : the Earth Summit — 5. Le Sommet de la Terre de Rio en 1992

Après l'adoption, le 9 mai 1992, par l'Intergovernmental Panel on Climate Change (IPCC), de la

The contribution that GATT [...] could make to environmental protection was recognized at the *United Nations Conference on Environment and Development (UNCED, the Earth Summit)* in Rio in 1992. The Rio declaration stated that *an open, equitable and non-discriminatory multilateral trading system* has a key contribution to make to national and international efforts to better protect and *conserve* environmental resources and promote sustainable development. (23)

Le rôle que le GATT pouvait jouer dans la protection de l'environnement fut reconnu à la *Conférence des Nations Unies sur l'Environnement et le Développement (CNUED, le Sommet de la Terre)* à Rio en 1992. La déclaration de Rio énonçait qu'*un système d'échanges multilatéral non discriminatoire, équitable et ouvert,* a un rôle essentiel à jouer dans les efforts faits au niveau national et international pour mieux protéger et *économiser* les ressources environnementales et promouvoir le développement durable.

United Nations Conference on Environment and Development (UNCED)	*Conférence des Nations Unies sur l'Environnement et le Développement (CNUED)*
the Earth Summit	*le Sommet de la Terre*
to conserve scarce resources	*économiser des ressources rares*
energy conservation	*économies d'énergie*
Framework Convention on Climate Change (FCCC)	*Convention Cadre sur le Changement Climatique (CCCC)* cf. p.256

les Nations Unies ont organisé le Sommet de la Terre à Rio en juin 1992, lequel s'est intéressé au rôle du commerce international - et du GATT - dans la protection de l'environnement pour un développement durable.

Agenda 21, the agenda for the twenty-first century,

Agenda 21, le programme d'action pour le vingt-et-unième siècle,

fut également mis au point à Rio, avec les mêmes objectifs.

6. 1994 : Marrakesh preamble and WTO's Decision on Trade and Environment

6. 1994 : Le préambule de Marrakech et la Décision de l'OMC sur le Commerce et l'Environnement

En 1994, l'accord de Marrakech concluait l'Uruguay Round du GATT auquel succèdait l'OMC. Le préambule de cet accord stipulait l'importance de travailler dans la perspective d'un développement durable.

The fact that the first paragraph of the preamble recognizes *sustainable development* as an integral part of the *multilateral trading system* illustrates the importance placed by WTO members on environmental protection. (28)

Le fait que le premier paragraphe du préambule reconnaisse le *développement durable* comme partie intégrante du *système d'échanges multilatéral* illustre l'importance donnée par les membres de l'OMC à la protection de l'environnement.

the preamble to the Marrakesh Agreement	*le préambule de l'Accord de Marrakech*
the multilateral trading system	*le système d'échanges multilatéral*
to be an integral part of sth	*faire partie intégrante de qch*
to place great importance on sth	*donner une grande importance à qch*
to attach great importance to sth	*attacher une grande importance à qch*

De plus, en avril 1994 à Marrakech, les ministres ont également signé une "Decision on Trade and Environment" énonçant qu'

There should not be, or need not be, any policy contradiction between upholding and safeguarding an *open, non-discriminatory and equitable multilateral trading system* on the one hand, and acting for the protection of the environment, and the promotion of sustainable development on the other. (28)

Il ne devrait pas y avoir, ou ne doit pas y avoir, de contradiction de principe entre d'une part maintenir et sauvegarder *un système d'échanges multilatéral équitable, non discriminatoire et ouvert*, et d'autre part agir en faveur de la protection de l'environnement et la promotion du développement durable.

an equitable multilateral trading system — *un système d'échanges multilatéral équitable*

7. WTO's Committee on Trade and Environment (CTE)

7. Le Comité de l'OMC sur le Commerce et l'Environnement (CCE)

The WTO's Committee on Trade and Environment (CTE) was set up by the 1994 Ministerial Decision on Trade and Environment. It came into being with the WTO on 1 January 1995, and it has brought environmental and sustainable development issues into the mainstream of the WTO's work. (29)

Le Comité de l'OMC sur le Commerce et l'Environnement (CCE) a été établi par la Décision Ministérielle sur le Commerce et l'Environnement de 1994. Il a vu le jour en même temps que l'OMC le 1er janvier 1995, et a placé les questions environnementales et de développement durable parmi les thèmes centraux des travaux de l'OMC.

mainstream (n) — *courant dominant*

The CTE took over from the GATT Emit Group. (29)

Le CCE a remplacé le Groupe Emit du GATT.

to take over from sb — *prendre la relève de qun*

The Committee on Trade and Environment is composed of all WTO members and a number of observers from inter-governmental organizations. It reports to the General Council, the WTO's top day-to-day *decision-making body*. (29)

Le Comité sur le Commerce et l'Environnement est composé de l'ensemble des membres de l'OMC et d'un certain nombre d'observateurs d'organismes inter-gouvernemen-taux. Il dépend du Conseil Général, l'*organe de décision* supérieur ordinaire de l'OMC.

an observer — *un observateur*

inter-governmental organization — *organisme inter-gouvernemental*

to report to so — *être sous les ordres de qun*

decision-making body, *decision-taking body* — *organe de décision*, *organe décisionnel*

decision-making, *decision-taking* — *prise de décision*

decision-making authority, *decision-taking authority* — *pouvoir de décision*

decision-maker, decision-taker	*décideur*

Its *duties* are to study *the relationship between trade and the environment*, and to make recommendations about any changes that might be needed in the trade agreements. (30)

Ses *fonctions* consistent à étudier *les rapports entre commerce et environnement*, et faire des recommandations quant aux modifications qui pourraient devoir être apportées aux accords commerciaux.

Le Comité

submitted its first report to the WTO Ministerial Conference in Singapore in 1996.

soumit son premier rapport à la Conférence Ministérielle de l'OMC de Singapour en 1996.

The Ministerial Conference is the organization's highest-level decision-making body. It meets at least once every two years, as required by the Marrakesh Agreement Etablishing the World Trade Organization - the WTO's *founding charter*.

La Conférence Ministérielle est l'organe décisionnel le plus élevé de l'organisation. Elle se tient au moins une fois tous les deux ans, comme l'exige l'Accord de Marrakech Etablissant l'Organisation Mondiale du Commerce, la *charte fondatrice* de l'OMC.

Après la première conférence ministérielle à Singapour en 1996, il y eut celles de Genève en 1998, Seattle en 1999 et cette année, Doha au Qatar, du 9 au 13 novembre 2001.

In October 1999, the CTE agreed to hold three meetings in 2000 and to continue to deepen the analysis of all items on the work programme. Discussions are to be clustered around two themes : market access, and the linkages between the multilateral environment and trade agendas. (29)

En octobre 1999, le CCE convint de se réunir trois fois en 2000 et de continuer à approfondir l'analyse de tous les éléments de son programme de travail. Les discussions doivent se regrouper autour de deux thèmes : l'accès aux marchés et les liens entre les programmes multilatéraux sur l'environnement et le commerce.

to hold a meeting	*tenir une réunion*
to call a meeting	*convoquer une réunion*
to deepen an analysis	*approfondir une analyse*
to cluster/to be clustered	*se regrouper, se rassembler*
cluster diagram	*diagramme en grappes*

agenda	*ordre du jour, programme*
trade agenda	*le programme/les priorités du commerce*
on the agenda	*à l'ordre du jour*

8. WTO's regional seminars on trade and environment for developing countries

8. Séminaires régionaux de l'OMC sur le commerce et l'environnement pour les pays en développement

Le chapitre sur le commerce et l'environnement rejoint certaines des préoccupations mentionnées dans le chapitre sur les pays en développement. En effet,

The WTO Secretariat has organized a series of regional seminars on trade and environment for government officials from developing and least-developed countries, and countries in transition from centrally planned to market economies. (29)

Le Secrétariat de l'OMC a organisé une série de séminaires régionaux sur le commerce et l'environnement pour de hauts fonctionnaires représentant pays en développement, pays les moins avancés, et pays en transition d'une économie centralisée à une économie de marché.

government official	*haut fonctionnaire*

The objective has been *to raise awareness on* the *linkages* between trade, environment and sustainable development, and to enhance the dialogue among policy-makers from different ministries in *WTO member governments*. (29)

L'objectif était de *faire prendre conscience* des *liens* entre commerce, environnement et développement durable, et d'accroître le dialogue entre les décideurs de différents ministères dans *les Etats membres de l'OMC*.

WTO member governments	*les Etats membres de l'OMC*
to raise awareness on sth	*faire prendre conscience de qch*
policy-makers	*décideurs*

Rappelons qu'ici nous assimilons "policy-maker" à "decision-maker" ou "decision-taker", le "policy-maker" pouvant plus précisément être responsable de l'ensemble d'une politique publique ou d'une de ses composantes, c'est-à-dire d'une mesure spéciale.

C. Effects of trade on the environment

C. Effets du commerce sur l'environnement

trade-related environmental issues	*problèmes environnementaux liés au commerce*

Many *environmentalists* believe that liberal trade policies *interfere with* the pursuit of strict environmental standards, and some of them *advocate* the punitive use of trade restrictions to force acceptance of those standards. (31)

De nombreux *écologistes* pensent que les politiques commerciales libérales *s'opposent* à l'observation de normes environnementales strictes, et certains d'entre eux *préconisent* l'usage punitif de restrictions commerciales pour imposer le respect de ces normes.

environmentalists	*écologistes*
to interfere with sth	*faire obstacle/ s'opposer à qch, entraver qch*

Selon Steve Charnovitz,

The main environmental effects related to trade are : (1) importation of *waste*; (2) overuse of *renewable resources* (including humans); and (3) pollution caused by production stimulated by *foreign demand*. These effects are exacerbated by the large *differences in wealth* between poor and rich countries. For example, landowners or governments can be induced to accept industrial country waste for disposal. When the waste is lethal, the morality of such trades becomes questionable. (32)

Les principaux effets environnementaux liés au commerce sont : (1) l'importation de *déchets*; (2) la surexploitation de *ressources renouvelables* (humains compris), et (3) la pollution causée par la production stimulée par la *demande extérieure*. Ces effets sont exacerbés par les grands *écarts de richesse* entre pays riches et pays pauvres. Par exemple, les propriétaires fonciers ou les Etats peuvent être amenés à accepter les déchets des pays industriels à éliminer. Quand les déchets sont mortifères, la moralité de tels échanges devient discutable.

foreign demand *external demand*	*demande extérieure*
renewable resources *nonrenewable resources*	*ressources renouvelables* *ressources nonrenouvelables*
lethal (adj) *eg a lethal dose : "causing or able to cause death"* (OAL)	*létal, mortifère* *ex : une dose létale : entraînant ou capable d'entraîner la mort.*

Le commerce accentue la nécessité d'établir des règlements. Le texte ci-dessus fait évidemment penser au

nuclear fuel reprocessing	*retraitement de combustible nucléaire*

Integrating economic and environmental policies :

Intégration des politiques économique et environnementale :

1. The impact of subsidies.

1. L'impact des subventions.

An important step towards integration is to identify the impacts of *economic support* measures, such as *subsidies*, on the environment. A 1998 OECD Report, entitled "Improving the Environment through Reducing Subsidies", concluded that many subsidies damage the environment by encouraging *over-production* and the *wasteful use* of inputs. (33)

L'identification des effets sur l'environnement des mesures de *soutien économique*, telles que les *subventions*, est un pas important vers l'intégration. Un Rapport de l'OCDE de 1998, intitulé "Améliorer l'Environnement en Réduisant les Subventions", concluait que beau-coup de subventions nuisent à l'environnement en encourageant la *surproduction* et le *gaspillage* des facteurs de production.

economic support	*soutien économique*
to damage the environment	*nuire à l'environnement*
overproduction	*surproduction*
wasteful use/waste	*gaspillage*
inputs *factors of production*	*facteurs de production* (32)

2. Transports

2. Les transports

Pour l'OCDE,

International freight is an essential service in international trade, and the demand for freight is derived from economic activity, including international trade. (35)

Le *fret international* est un service capital pour le commerce international, et la demande de fret découle de l'activité économique, commerce international inclus.

international freight	*fret international*

L'OCDE a créé "the OECD Joint Session of Trade and Environment Experts", ci-dessous représentée par "the Joint Session" :

In view of the growing pressure on the environment caused by various *modes of transport*, the Joint Session decided to undertake an empirical

Vu la pression croissante exercée sur l'environnement par divers *moyens de transport*, la Session Mixte a décidé d'entreprendre une étude em-

study in three phases : first, looking at the relationship between international trade and international transport, and focusing on the effects of trade liberalisation, including *liberalisation of the transport sector* itself; second, surveying the major effects on the environment of *international freight movements;* and finally by combining the first two phases, attempting to measure the effect on the environment of growth in international freight movements, attributable to trade liberalisation. (35)

pirique en trois phases : premièrement, examiner les rapports entre commerce international et transport international, et se concentrer sur les effets de la libéralisation du commerce, y compris la *libéralisation du secteur des transports* lui-même; deuxièmement, étudier les principaux effets sur l'environnement des *transports internationaux de fret*, et enfin en combinant les deux premières phases, s'efforçer de mesurer l'effet sur l'environnement de la croissance des transports internationaux de fret imputable à la libéralisation du commerce.

modes of transport *transport modes*	*moyens de transport*
international freight movements	*transports internationaux de fret*

L'objectif est de privilégier des

less environmentally damaging transport modes — moyens de transport *moins dangereux pour l'environnement*

que voitures, camions et avions. Or,

Since the 1980s, *road networks* have expanded more than *rail networks* in a number of countries. The World Bank railways database shows that *rail passenger traffic* has been decreasing in many countries and that *rail freight traffic* has changed little except in the United States, where it has increased. In Europe, however, railways have become less important for moving freight, while *trucking* has greatly expanded. (36)

Depuis les années 1980, les *réseaux routiers* se sont développés davantage que les *réseaux ferroviaires* dans un certain nombre de pays. La banque de données sur les chemins de fer de la Banque Mondiale montre que le *transport de passagers par rail* a diminué dans de nombreux pays et que le *ferroutage* a peu évolué, sauf aux Etats-Unis où il a augmenté. Toutefois, en Europe, les chemins de fer ont perdu de l'importance pour le transport du fret, tandis que le *transport routier* s'est fortement développé.

rail freight traffic	*le ferroutage*

road network	*réseau routier*
rail network	*réseau ferroviaire*
rail passenger traffic	*transport de passagers par rail*
trucking	*transport routier*
truck (US) = lorry (UK)	*camion*

With the most *energy-intensive* transportation methods - cars, trucks, and planes - being used more often, fuel use is increasing. (37)	Les moyens de transport *les plus forts consommateurs d'énergie* - voitures, camions et avions - étant utilisés plus souvent, l'utilisation de carburant augmente.

energy-intensive	*à forte consommation en énergie*
energy-intensive industries	*industries fortes consommatrices d'énergie*

Advances in transportation technology have brought benefits, but growing *vehicle fleets* and escalating fuel use have also created problems : accidents, smog, traffic congestion, urban sprawl, loss of forests and farms, noise, and carbon emissions that contribute to rising global temperatures. (37)	Les *progrès des technologies des transports* ont apporté des avantages, mais l'augmentation des *parcs automobiles* et l'utilisation croissante de carburant ont aussi créé des problèmes: accidents, "smog", embouteillages, extension des villes, disparition de forêts et de fermes, bruit, et émissions de carbone qui contribuent au réchauffement de la planète.

vehicle fleet/car fleet	*parc automobile*
traffic congestion	*embouteillage(s)*
traffic jam	*encombrement de circulation*
urban sprawl	*extension des villes, extension urbaine*
suburban sprawl	*extension des banlieues* *banlieues tentaculaires*

Dans l'adaptation de l'extrait ci-dessus, nous faisons correspondre "réchauffement de la planète" à "rising global temperatures". Toutefois, la locution anglaise couramment employée avec ce sens est "global warming".

Transportation, spurred by *road traffic*, is now the fastest-growing contributor to *climate change*. *Motor vehicles* accounted for 58 % of car-	Sous l'impulsion de la *circulation routière*, les transports sont actuellement le facteur dont la contribution au *changement climatique* croît

bon emissions from transportation in 1990, but their contribution grew to 73% by 1997. (37)

le plus rapidement. Les *véhicules automobiles* représentaient 58 % des *émissions de carbone dues aux transports* en 1990, mais leur contribution est passée à 73 % en 1997.

road traffic	*circulation routière*
motor vehicles	*véhicules automobiles*
carbon emissions from transportation	*émissions de carbone dues aux transports*

C'est également le constat de l'OCDE :

Transport is a major contributor to environment problems at the local, regional and global levels. It is now the fastest-growing source of *greenhouse gas emissions*. (38)

Le transport est un facteur majeur des problèmes environnementaux aux niveaux local, régional et mondial. C'est actuellement la source d'*émissions de gaz à effet de serre* qui a la plus forte croissance.

a greenhouse gas	*un gaz à effet de serre*
greenhouse gases	*des gaz à effet de serre*
greenhouse gas emissions	*émissions de gaz à effet de serre*

The OECD's project "Environmentally Sustainable Transport" is examining what kind of *policy framework* will be necessary to ensure that transport systems are environmentally sustainable in the year 2030 and beyond. By developing a set of essential *criteria to be met*, and then by using alternative *projections* to explore different *paths forward*, this work is helping to show the policies that will be required in the years to come. (38)

Le projet de l'OCDE intitulé "Transport environnementalement durable" étudie quel type de *mesures d'encadrement* sera nécessaire pour faire en sorte que les systèmes de transport soient environnementalement durables en l'an 2030 et au-delà. En établissant une série de *critères* essentiels *à respecter*, puis en ayant recours à différentes *projections* pour étudier diverses *solutions*, ce travail contribue à mettre en évidence les politiques qui seront nécessaires dans les années à venir.

criterion, pl. criteria	*critère(s)*
criteria to be met	*critères à respecter*
projection	*projection, prévision*
path	*voie, option; sentier, chemin*

Dans l'adaptation de l'extrait ci-dessus, nous rapprochons *"path forward"* de *"way forward"* dans :

to find a way forward — *trouver une solution*

Dans d'autres contextes économiques, nous trouverons :

expansion path — *chemin/sentier d'expansion*
growth path

critical path method — *méthode du sentier critique.*

3. Agricultural trade and environmental protection

3. Commerce agricole et sauvegarde de l'environnement

Agriculture is one of the sectors of the economy where failure to integrate environmental and economic policies is most evident. Soil and water quality, *biodiversity* and rural amenities are all affected by *policy decisions* on agriculture. (33)

L'agriculture est l'un des secteurs de l'économie où le manque d'intégration des politiques économique et environnementale est vraiment évident. La qualité de l'eau et du sol, la *biodiversité*, les attraits du monde rural, subissent tous les incidences des *décisions de principe* concernant l'agriculture.

biodiversity = biological diversity — *biodiversité* (39)

policy decision — *décision de principe*

amenities — *agréments, attraits*
loss of amenities — *perte d'agréments*
reduction of amenities — *dégradation des valeurs d'agrément*

Le terme "amenities" peut également prendre le sens de "facilities", c'est à dire "équipements", "installations", par exemple dans

tourist amenities — *installations touristiques*

et dans ce cas "rural amenities" pourra prendre le sens d' "infrastructures rurales".

Sustainable agriculture and ecolabelling

Agriculture durable et éco-labellisation

"Sustainable agriculture" se rendra aussi par "éco-agriculture".

ecolabelling — *éco-labellisation*
ecolabeling — *labellisation écologique*

Les adaptations françaises ci-dessus de "ecolabelling" sont les plus proches de l'anglais. On trouvera également en français "écoétiquetage" et "estampillage écologique" (40).

Eco-labelling : good if it does not discriminate.	La labellisation écologique : bonne si elle ne pratique pas de discrimination.
Labelling environmentally-friendly products is an important environmental policy instrument. For the WTO, the key point is that *labelling requirements and practices* should not discriminate - either between trading partners (most-favoured-nation treatment should apply), or between domestically-produced goods or services and imports (national treatment). (41)	La *labellisation de produits sans danger pour l'environnement* est un important instrument de politique environnementale. Pour l'OMC, l'essentiel est que *les exigences et les pratiques de labellisation* ne fassent pas de discrimination, que ce soit entre partenaires commerciaux (le traitement de la nation la plus favorisée devrait s'appliquer), ou entre biens et services de production intérieure, d'une part, et importations (traitement national), d'autre part.

labelling	*labellisation*
labelling requirements	*les exigences de la labellisation*
labelling practices	*les pratiques de labellisation*
environmentally-friendly	*sans danger pour l'environnement*
=/= environmentally-detrimental	*=/= préjudiciable à l'environnement dangereux pour l'environnement*

L'extrait ci-dessus nous permet de préciser ce que l'on entend par "national treatment" :

National treatment : treating foreigners and *locals* equally	Le *traitement national* : traiter étrangers et *résidents* d'égale façon.

ou bien

giving others the same treatment as one's own *nationals*.	accorder aux autres le même traitement qu'à ses propres *ressortissants*.
Imported and *locally-produced goods* should be treated equally - at least after the *foreign goods* have entered the market. The same should apply to foreign and domestic services, and to foreign and local *trademarks*,	Les *biens* importés et *produits localement* devraient être traités d'égale façon, au moins une fois que les *biens en provenance de l'étranger* sont entrés sur le marché. Le même traitement devrait s'appliquer aux services produits lo-

copyrights and *patents*. (40)	calement ou à l'étranger, et aux *marques, droits d'auteur* et *brevets* étrangers ou nationaux.
nationals, *EC nationals*	*ressortissants, nationaux* *ressortissants de la CE*
locals (ici = residents)	*résidents, personnes du pays*
locally-produced goods	*marchandises produites localement*
/o/ imported goods *foreign goods*	*/o/ marchandises importées* *marchandises en provenance de l'étranger*
foreigners *foreign nationals,* *non-EC nationals*	*étrangers* *ressortissants étrangers* *ressortissants étrangers à la CE*

Le terme "ecolabelling" s'emploie dans diverses compositions telles que :

ecolabelling networks *ecolabelling process* *ecolabelling procedure*	*réseaux d'éco-labellisation* *processus d'éco-labellisation* *procédure d'écolabellisation*
Ecolabels tell us about the *environmental impacts* from producing or using a product. They are voluntary, but in some markets they are becoming an important competitive factor. There are many different *labelling programs*, run by governments, private companies and *non-governmental organizations*. (43)	Les *labels écologiques* nous informent sur les effets environnementaux de la production ou de l'usage d'un produit. Ils ne sont pas obligatoires, mais, sur certains marchés, deviennent un important facteur de concurrence. Il existe de nombreux *programmes* différents *de labellisation*, gérés par les Etats, des sociétés privées et des *organisations non gouvernementales*.
écolabels	*écolabels, labels écologiques*
environmental impacts	*effets environnementaux* *effets sur l'environnement*
non-governmental organizations (NGOs)	*organisations non gouvernmentales (ONG)*
voluntary (adj)	*volontaire, facultatif, non obligatoire*

Domestically prohibited goods — Les biens *interdits sur le marché intérieur*

constituent

one of the more *contentious* issues in the Trade and Environment Committee. It is a concern of a number of developing countries which are worried that certain hazardous or toxic products are being exported to their markets without them being *fully informed* about the environmental or public health dangers the products may pose. (41)

l'une des questions les plus *litigieuses* pour le Comité sur le Commerce et l'Environnement. C'est une préoccupation pour un certain nombre de pays en développement qui s'inquiètent de ce que certains produits dangereux ou toxiques soient exportés vers leurs marchés sans qu'ils soient *pleinement informés* des dangers que peuvent présenter ces produits pour l'environnement ou la santé publique.

hazardous products — *produits dangereux*
toxic products — *produits toxiques*

to pose environmental dangers — *présenter des dangers pour l'environnement*

contentious (adj) — *controversé, litigieux, contentieux*

Attention, le terme anglais "contentious" n'est qu'adjectif. Par contre, le nom anglais "contention" se retrouve dans la locution "bone of contention", "objet de dispute/pomme de discorde". Le nom français "contentieux" se traduira de façons diverses en fonction du contexte, par exemple :

legal department — *service du contentieux*

dispute, disagreement — *contentieux, litige*

Developing countries want to be *fully informed* so as to be in a position to decide whether or not to import them. (41)

Les pays en développement veulent être *pleinement informés* afin d'être en mesure de décider s'ils importent ces produits ou non.

to be in a position to do sth — *être en mesure de faire qch*

Par ailleurs, selon le Comité,

the Agreement on Trade-Related Aspects of Intellectual Property Rights (TRIPS) helps countries obtain *environmentally-sound* technology and products. (41)

l'Accord sur les Droits de Propriété Intellectuelle liés au Commerce (ADPIC) aide les pays à avoir une technologie et des produits *sans danger pour l'environnement*.

Agreement on Trade-Related Aspects of Intellectual Property Rights (TRIPS) — *Accord sur les Droits de Propriété Intellectuelle liés au Commerce (ADPIC)*

environmentally-sound — *sans danger pour l'environnement*

Au sein de l'OCDE, l'écolabellisation fait l'objet des recherches de diverses commissions, dont l'Environment Policy Committee (EPOC) et le Comité de l'OCDE sur l'Agriculture.

The Environment Policy Committee (EPOC) is one of the major policy committees of the OECD. It is in charge of implementing the environment part of the Organization's bi-annual programme of work (the "Environment Programme"), once approved by the OECD Council. EPOC *oversees* both the content and the running of the programme. (44)

Le Comité de Politique Environnementale (EPOC) est une des principales commissions de l'OCDE. Il est responsable de la mise en oeuvre de la partie du programme bisannuel de travail de l'Organisation ayant trait à l'environnement (le "Programme Environnement"), une fois qu'elle a été approuvée par le Conseil de l'OCDE. EPOC *supervise* tant le contenu que l'exécution du programme.

bi-annual = occurring twice a year — *bisannuel = se produisant deux fois par an*

Through a Joint Working Party with the OECD Committee on Agriculture, EPOC will continue its pioneering work on such issues as *sustainable agriculture*, the development of 'agri-indicators', climate change and agriculture, *eco-labelling* of *agricultural produce*, and the environmental implications of structural and technological change - for example, the effects of trade liberalisation and the introduction of biotechnology. (33)

Par le biais d'un Groupe de Travail Mixte avec le Comité de l'OCDE sur l'Agriculture, EPOC va poursuivre son travail de pionnier sur des questions telles que *l'agriculture durable*, le développement d'indicateurs agricoles, le changement climatique et l'agriculture, *l'éco-labellisation* des *produits agricoles*, et les incidences environnementales des changements structurels et technologiques, par exemple, les effets de la libéralisation du commerce et l'introduction de la biotechnologie.

sustainable agriculture — *l'agriculture durable*

agricultural produce (inv.) — *produits agricoles (non transformés)*

biotechnology (45) — *biotechnologie*

agri-environmental indicators — *indicateurs agri-environnementaux*

Le terme anglais *agri-business* et son équivalent français *l'industrie agro-alimentaire* sont déjà anciens. Le dictionnaire Petit Robert situe l'apparition de la locution française en 1971; sa composition en fait un terme d'origine française tout à fait normale. L'adjectif composé anglais *agri-environmental* est apparu très récemment et a été lexicalisé en français sans aucune modification, en suivant toutefois les règles d'accord du français.
Quant à *agri-indicators*, nous n'avons pas trouvé de terme français comparable par sa structure et l'avons donc traduit par *indicateurs agricoles*.

D. Impact of environmental regulations on trade : Multilateral Environmental Agreements (MEAs)

The *polluter-pays principle (PPP)*, adopted by the OECD in 1972, states that "the polluter should bear the cost of measures to reduce pollution decided upon by public authorities to ensure that the environment is in an acceptable state". The main objective is to harmonize policies among OECD members so that differential environmental regulations do not distort comparative advantage and *trade flows*.
The World Bank, World Development 1992, Oxford p.77

D. Impact des réglementations environnementales sur les échanges : les Accords Environnementaux Multilatéraux (AEM)

Le *principe du pollueur-payeur (PPP)*, adopté par l'OCDE en 1972, énonce que "le pollueur doit supporter le coût des mesures prises par les pouvoirs publics pour réduire la pollution pour faire en sorte que l'environnement soit dans un état acceptable". Le principal objectif est d'harmoniser les politiques des divers membres de l'OCDE afin que les différentes règlementations environnementales ne faussent pas l'avantage comparatif et les *flux d'échanges*.

the polluter-pays principle — *le principe du pollueur payeur*

La citation ci-dessus témoigne du souci de l'OCDE de ne pas pénaliser le commerce. En fait, sur l'ensemble des Accords Environnementaux Multilatéraux, peu semblent empiéter sur les principes fondamentaux des échanges.

There are about 200 international agreements (outside the WTO) dealing with various environmental issues *currently in force*. They are called *Multilateral Environmental Agreements (MEAs)*. About 20 of these include provisions that can *affect trade*. (41)

Sont *actuellement en vigueur* (en dehors de l'OMC) environ 200 accords internationaux ayant trait à diverses questions environnementales. On les appelle *Accords Environnementaux Multilatéraux (AEM)*. Une vingtaine d'entre eux comprennent des clauses qui peuvent *avoir une incidence sur le commerce*.

(to be) in force — *(être) en vigueur*

provisions (of an agreement, an act) — *clauses, dispositions (d'un accord, d'une loi)*

En voici quelques exemples :

1. The Convention on International Trade in Endangered Species of Wild Fauna and Flora (CITES)

1. La Convention sur le Commerce International des Espèces de Faune et de Flore Sauvages en Voie de Disparition (CITES)

endangered species (inv.) *= in danger of becoming extinct* — *espèce(s) menacée(s) (d'extinction) = en voie de disparition*

Si certaines mesures prises pour sauvegarder l'environnement n'ont pas d'incidence sur le commerce,

There are other environmental regulations that clearly *impede* free trade, such as the Convention on International Trade in Endangered Species (CITES), which, for example, *prohibits the importation* of ivory, and the Basel Convention on Transboundary Movement of Hazardous Wastes and their Disposal, which *rules out trade* in certain substances. (46)

Il est évident que d'autres réglementations environnementales *entravent* le libre-échange, comme la Convention sur le Commerce International des Espèces en Voie de Disparition (CITES), qui, par exemple, *interdit l'importation* d'ivoire, et la Convention de Bâle sur le Transport Transfrontalier et l'Elimination des Déchets Dangereux, qui *interdit le commerce* de certaines substances.

to impede (t.v.) — *entraver*
impediments — *entraves*
impediments to entry = barriers to entry — *barrières à l'entrée*

to prohibit the importation of ivory — *interdire l'importation d'ivoire*
to rule out the ivory trade — *interdire le commerce de l'ivoire*

CITES was drawn up in 1973 and entered into force two years later. It establishes trade controls, ranging from a *complete ban* to a *partial licensing system*. (47)

Etablie en 1973, la CITES est entrée en vigueur deux ans plus tard. Elle institue des contrôles sur les échanges, depuis l'*interdiction totale* jusqu'à un *système de licences d'application partielle*.

a complete ban	*une interdiction totale*
a partial licensing system	*un système de licences d'application partielle*
to enter into force *to come into force*	*entrer en vigueur*
2. The Vienna Convention on Substances that Deplete the Stratospheric Ozone Layer, with the Montreal Protocol	**2. La Convention de Vienne sur les Substances qui Appauvrissent la Couche d'Ozone Stratosphérique, et le Protocole de Montréal**
ou	
The Montreal Protocol on Substances that Deplete the Ozone Layer (1989)	Le Protocole de Montréal sur les Substances qui Appauvrissent la Couche d'Ozone
The *Montreal Protocol* was concerned with ozone depletion and initiated the phasing out of CFCs. (46)	Préoccupé par l'épuisement de la couche d'ozone, le *Protocole de Montréal* instaura l'abandon progressif des CFC.
ozone depletion = depletion of the earth's ozone layer	*épuisement de la couche d'ozone de la terre*
ozone layer	*la couche d'ozone*
the phasing out of CFCs	*l'abandon progressif des CFC*
chlorofluorocarbons (CFCs)	*les chlorofluorocarbones (CFC)*
sont des	
ozone-depleting chemicals (ODCs)	*substances appauvrissant la couche d'ozone*
(chemicals	*produits chimiques)*
The convention prohibits imports of all products which use CFCs in their production processes, such as *computer components* cleaned with *CFC-based solvents*. (46)	La convention interdit les importations de tous les produits qui emploient des CFC dans leurs processus de production, tels que les *composants informatiques* nettoyés avec des *solvants à base de CFC*.
computer components	*composants d'ordinateurs*
CFC-based solvents	*solvants à base de CFC*

Other examples of the use of environmental protection to restrict trade include the USA's efforts to protect *dolphins* by banning Mexican *tuna*, which tended to be caught in nets which also caught dolphins, and Denmark's efforts to protect its *refillable bottle system* by requiring all beer and soft drinks to be sold in *refillable bottles*. (46)

Autres exemples de recours à la protection de l'environnement pour limiter les échanges : les efforts des Etats-Unis pour protéger les *dauphins* en mettant l'embargo sur le *thon* Mexicain - ce thon qui se faisait prendre dans des filets qui attrapaient aussi des dauphins - et les efforts du Danemark pour protéger son *système de consigne de bouteilles* en exigeant que toutes les bières et boissons non alcoolisées soient vendues dans des *bouteilles consignées*.

a trade ban/an embargo on Mexican tuna — *un embargo sur le thon Mexicain*

refillable bottle system — *système de consigne de bouteilles*
refillable bottles — *bouteilles consignées*

3. The Basel Convention on Transboundary Movement of Hazardous Wastes and their Disposal

3. La Convention de Bâle sur le Transport Transfrontalier et l'Elimination des Déchets Dangereux

The Basel Convention on Transboundary Movement of Hazardous Wastes and their Disposal was adopted in Basel, Switzerland on 22 March 1989.
The Convention entered into force on 5 May 1992.

La Convention de Bâle sur le Transport Transfrontalier et l'Elimination des Déchets Dangereux a été adoptée à Bâle, en Suisse, le 22 mars 1989.
La Convention est entrée en vigueur le 5 mai 1992.

hazardous wastes — *déchets dangereux*
waste disposal — *élimination des déchets*

The Basel Convention resulted from the concern of developing countries, particularly in Africa, that they could become the *dumping ground* for *hazardous wastes* that could no longer be disposed of in the developed world.(46)

La Convention de Bâle fut le fruit de la crainte de pays en développement, d'Afrique en particulier, qu'ils ne deviennent la *décharge* des *déchets dangereux* que le monde développé ne pourrait plus éliminer.

dumping ground — *décharge*
dumping of toxic wastes — *rejet de déchets toxiques*

The problem for the WTO is that multilateral environment agreements such as the Basel Convention or the Montreal Protocol state that countries can *restrict trade on environmental grounds*, whereas the WTO is trying *to remove all trade restrictions*. Therefore, there is a conflict between the two. Efforts are under way, however, to 'green' the WTO. (46)	Pour l'OMC, le problème est que, selon les accords multilatéraux sur l'environnement tels que la Convention de Bâle ou le Protocole de Montréal, les pays peuvent *limiter les échanges pour des raisons environnementales*, alors que l'OMC s'efforce de *supprimer toutes les restrictions commerciales*. C'est pourquoi il existe un conflit entre les deux. Toutefois, des efforts sont en cours pour rendre l'OMC plus "vert".
to restrict trade on environmental grounds	*limiter les échanges pour des raisons environnementales*
to remove all trade restrictions	*supprimer toutes les restrictions commerciales*

4. The Kyoto Protocol	**4. Le Protocole de Kyoto**
In December 1997 in Kyoto, Japan, negotiators from over 160 countries agreed on a Protocol to reduce greenhouse gas emissions.	En décembre 1997 à Kyoto, au Japon, les négociateurs de plus de 160 pays ont convenu d'un Protocole de réduction des émissions de gas à effet de serre.
to reduce greenhouse gas emissions	*réduire les émissions de gaz à effet de serre*
Although neither the FCCC nor the Kyoto Protocol includes trade measures, it is highly likely that the parties, in fulfilling their Kyoto obligations, will adopt *trade-restrictive policies and measures*. (47)	Ni la CCCC, ni le Protocole de Kyoto, ne contiennent de mesures concernant les échanges; il est néanmoins fort probable qu'en remplissant les engagements qu'elles ont pris à Kyoto, les parties adoptent *des politiques et des mesures de limitation des échanges*.
FCCC : Framework Convention on Climate Change	*CCCC : Convention Cadre sur le Changement Climatique*
UNFCCC : United Nations Framework Convention on Climate Change	*CCNUCC : Convention Cadre des Nations Unies sur le Changement Climatique*

trade-restrictive policy	*politique de limitation des échanges*
trade-restrictive measures	*mesures de limitation des échanges*
trade restrictions	*limitation des échanges*
parties to a treaty	*parties prenantes dans un traité*
to fulfil one's obligations	*remplir ses engagements*

5. The Rotterdam Convention on the Prior Informed Consent (PIC) Procedure for Certain Hazardous Chemicals and Pesticides in International Trade

5. La Convention de Rotterdam sur la Procédure de Consentement Préalable en Connaissance de Cause pour certains produits chimiques et pesticides dangereux qui font l'objet d'échanges internationaux

prior informed consent procedure	*procédure de consentement préalable en connaissance de cause*

The Rotterdam Convention was adopted on 10 September 1998.

La Convention de Rotterdam a été adoptée le 10 septembre 1998.

UNEP (responsible for arrangements for managing potentially toxic substances) and the Food and Agriculture Organization (concerned with pesticide use) had a strong interest in developing *a uniform system of notification.*
(47)

Le PNUE (responsable de l'organisation de la gestion des substances potentiellement toxiques) et la FAO (qui se préoccupe de l'emploi des pesticides) étaient intéressés au premier chef par la mise au point d'*un système généralisé de diffusion de l'information.*

United Nations Environment Programme (UNEP)	*le Programme des Nations Unies pour l'Environnement (PNUE)*
Food and Agriculture Organization (FAO)	*la FAO, Organisation des Nations Unies pour l'alimentation et l'agriculture*
a uniform system of notification	*un système généralisé de diffusion de l'information*

This needed to offer adequate assurance that information would be provided quickly, but also that it would reach the necessary authorities when needed. And it needed to create a system that permitted de-

Celui-ci devait convenablement garantir que l'information serait transmise rapidement, mais aussi qu'elle atteindrait les autorités requises lorsque ce serait nécessaire. De plus il lui fallait concevoir un

veloping countries *to stop the import of certain substances* if they felt a need to do so. (47)

système permettant aux pays en développement d'*empêcher l'importation de certaines substances* s'ils en éprouvaient le besoin.

to stop the import of certain substances — *empêcher l'importation de certaines substances*

6. The Cartagena Protocol on Biosafety

6. Le Protocole de Carthagène sur la Biosécurité

The Cartagena Protocol on Biosafety was adopted in Montreal, Canada, in the early hours of the morning of 29 January 2000. (48)

Le *Protocole de Carthagène sur la Biosécurité* a été adopté à Montréal, au Canada, au petit matin du 29 janvier 2000.

The protocol, negotiated under the United Nations Convention on Biological Diversity, is one of the first *legally binding* international agreements to govern the transboundary transfer of *genetically modified organisms* (GMOs), primarily *for use in agriculture*. (48)

Négocié au sein de la Convention des Nations Unies sur la Diversité Biologique, ce protocole est l'un des premiers accords internationaux *liant les parties juridiquement* à régir le transport transfrontalier d'*organismes génétiquement modifiés* (OGM), essentiellement *pour l'usage agricole*.

Convention on Biological Diversity (CBD) — *Convention sur la Biodiversité*

binding agreement — *accord liant les parties*
the contract is legally binding — *le contrat engage les parties*

transboundary transfer — *transport transfrontalier*

for use in agriculture — *pour l'usage agricole*

genetically-modified organisms (GMOs) — *organismes génétiquement modifiés (OGM)*

Si "genetically-modified organisms" est la locution anglaise de très loin la plus usitée, on trouve parfois la variante "genetically-altered organisms".

Use of GMOs in agriculture has expanded at a rapid rate in key *agricultural exporting countries* in recent years. Countries where *transgenic crops* are in advanced stages of *field*

L'emploi des OGM dans l'agriculture s'est développé rapidement ces dernières années dans des *pays clés exportateurs de produits agricoles*. Font partie des pays où les *cultures*

testing or commercialization include the United States, Argentina, Canada and Australia, with Spain, France, Mexico, South Africa, and China contributing a small percentage. (48)

transgéniques sont à des stades avancés d'*expérimentation sur le terrain* ou de commercialisation, les Etats-Unis, l'Argentine, le Canada et l'Australie, l'Espagne, la France, le Mexique, l'Afrique du Sud et la Chine pour un faible pourcentage.

agricultural exporting countries	*pays exportateurs de produits agricoles*
transgenic crops	*cultures transgéniques*
field testing	*expérimentation sur le terrain*

Bien qu'il existe déjà des conventions internationales couvrant divers aspects du

trade in GMOs	*commerce des OGM*

et des

guidelines	*directives*

diffusées par un certain nombre d'organismes internationaux pour

the safe use of biotechnology	*l'usage sans danger de la biotechnologie,*

the Cartagena Protocol is the first *to mandate* the need for consent of an importing country prior to trade in some GMOs, to allow for assessment of potential risks posed by such transfers to biodiversity and human health in the importing country. (49)

le Protocole de Carthagène est le premier à *rendre obligatoire* le besoin de consentement d'un pays importateur avant tout échange de certains OGM, à tenir compte de l'évaluation de risques potentiels présentés par de tels transferts pour la biodiversité et la santé humaine dans le pays importateur.

to mandate (t.v.) = make obligatory	*rendre obligatoire*
mandated = "required by law or by certain rules" (OAL)	*exigé par la loi ou par certaines règlementations*
mandated standards	*niveaux requis, normes requises*
consent (n)	*consentement, accord*
prior to sth	*avant qch*
prior to doing sth	*avant de faire qch*
to pose risks to so/sth	*présenter/comporter des risques pour qun/qch*

Outre le sigle "GMOs", l'anglais emploie également le sigle "LMOs", pour "living genetically modified organisms", l'équivalent français étant alors "OVM", pour "organismes vivants génétiquement modifiés"; dans les deux cas l'adverbe n'apparaît pas dans le sigle.

Ainsi peut-on lire :

The Cartagena Protocol creates an advanced informed agreement system for LMOs destined to be introduced to the environment (such as micro-organisms and seeds), and a less complex system for monitoring those *destined for use as food*, animal feed or processing. It sets out a procedure for countries to decide whether to restrict imports of LMOs, spelling out, for example, the type of *risk assessment* that must be carried out. (47)	Le Protocole de Carthagène crée un système perfectionné d'accord en connaissance de cause pour les OVM destinés à être introduits dans l'environnement (tels que micro-organismes ou semences), et un système moins complexe pour le suivi de ceux qui sont *destinés à l'usage alimentaire* humain, animal ou la transformation. Il expose une procédure permettant aux pays de décider s'ils doivent limiter les importations d'OVM, décrivant, par exemple, le type d'*évaluation des risques* qui doit être effectué.

risk assessment	*évaluation des risques*
advanced system	*système perfectionné*
Autres emplois de "advanced":	
advanced technology	*technologie de pointe*
Rappel :	
advanced countries	*pays avancés/industrialisés*

Conclusion

Agriculture, commerce et environnement sont étroitement liés. Nous l'avons vu,

Without adequate environmental policies, trade can *prejudice* environmental quality. For example, demand from the world market may encourage *unsustainable logging* when no proper management scheme is in place. (50)	Sans politiques environnementales appropriées, le commerce peut *porter préjudice* à la qualité de l'environnement. Par exemple, la demande du marché mondial peut encourager l'*exploitation non durable du bois* en l'absence d'un système de gestion convenable.

logging	*exploitation du bois*
to prejudice so/sth	*porter préjudice à qun/qch*

En effet, la forêt est aussi un domaine qui subit les incidences des échanges internationaux, ce qui demande une règlementation déterminant une

international forest regime

gestion internationale des forêts

regime

régime, administration, gestion

De même faudra-t-il instaurer

a regime for sustainable fisheries, the result of collaboration between producers and environmental non-governmental organizations on labelling for sustainable practices. (50)

une gestion de pêcheries durables, résultat de la collaboration entre producteurs et organisations environnementales non gouvernementales sur la labellisation pour des pratiques durables.

to collaborate with so on sth
collaboration with so on sth

collaborer avec qun à qch
collaboration avec qun à qch

Both of these regimes will be highly relevant for trade, since both involve widely traded commodities. (47)

Ces deux administrations seront extrêmement importantes pour le commerce, puisque les deux impliquent des produits de base donnant lieu à d'importants échanges

Nous avons cité de nombreux accords internationaux prenant en compte échanges et intérêts environnementaux. Nous terminerons en citant le plus récent,

the Stockholm Convention on Persistent Organic Pollutants (POPs)

la Convention de Stockholm sur les Polluants Organiques Persistants

signée le 23 mai 2001.

The objective of this Convention is to protect human health and the environment from persistant organic pollutants. (51)

L'objectif de cette Convention est de protéger la santé humaine et l'environnement contre les polluants organiques persistants.

Dans ce domaine encore se confirme l'importance du commerce puisque, dès le deuxième alinéa de l'Article 3, la Convention prévoit que

Each party shall prohibit and/or take the legal and administrative measures necessary *to eliminate its imports and exports of chemicals* listed in Annex A. (51)

Chaque partie devra interdire et/ou prendre les mesures juridiques et administratives nécessaires pour *supprimer ses importations et exportations des produits chimiques* dont la liste figure dans l'Annexe A.

NOTES

(1) N. Grimwade, *International Trade Policy, A Contemporary Analysis*, p.193.
(2) P. Kenen, *The International Economy*, p.242.
(3) P. Kenen, *op. cit.*, p.243.
(4) B. Gardner, *European Agriculture - policies, production and trade*, p.115-116.
(5) N. Grimwade, *International Trade Policy, A Contemporary Analysis*, p.223.
(6) B. Gardner, *European Agriculture - policies, production and trade*, p.118.
(7) *The Economist*, June 9th 2001 p.82.
(8) Voir aussi "productive capacity" in J. Percebois, *L'Anglais de la Microéconomie*, pp.125-126.
(9) Voir aussi "capital goods" in J. Percebois, *L'Anglais de la Microéconomie*, pp.81-82 et 276 et dans *L'Anglais de la Macroéconomie*, pp.37 et 72.
(10) P. Kenen, *The International Economy*, p.217.
(11) P. Brenton, H. Scott & P. Sinclair, *International Trade, A European Text*, p.355.
(12) P. Kenen, *The International Economy*, p.241.
(13) J. Piggott & M. Cook, *International Business Economics*, p.133.
(14) J. Piggott & M. Cook, *op. cit.*, p.135.
(15) J. Piggott & M. Cook, *op. cit.*, p.134.
(16) P. Kenen, *The International Economy*, p.256.
(17) http://www1.oecd.org/ech/trade&env/t&e.htm
(18) P. Brenton, H. Scott & P. Sinclair, *International Trade, A European Text*, p.310.
(19) J. Dean, «Measuring the Impact of Freer Trade on the Environment», p.3.
(20) http://www.unep.org
(21) J. Dean, «Measuring the Impact of Freer Trade on the Environment», p.4.
(22) http://www1.oecd.org/env/global/trade.htm
(23) http://www.wto.org
(24) http://www.who.int/director-general/biographies/gh_brundtland.en.html
(25) World Bank, *Development and the Environment, World Development Report 1992*, p.8.
(26) S. Charnovitz, «Competitiveness, Harmonization and the Global Economy», p.47.
(27) S. Charnovitz, *op. cit.*, p.48.
(28) http://wto.org/english/tratop_e/envir_e/hist2_e.htm
(29) http://wto.org/english/tratop_e/envir_e/issul_e.htm
(30) http://www.wto.org/english/thewto_e/tif_e/bey4_e.htm
(31) P. Kenen, *The International Economy*, p.270.
(32) S. Charnovitz, «Competitiveness, Harmonization and the Global Economy», p.51.
(33) http://www.oecd.org/env/policies/index.htm
(34) Cf. "General characteristics of inputs" in J. Percebois, *L'Anglais de la Microéconomie*, pp.80-4.
(35) http://www.oecd.org/ech/act/envi.htm
(36) M. O'Meara Sheehan, «Choosing the Future of Transportation» p.51.
(37) M. O'Meara Sheehan, *op. cit.*, p.52.
(38) http://www1.oecd.org/env/cc/index.htm
(39) M. O'Meara Sheehan, «Choosing the Future of Transportation» in *The Futurist*, July-August 2001, pp.50-56.
«"Biological diversity" means the variability among living organisms from all sources, inter alia, terrestrial, marine and other aquatic ecosystems and the ecological complexes of which they are part; this includes diversity within species, between species and of ecosystems.»
From *Convention on Biological Diversity*, Article 2. Use of terms.
www.biodiv.org/convention/articles.asp?lg=0&a=cbd-02
(40) cf. http://www.europarl.en.int/workingpaper
(41) http://www.wto.org/english/thewto_e/whatis_e/tif_e/bey4_e.htm
(42) http://wto.org/english/thewto_e/whatis_e/tif_e/fact2_e.htm
(43) http://iisd1.iisd.ca/trade/handbook/5_4_1.htm
(44) http://www1.oecd.org/env/epoc.htm
(45) M. O'Meara Sheehan, «Choosing the Future of Transportation» in *The Futurist*, July-August 2001, pp.50-56.
«"Biotechnology" means any technological application that uses biological systems, living organisms, or derivatives thereof, to make or modify products or processes for specific use.» From *Convention on Biological Diversity*, Article 2. Use of terms.
http://www.biodiv.org/convention/articles.asp?lg=0&a=cbd-02
(46) J. Piggott & M. Cook, *International Business Economics*, p.97.
(47) http://iisd1.iisd.ca/trade/handbook/2_4_2.htm
(48) A. Gupta, «Governing trade in genetically modified organisms - The Cartagena Protocol on Biosafety», p.23.
(49) A. Gupta, *op. cit.*, p.24.
(50) http://www.wto.org/english/tratop_e/envir_e/stud99_e.htm
(51) http://www.austlii.edu.au/au/other/dfat/treaties/notinforce/2002/7.html

Abbreviations/Sigles

English/French

ACP, African, Caribbean, and Pacific	ACP, Afrique-Caraïbes-Pacifique
AFTA, American Free Trade Area	Zone de Libre-Echange des Amériques
AFTA, ASEAN free trade agreement	AFTA, Accord de libre-échange des pays de l'ASEAN
ANCOM, Andean Common Market	Marché Commun des Andes
ANZCERTA, Australia New Zealand Closer Economic Relations Trade Agreement	ACRANZ, Accord de Rapprochement Economique entre l'Australie et la Nouvelle-Zélande
APEC, Asia Pacific Economic Cooperation	APEC, Coopération Economique en Asie-Pacifique
ASEAN, Association of Southeast Asian Nations	ASEAN/ANASE, Association des Etats d'Asie du Sud-Est, ou ANSEA, Association des Nations du Sud-Est Asiatique
ATPA, Andean Trade Preference Pact	Pacte Andin de Préférence Commerciale
CACM, Central American Common Market	Marché Commun d'Amérique Centrale
CAP, Common Agricultural Policy	PAC, Politique Agricole Commune
CARICOM, Caribbean Community	CARICOM, Communauté des Caraïbes
CBD, Convention on Biological Diversity	Convention sur la Biodiversité
CEEC, Central and Eastern European Countries	PECO, Pays d'Europe Centrale et Orientale
CER, Closer Economic Relations Agreement (Australia-New Zealand)	ACRANZ, Accord de Rapprochement Economique de l'Australie et de la Nouvelle-Zélande
CFCs, chlorofluorocarbons	CFC, chlorofluorocarbones
CIS, Commonwealth of Independent States	CEI, Communauté d'Etats Indépendants
CITES, Convention on International Trade in Endangered Species	Convention sur le Commerce International des Espèces en Voie de Disparition
CMEA, Council for Mutual Economic Assistance (or COMECON)	CAEM, Conseil d'Assistance Economique Mutuelle (ou COMECON)
COMESA, Common Market for Eastern and Southern Africa	COMESA, Marché Commun de l'Afrique Australe et Orientale
CTE, Common External Tariff	TDC, Tarif Douanier Commun (ex-TEC, Tarif Extérieur Commun)

CU, Customs Union	UD, Union Douanière
DSB, Dispute Settlement Body	ORD, Organe de Règlement des Différends
DSM, Dispute Settlement Mechanism	Mécanisme de règlement des différends
DSU, Dispute Settlement Understanding: The Uruguay Round Understanding on Rules and Procedures Governing the Settlement of Disputes	Accord de Règlement des Différents: l'Accord du Cycle de l'Uruguay sur les Règles et Procédures Gouvernant le Règlement des Différends
EC, European Community	CE, Communauté Européenne
ECB, European Central Bank	BCE, Banque Centrale Européenne
ECOWAS, Economic Community of West African States	CEDEAO, Communauté Economique des Etats de l'Afrique de l'Ouest
ECSC, European Coal and Steel Community	CECA, Communauté Européenne du Charbon et de l'Acier
ECU, European Currency Unit	UME, Unité Monétaire Européenne
EEA, European Economic Area	EEE, Espace Economique Européen
EEC, European Economic Community	CEE, Communauté Economique Européenne
EFTA, European Free Trade Association	AELE, Association Européenne de Libre-Echange
EMCCA, Economic and Monetary Community of Central Africa	CEMAC, Communauté Economique et Monétaire en Afrique Centrale
EMIT, Group on Environmental Measures and International Trade	Groupe sur les Mesures Environnementales et le Commerce International
EMU, Economic and Monetary Union	UEM, Union Economique et Monétaire
EST, Environmentally-sound technology	Technologie sans danger pour l'environnement
EU, European Union	UE, Union Européenne
EURATOM, European Atomic Energy Authority	EURATOM
FCCC, Framework Convention on Climate Change	CCCC, Convention Cadre sur le Changement Climatique
FSCs, Foreign Sales Corporations	FSC, Sociétés offshore FSC
FTA, Free Trade Agreement	ALE, Accord de Libre-Echange
FTAA, Free Trade Area of the Americas	ZLEA, Zone de Libre-Echange des Amériques
GATS, General Agreement on Trade in Services	AGCS, Accord Général sur le Commerce des Services
GATT, General Agreement on Tariffs and Trade	AGETAC, Accord Général sur les Tarifs Douaniers et le Commerce (GATT conservé en français)
GMOs, Genetically Modified Organisms	OGM, Organismes Génétiquement Modifiés

GSPs, Generalized System of Preferences	SPG, Système des Préférences Généralisées
G-5, Group of Five (France, Germany, Japan, the United Kingdom, and the United States)	G-5, Groupe des 5 (France, Allemagne, Japon, Royaume-Uni et Etats-Unis)
G-7, Group of Seven (G-5 plus Canada and Italy) major industrialized countries	G-7, Groupe des 7 (G-5 plus Canada et Italie) grands pays industrialisés
HIPC, Heavily Indebted Poor Countries	Pays pauvres lourdement endettés
HPAEs, High performance Asian economies	Economies Dynamiques d'Asie
IBRD, International Bank for Reconstruction and Development	BIRD, Banque Internationale pour la Reconstruction et le Développement
IEAs, International Environmental Agreements	Accords Internationaux sur l'Environnement
IMF, International Monetary Fund	FMI, Fonds Monétaire International
IPR, Intellectual Property Rights	Droits de Propriété Intellectuelle
ISI, Import-Substituting Industrialization	ISI, Industrialisation par Substitution aux Importations
ITO, International Trade Organization	OIC, Organisation Internationale du Commerce
LAFTA, Latin America Free Trade Association	ALALE, Association Latino-Américaine de Libre-échange
LDCs, Less Developed Countries	PMD, Pays en Développement
LLDCs, Least Developed Countries	PMA, Pays les Moins Avancés
LMO, living genetically modified organism	OVM, organisme vivant génétiquement modifié
MDCs, more developed countries	Pays les plus développés
MEA, Multilateral Environmental Agreement	AME, Accord Multilatéral sur l'Environnement
MERCOSUR, Common Market of the Southern Cone	MERCOSUR, Marché commun d'Amérique du Sud/du Cône Sud
MFN (clause), Most Favoured Nation	NPF, (clause de la) Nation la Plus Favorisée
MFA, Multi-Fibre Arrangement or Multilateral Fiber Agreement	AMF, Accord Multifibres, Accord Multilatéral relatif au Commerce des Textiles
MNCs, MultiNational Corporations	FMN, Firmes Multinationales Sociétés multinationales
MTN, multilateral trade negotiations	Négociations Commerciales Multilatérales
NAFTA, North American Free Trade Agreement/Area	ALENA, Accord de Libre-Echange Nord-Américain
NGOs, Non-Governemental Organizations	ONG, Organisations Non-Gouvernementales

NICs, Newly Industrializing Countries or Newly Industrialized Countries	NPI, Nouveaux Pays Industrialisés
NIEs, Newly Industrializing Economies	Nouvelles Economies Industrialisées
NTBs, non-tariff barriers	BNT, Barrières Non Tarifaires
NTMs, non-tariff measures	MNT, Mesures Non Tarifaires
OECD, Organization for Economic Cooperation and Development	OCDE, Organisation pour la Coopération et le Développement Economique
OMA, Orderly Marketing Agreement	Accord Commercial Ordonné
OPEC, Organization of Petroleum Exporting Countries	OPEP, Organisation des Pays Exportateurs de Pétrole
PPP, Polluter-Pays Principle	PPP; Principe du Pollueur Payeur
QRs, Quantitative Restrictions	Restrictions quantitatives
RTAs, Regional Trade Arrangements	Accords commerciaux régionaux
SADC, Southern African Development Community	CDAA, Communauté de Développement de l'Afrique Australe
SEM, Single European Market	Marché Unique Européen
SIC, Severely Indebted Country	Pays gravement endetté
STABEX, System for the Stabilization of Export Earnings	Système de Stabilisation des Gains à l'Exportation
SYSMIN, System for Mineral Products	SYSMIN, Système pour les minerais
TNCs, Transnational Corporations	FMN, firmes transnationales
TPRM, Trade Policy Review Mechanism	Mécanisme de Révision de la Politique Commerciale
TRIMs, Trade-Related Investment Measures	MIC, Mesures sur les Investissements liés au Commerce
TRIPs, trade-related aspects of intellectual property rights	ADPIC, Accord sur les droits de propriété intellectuelle liés (appliqués) au commerce
UEMOA, West African Economic and Monetary Union	UEMOA, Union Economique et Monétaire Ouest-Africaine
UNCED, United Nations Conference on Environment and Development	CNUED, Conférence des Nations Unies sur l'Environnement et le Développement
UNCTAD, United Nations Conference on Trade and Development	CNUCED, Conférence des Nations Unies sur le Commerce et le Développement
UNDP, United Nations Development Program	PNUD, Programme des Nations Unies pour le Développement
USTR, United States Trade Representative	Délégué au Commerce des Etats-Unis
VER, Voluntary Export Restraint	RVE, Restriction Volontaire des Exportations/à l'Exportation
WTO, World Trade Organization	OMC, Organisation Mondiale du Commerce

Sigles/Abbreviations

Français/Anglais

Français	Anglais
ACP, Afrique-Caraïbes-Pacifique	ACP, African, Caribbean, and Pacific
ACRANZ, Accord de Rapprochement Economique de l'Australie et de la Nouvelle-Zélande	ANZCERTA, Australia New Zealand Closer Economic Relations Trade Agreement
ADPIC, Accord sur les Droits de Propriété Intellectuelle liés (appliqués) au Commerce	TRIPs, Trade-Related Aspects of Intellectual Property Rights
AELE, Association Européenne de Libre-Echange	EFTA, European Free Trade Association
AFTA, Accord de libre-échange des pays de l'ASEAN	AFTA, ASEAN free trade agreement
AGCS, Accord Général sur le Commerce des Services	GATS, General Agreement on Trade in Services
AGETAC, Accord Général sur les Tarifs Douaniers et le Commerce (peu usité)	GATT, General Agreement on Tariffs and Trade
ALALE, Association Latino-Américaine de Libre-Echange	LAFTA, Latin American Free Trade Association
ALE, Accord de Libre-Echange	FTA, Free Trade Agreement
ALENA, Accord de Libre-Echange Nord-Américain	NAFTA, North-American Free Trade Agreement
AME, Accord Multilatéral sur l'Environnement	MEA, Multilateral Environmental Agreement
AMF, Accord Multifibres, Accord relatif au commerce des textiles	MFA, Multi-Fibre Arrangement or Multilateral Fiber Agreement
ANASE, Association des Nations d'Asie du Sud-Est	ASEAN, Association of South-East Asean Nations
ANSEA, Association des Nations du Sud-Est Asiatique	ASEAN, Association of South-East Asean Nations
APEC, Coopération Economique en Asie-Pacifique	APEC, Asia Pacific Economic Cooperation
ASEAN, Association des Nations d'Asie du Sud-Est	ASEAN, Association of South-East Asean Nations
BCE, Banque Centrale Européenne	ECB, European Central Bank
BIRD, Banque Internationale pour la Reconstruction et le Développement	IBRD, International Bank for Reconstruction and Development
BNT, Barrières non tarifaires	NTB, Non-tariff barriers

CAEM, Conseil d'Assistance Economique Mutuelle	CMEA, Council for Mutual Economic Assistance
CARICOM, Communauté des Caraïbes	CARICOM, Caribbean Community
CBD, Convention sur la Biodiversité	CBD, Convention on Biological Diversity
CCCC, Convention Cadre sur le Changement Climatique	FCCC, Framework Convention on Climate Change
CDAA, Communauté de Développement de l'Afrique Australe	SADC, Southern African Development Community
CEDEAO, Communauté Economique des Etats de l'Afrique de l'Ouest	ECOWAS, Economic Community of West African States
CE, Communauté Européenne	EC, European Community
CECA, Communauté Européenne du Charbon et de l'Acier	ECSC, European Coal and Steel Community
CEE, Communauté Economique Européenne	EEC, European Economic Community
CEI, Communauté d'Etats Indépendants	CIS, Commonwealth of Independent States
CEMAC, Communauté Economique et Monétaire en Afrique Centrale	EMCCA, Economic and Monetary Community of Central Africa
CER, voir ACRANZ	CER, Closer Economic Relations, see ANZCERTA
CFC, chlorofluorocarbones	CFCs, chlorofluorocarbons
CNUED, Conférence des Nations Unies sur l'Environnement et le Développement	UNCED, United Nations Conference on Environment and Development
CNUCED, Conférence des Nations Unies sur le Commerce et le Développement	UNCTAD, United Nations Conference on Trade and Development
COMESA, Marché Commun de l'Afrique Australe et Orientale	COMESA, Common Market for Eastern and Southern Africa
EEE, Espace Economique Europée	EEA, European Economic Area
FMI, Fonds Monétaire International	IMF, International Monetary Fund
FMN, firmes multinationales	MNCs, MultiNational Corporations
FSC, Sociétés offshore FSC	FSCs, Foreign sales corporations
G-5, Groupe des 5 (France, Allemagne, Japon, Royaume-Uni et Etats-Unis)	G-5, Group of Five (France, Germany, Japan, the United Kingdom, and the United States)
G-7, Groupe des 7 (G-5 plus Canada et Italie) grands pays industrialisés	G-7, Group of Seven (G-5 plus Canada and Italy) major industrialized countries
ISE, Industrialisation par Substitution d'Exportations	ESI, Export-Substituting Industrialization
ISI, Industrialisation par Substitution aux Importations	ISI, Import-Substituting Industrialization
MERCOSUR, Marché commun d'Amérique du Sud, du Cône Sud	MERCOSUR, Common Market of the Southern Cone

MNT, mesures non tarifaires	NTMs, non-tariff measures
MUE, Marché Unique Européen	SEM, Single European Market
NPF, (clause de la) Nation la Plus Favorisée	MFN, Most Favoured Nation (clause)
NPI, Nouveaux Pays Industrialisés	NICs, Newly Industrializing Countries or Newly Industrialized Countries
OCDE, Organisation pour la Coopération et le Développement Économique	OECD, Organization for Economic Cooperation and Development
OGM, Organisme Génétiquement Modifié	GMOs, Genetically Modified Organisms
OIC, Organisation Internationale du Commerce	ITO, International Trade Organization
OMC, Organisation Mondiale du Commerce	WTO, World Trade Organization
ONG, Organisation Non Gouvernementale	NGO, Non-Governmental Organization
OPEP, Oganisation des Pays Exportateurs de Pétrole	OPEC, Organization of Petroleum Exporting Countries
ORD, Organe de Règlement des Différends	DSB, Dispute Settlement Body
OVM, organisme vivant génétiquement modifié	LMO, living genetically modified organism
PAC, Politique Agricole Commune	CAP, Common Agricultural Policy
PECO, Pays d'Europe Centrale et Orientale	CEEC, Central and Eastern European Countries
PED, Pays En Développement	LDCs, Less Developed Countries Developing countries
PMA, Pays les Moins Avancés	LLDCs, Least developed countries
PNUD, Programme des Nations Unies pour le Développement	UNDP, United Nations Development Program
PPP, Principe du Pollueur Payeur	PPP, Polluter-Pays Principle
PVD, Pays en Voie de Développement (avant sigle PED)	Developing country LDC, Less developed country
RTA, Regional Trade Arrangements	Accords commerciaux régionaux
RVE, Restriction Volontaire d'Exportation/ à l'Exportation	VER, Voluntary Export Restraint
SPG, Système de Préférences Généralisées	GSPs, Generalized System of Preferences
STABEX, Mécanisme de Stabilisation des recettes d'Exportation	STABEX, System for the Stabilization of Export Earnings
SYSMIN, Système pour les Minerais	SYSMIN, Systems for Mineral Products
TDC, Tarif Douanier Commun (ex-TEC)	CET, Common External Tariff

TEC, Tarif Extérieur Commun (aujourd'hui rebaptisé TDC)	CET, Common External Tariff
UE, Union Européenne	EU, European Union
UEM, Union Economique et Monétaire	EMU, Economic and Monetary Union
UEMOA, Union Economique et Monétaire Ouest-Africaine	UEMOA, West African Economic and Monetary Union
UME, Unité Monétaire Européenne	ECU, European Currency Unit
ZLEA, Zone de Libre-Echange des Amériques	FTAA, Free Trade Area of the Americas

Références bibliographiques des textes cités

AUBIN Christian & Philippe NOREL (2000), *Economie internationale - Faits, théories et politiques*, Editions du Seuil, Paris.

BANNOCK Graham, R.E. BAXTER & Evan DAVIS (1998), *The Penguin Dictionary of Economics*, London, 6th ed.

BARBET Philippe (1997), *Les Echanges Internationaux*, Livre de Poche Economie, Librairie Générale Française, Paris.

BARRELL Ray, Geoff MASON & Mary O'MAHONY (2000), *Productivity, Innovation and Economic Performance*, Cambridge University Press, Cambridge, UK.

B'CHIR Fathi (2001), «La marginalisation des pays les moins avancés, vingt ans après», 29-32 in *Problèmes Economiques* n°2720, 4 juillet.

BRANDER J. (1986), «Rationales for Strategic Trade and Industrial Policy», 23-46, in Krugman Paul (1986).

BREDAHL M. E., N. BALLENGER, J. C. DUNMORE, & T. L. ROE (1996). *Agriculture,Trade and the Environment: Discovering and Measuring the Critical Linkages*,Westview Press, HarperCollins, Boulder, Colorado, USA and Oxford, UK.

BRENTON Paul, Henry SCOTT & Peter SINCLAIR (1997), *International Trade, A European Text*, Oxford University Press, Oxford.

CHARNOVITZ Steve (1996), «Competitiveness, Harmonization and the Global Economy», 47-57 in Bredahl et al., 1996.

COHEN Stephen D., Joel R. PAUL & Robert A. BLECKER (1996), *Fundamentals of US Foreign Trade Policy*, Westview Press, HarperCollins, Boulder, USA.

Commissariat général du Plan (2001), *L'intégration régionale. Une nouvelle voie pour l'organisation de l'économie mondiale ?*, De Boeck Université, Bruxelles.

CORDEN W. Max (1966), «The structure of a tariff system and the effective protective rate», 221-237 in *The Journal of Political economy*, Vol LXXIV, n°3, June.

CORDEN W. Max (1992), *International Trade Theory and Policy*, Edward Elgar Publishing Limited, Aldershot, Hants, England, Brookfield, Vermont, USA.

CROZET Yves, Lahsen ABDELMAKI, Daniel DUFOURT & René SANDRETTO (1997), *Les grandes questions de l'économie internationale*, Nathan, Paris.

DAMIAN Michel & Jean-Christophe GRAZ (2001), *Commerce international et développement soutenable*, Economica, Paris.

DEAN Judith M. (2000), «Measuring the Impact of Freer Trade on the Environment», 3-6, *International Economic Review*, August/September.

DELER Jean-Paul (2001), «L'Amérique Latine, miroir de la mondialisation », 10-15 in *Problèmes Economiques* n°2.713, 16 mai.

DIXIT Avinash K. (1986), «Trade Policy: An Agenda for Research», 283-304 in Krugman Paul (1986).

DUNN Jr, Robert M. & James C. INGRAM (1996), *International Economics*, 4th ed., John Wiley & Sons, USA.

L'état du monde, Annuaire économique géopolitique mondial 2001 (2000), Editions La Découverte, Paris.

GARDNER Brian (1996), *European Agriculture - policies, production and trade*, Routledge, London, the USA and Canada.

GERVAISE Yves & Pierre JAMBARD (1998), *Le commerce international*, Armand Collin, Paris.

GILPIN Robert (2000), *The Challenge of Global Capitalism - The World Economy in the 21st Century*, Princeton University Press, Princeton, New Jersey.

GREENAWAY David (1996), *Current Issues in International Trade*, 2nd edition : Macmillan Press Limited, London.

GREENAWAY David and L. Alan WINTERS (1994), *Surveys in International Trade*, Blackwell Publishers, Cambridge, Massachusetts.

GRIMWADE Nigel (1996), *International Trade Policy, A contemporary analysis*. Routledge, London.

GROSSMAN Gene M. & Kenneth ROGOFF (1995), *Handbook of International Economics*, Vol. 3, Elsevier, Amsterdam, The Netherlands.

GUPTA Aarti (2000), «Governing trade in genetically modified organisms - The Cartagena Protocol on Biosafety», 23-33, *Environment*, May.

HARVEY Jack (1998), *Modern Economics*, Macmillan Press Ltd, 7th edition, Basingstoke and London.

JACKSON John H. (2000), *The Jurisprudence of GATT and the WTO - Insights on Treaty Law and Economic Relations*, Cambridge University Press, Cambridge, UK.

JAMES Jeffrey (2000), *Consumption, Globalization and Development*, Macmilland Press Ltd, London, UK and St Martin's Press, Inc., New York, USA.

KENEN Peter B. (2000), *The International Economy*, Cambridge University Press, Cambridge, United Kingdom, 4th ed.

KHAVAND Fereydoun A. (1995), *Le nouvel ordre commercial mondial - du GATT à l'OMC*, Nathan, Paris.

KRIEGER-KRYNICKI Annie (1997), *L'Organisation Mondiale du Commerce - Structures juridiques et politiques de négociation*, Vuibert, Paris.

KRUGMAN Paul, R. (1986), *Strategic Trade Policy and the New International Economics*, The MIT Press, Cambridge, Massachusetts, London, England.

KRUGMAN Paul, R. (1990), *Rethinking International Trade*. The MIT Press, Cambridge, Massachusetts.

KRUGMAN Paul, R. (1996), *Geography and Trade*. The MIT Press, Cambridge, Massachusetts.

KRUGMAN Paul, R. (1996), *Pop Internationalism*, The MIT Press, Cambridge, Massachusetts, London, England.

KRUGMAN Paul, R. & Maurice OBSTFELD (1997), *International Economics, Theory and Policy*, 4th edition, Addison-Wesley, printed in the United States.

LAUSSEL Didier & Christian MONTET (1989), *Commerce International en Concurrence Imparfaite*, Economica, Paris, 1989.

LINDER Staffan B. (1961), *An Essay on Trade and Transformation*, New York, John Wiley & Sons.

LLOYD P.J. (1999), *International Trade Opening and the Formation of the Global Economy*, Edward Elgar Publishing Limited, Cheltenham, UK, Northampton, MA, USA.

McLEISH Kenneth (1993), *Bloomsbury Guide to Human Thought*, Bloomsbury Publishing Plc, London.

MANESCHI Andrea (2000), «How New is the "New Trade Theory" of the Past Two Decades ?», Working Paper n°. 00-W27, July, Department of Economics, Vanderbuilt University, Nashville, TN 37235.

MAYHEW Susan (1997), *A Dictionary of Geography*, OUP, Oxford, UK.

MESSERLIN Patrick A. (1998), *Commerce International*, PUF, Thémis-Economie, Paris.

METZGER Martina & Birgit REICHENSTEIN (2000), *Challenges for International Organizations in the 21st century*, Macmillan Press Ltd, Basingstoke and London.

MOON Bruce E. (1998), «Controversies in International Trade», 81-97 in Snaar, Michael T. and D. Neil Snaar (1998).

MUCHIELLI Jean-Louis (1987), *Principes d'Economie Internationale*, Economica, Paris.

MUCHIELLI Jean-Louis (1997), *Economie Internationale*, 2e éd., Dalloz, Paris.

MULHEARN Chris & Howard R. VANE (1999), *Economics*, Macmillan, London.

NYAHOHO Emmanuel (1995), *L'Arsenal des Subventions à l'Exportation et l'OMC*, Presses de l'Université du Québec, Sainte-Foy (Québec).

O'MEARA SHEEHAN Molly (2001), «Choosing the Future of Transportation» in *The Futurist*, July-August.

ORME William A., Jr. (1996), *Understanding NAFTA - Mexico, Free Trade and the New North America*, University of Texas Press, Austin, Texas, USA.

Oxford English Reference Dictionary (1996), Oxford University Press, Oxford.

PANTZ Dominique (1998), *Institutions et Politiques Commerciales Internationales - Du GATT à l'OMC*, Armand Colin, Paris.

PERCEBOIS Jacqueline (1982), *L'Anglais de la Microéconomie*; Economica, Paris.

PERCEBOIS Jacqueline (1993), «Passage de l'anglais au français en économie de l'énergie: assimilation ou transposition ?», *ASP*, n°2, 69-79.

PERCEBOIS Jacqueline (1996), «Anglais de spécialité en économie de l'énergie - analyse du discours et pédagogie générique», *Asp* 11/14, 103-120.

PERCEBOIS Jacqueline (1996), *L'Anglais de la Macroéconomie,* Economica, Paris.

PERCEBOIS Jacqueline (1999), «L'Interconnector: Un réseau de transmission de gaz européen. Approche lexicologique comparative du français et de l'anglais des réseaux et contrats gaziers» *Asp* 23/26, 223-252.

PERCEBOIS Jacqueline (2001), «Fonctions et vie des sigles et acronymes en contextes de langues anglaise et française de spécialité», *Meta* 46-4, 627-645, novembre, Presses de l'Université de Montréal.

PIGGOTT Judith & Mark COOK (1999), *International Business Economics - A European Perspective*, Addison-Wesley-Longman, New York, 2nd ed.

Problèmes Economiques 7-14 avril 1999 Mondialisation et gouvernance mondiale. La Documentation Française.

RAINELLI Michel (2001), *La Nouvelle Théorie du Commerce International.* Editions La Découverte, Paris, 8e éd. rev.

RAINELLI Michel (1998), *Le Commerce International.*, Editions La Découverte, Paris, 6e éd.

REICHENSTEIN Birgit (2000), «With a Little Help from NTBs : Why Reducing Tariffs Does not Lead to Free Trade», 47-64 in Metzger, Martina & Birgit Reichenstein (2000).

REYNOLDS R. Larry (2000), *History of Economic Thought*, Boise State University Press, US.

SALVATORE Dominick (1998), *International Economics, Study Guide*, Prentice-Hall, USA, 6th ed.

SANDRETTO René (1995), *Le commerce international*, Armand Colin, Paris.

SCHULTZ Jennifer (1995), «The GATT/WTO Committee on Trade and the Environment - Toward Environmental Reform», *The American Journal of International Law*, Vol.89, 423-439.

SEZER Haluk & Andrew KILMISTER (1999), «Economic integration», 101-125 in Piggott, Judith & Mark Cook (1999).

SHIM Jae K. & Joel G. SIEGEL (1995), *Dictionary of Economics*, John Wiley and Sons, New York.

SIROËN Jean-Marc (2000), *La régionalisation de l'économie mondiale*, Editions La Découverte, Paris.

SNAAR Michael T. & D. Neil SNAAR (1998), *Introducing Global Issues*, Lynne Rienner Publishers, Boulder, Colorado.

STIGLITZ Joseph F. (1999), «Trade and the Developing World: A New Agenda» in *Current History*, November.

SWAN Michael (1995), *Practical English Usage*, 2nd edition, Oxford University Press, Oxford, UK.

TAXIL Bérangère (1998), *L'OMC et les pays en développement*, Montchrétien, Paris.

TAYLOR P.A.S. (1969), *A New Dictionary of Economics*, Routledge and Kegan Paul, London, 2nd ed.

TEULON Frédéric (1996), *Le commerce international*, Seuil, Paris.

TOURNIER Jean (1991), *Structures lexicales de l'Anglais*, Nathan, Paris.

VERDIER Daniel (1994), *Democracy and International Trade - Britain, France, and the United States, 1860-1990*, Princeton University Press, Princeton, New Jersey.

VERNON Raymond (1996), «International trade and international investment in the product cycle», *Quarterly Journal of Economics*, May.

VERNON Raymond (1970), *The technology factor in international trade*, Columbia University Press, USA.

WALTHER Ted (1997), *The World Economy*, John Wiley ans Sons, USA.

Who's who in the 20th century (1999), Oxford University Press, Market House books Ltd, Oxford, UK.

Encyclopaedia Britannica, printed in USA by Encyclopaedia Britannica, Inc., 1975.

Encyclopédie Universalis (1993), imprimé en France par Encyclopaedia Universalis France SA.

Oxford Advanced Learner's Dictionary (1995), Oxford University Press, Oxford, UK.

Collins Dictionary of Economics, 1994.

Petit Robert, 1996.

Petit Larousse, 1992.

English index

D

E

F

G

Index français

E

F

G

Q

R

S

T

Table of contents

Table des matières

Impression : EUROPE MEDIA DUPLICATION S A
F 53110 Lassay-les-Châteaux
N° 9830 - Dépôt légal : septembre 2002